AF791810

Richard Linßer

Hinter diesem Horizont wartet ein Land auf dich

Mauer Verlag
Wilfried Kriese
72108 Rottenburg a/N
Buchgestaltung: Wilfried Kriese
Titelbild: Privat
2012
ISBN 978-3-86812-268-8
© Alle Rechte vorbehalten

www.mauerverlag.de

Inhalt

Vier Soldaten Richtung Westwall in Marsch gesetzt

Der Oberkellner hob ruckartig beide Hände hoch, als vier schwer bewaffnete, feldmarschmäßig ausgerüstete Soldaten durch den Eingang des Hauptbahnhofwartesaales dritter Klasse von Aachen traten. Er wollte damit scherzhaft zum Ausdruck bringen: „Ihr jungen Burschen wollt schon den starken Mann markieren und habt doch selber nur Angst vor eurer eigenen Courage“, gleichsam, als hätte sein fünfjähriger Sohn ihm eine Spielzeugpistole auf die Brust gesetzt, und er ließ schmunzelnd seine Arme wieder sinken und wandte sich seiner unterbrochenen Beschäftigung zu. Die vier Soldaten blickten suchend nach einem freien Tisch, an dem sie sich nach einigen Minuten umständlich niederließen. Jeder von ihnen bestellte ein Glas Bier, um die Wartezeit zum Anschlusszug zu überbrücken, mit dem sie gegen Mitternacht in Richtung Eifel zum Westwall fahren sollten. Der eine Soldat holte nochmals den Marschbefehl hervor, um zum wiederholten Male den Bestimmungsort aufzusagen. Gemeinsam stellten sie Vermutungen an über die Ausrüstung der Einheit, in die sie eintreten sollten. Mit der Unbekümmertheit ihrer Jugend waren sie jedoch keineswegs in irgendeiner Hinsicht bedenklich gestimmt, sondern es interessierte lediglich die Erwartung, dass die neue Einheit zumindest genauso gut mit Panzerspähwagen ausgerüstet sein möge, wie die Ausbildungseinheit, die sie als Ersatz zu einer Fronteinheit am Westwall „in Marsch gesetzt“ hatte. Ein jeder der vier Soldaten war im Alter von ungefähr zwanzig Jahren am 1. September 1939 zum Wehrdienst eingezogen worden. Die Kaserne befand sich in einer kleinen Stadt in Thüringen. Sie war der Standort einer Panzeraufklärungsabteilung, die mit Panzerspähwagen ausgerüstet war. Die vier Soldaten hatten als Rekruten eine dreimonatige Ausbildung in Morsetelegrafie und Radiotelefonie absolviert und nach bestandener Prüfung waren sie Funker. Nun saßen sie schon nach vier Monaten ihrer Einberufung im Hauptbahnhofwartesaal von Aachen und waren auf dem Wege zu einer Fronteinheit. Nochmals wurden Erinnerungen an die Ausbildungszeit in Sondershausen in Thüringen ausgetauscht, ohne dass eine leise Wehmut wegen des plötzlichen Scheidens aufgekommen wäre. Das Fernweh war in diesem Alter stärker als Heimweh und wer wollte schon nicht dabei gewesen sein, wenn die Anderen von ihren Heldentaten berichteten. Das anmutige Sondershausen, mehr eine Musenstadt als Garnisonsstadt nach streng preußischem Vorbild, gab aber nochmals in der Erinnerung Anlass zu köstlich empfundenen Feststellungen und Aussprüchen: „Damals, als wir in Jena das Tanzbein geschwungen haben“, sagte der eine, ein anderer: „In St. zur Erntehilfe, stellt mir doch die Frau des Bauern Sonntag mittags eine gebratene Gans mit Thüringer Klößen vor die Nase und sagt: ‚Ess nur so viel du willst, wir ham nur een kleenes Stickchen davon gegessen, die steht bei uns sonst ja doch bloße rum.' Was meint ihr wohl, wie ich aber da reingehauen hab'. "Der Nächste erzählte von seinem Korporal, der seine Korporalschaft in Reihe auf dem Tanzboden zur Theke marschieren ließ und jedem ein Glas Bier spendierte, das nur zehn Pfennige kostete. „Achtzehnte Korporalschaft mal herhören, wir trinken jetzt gemeinsam ein Bier! Ex!“ Nobel geht die Welt zugrunde, kann man da nur sagen. Das Kommissvokabular wurde von jedem der vier Funker teilweise schon ganz gut beherrscht und bei jeder Gelegenheit, wenn auch vorerst nur als Beweis einer neuen Errungenschaft, angewandt.

Die Heimat der Soldaten ist von einem zum anderen verschieden

Die Heimatorte der vier Funker lagen eigentlich verhältnismäßig weit voneinander entfernt, sodass man nicht von Landsleuten im engeren Sinne sprechen kann. Funker Morgenroth war vom Südwestabhang des Thüringer Waldes, das schon zum Fränkischen zählt, Funker Paetsche war von Sachsen, nahe an der thüringischen Grenze, Funker Germar stammte aus Gera und Funker Schröder aus Westfalen, er wohnte aber in Thüringen oder war dort seit einigen Jahren zu Hause. Funker Morgenroth konnte man mit seiner äußeren Gestalt dem Longityp zurechnen, etwa 1,75 Meter groß. Sein Temperament ließ eine Mischung von allen vier Arten bei genauer Beobachtung erkennen, wobei das melancholische meistens überwiegen mochte, aber zeitweise auch heiter-beschwingt, was bei den Kameraden bewirkte, das tragisch Erscheinende nicht so betrüblich zu nehmen. Andererseits konnte er wieder aufbrausend sein, wenn sich ein Mitgenosse anschickte, eine Borniertheit oder Lapsus zu begehen. Weitere hervorstechende Eigenschaften seines Charakters waren: treue Ergebenheit zu einer Sache oder auch einer Person, vielleicht unbewusst hervorgerufen durch die Notwendigkeit, als Glied einer Gemeinschaft immer im positiven Sinne zu wirken, besonders wenn einige Kameraden dazwischen sind, die unfähig sind, einer Situation gerecht zu werden. Als sein Prinzip für die Bewältigung einer Aufgabe könnte gelten: entweder ordentlich oder gar nicht. Im Allgemeinen wurde er deshalb im Kameradenkreise als seriös und verschlossen angesehen, der sich wenig für die kleinen Alltäglichkeiten interessierte. Diese Tatsache schloss nun im Gegensatz dazu nicht aus, dass er in plötzlich auftretenden schwierigen Situationen ungemein schnell reagieren und improvisieren konnte, was ihn inoffiziell zu einem „Führer" in gefährlichen Situationen machte, dem man aus einem inneren Drang heraus unwillkürlich gehorchte. Hin und wieder hatte er einen Anflug von ironischem Humor, der auf die anderen aufheiternd wirkte.

Funker Paetsche war ein wenig untersetzt und von etwa 1,70 Meter Größe. Er war von einer allseits bestimmten sportlichen Leistungsfähigkeit und Gewandtheit. Als Handballspieler war er von einer erstklassigen Kondition, dazu ein ausgezeichneter Radballspieler, und er genoss deshalb höchstes Ansehen. Zusätzlich zählte er auf dem Gebiet der Mor-

setelegrafie zu den Besten, besonders was „Tempo“ anbelangte. Seine Reaktionsfähigkeit in Bezug auf mechanische Anforderungen war von der denkbar größten Schnelligkeit. Er war das, was man als den Prototyp des Sachsen vielleicht bezeichnen könnte, der allgemein als vigilant (fijjelant ausgesprochen) gilt. Funker Paetsche war somit allen anderen Kameraden weit überlegen, kurzum, die Anforderungen, die an einen Mann in einer militärischen Einheit gestellt werden können, konnte er sozusagen spielend erfüllen. Diese Vorzüge, die ihm täglich immer wieder erneut von Kameraden und Vorgesetzten bestätigt wurden, trug er aber nicht mit Überheblichkeit zur Schau. Nur andersgeartete Fähigkeiten und Kenntnisse seiner Gefährten notierte er mit einer etwas naiven Neugierde und empfand es wohl als einen Mangel, nicht auch auf diesen Gebieten höchste Perfektion anstreben zu können. Funker Paetsche war unbekümmert heiter und unkompliziert, mitunter auch einmal übermütig vergnügt und mokant, aber auch für kurze Zeit melancholisch und nachdenklich gestimmt, jedoch aufbrausen und befreiend fluchen konnte er nicht, da war nur ein resignierendes Brummeln zu hören. Markante Charaktereigenschaften waren Streben nach zuverlässiger Pflichterfüllung, ohne dabei die zeitlich schnelle Erledigung außer Acht zu lassen, Anpassungsfähigkeit und Hilfsbereitschaft. Ansonsten war Funker Paetsche burschikos, etwas derb und nahm einen etwas behäbig einhergehenden Zeitgenossen als Objekt seiner kuriosen Späße, die er mit meckerndem und schepperndem Gelächter anbrachte.
Funker Germar war von Figur schlank, etwa 1,70 Meter groß, ein schwarzhaariger Typ mit dunklen Augen. Temperamentvoll aufbrausend, bald wieder gut gelaunt und vergnügt, genussfreudig, eitel und mitunter auch herrschsüchtig. Behände und flink kam er allen Aufträgen nach. Seine Leistungen in der Ausbildung lagen weit über dem Durchschnitt. Durch sein gewandtes Auftreten und durch seinen äußeren Aufzug gewann er schnell das Vertrauen seiner Vorgesetzten. Mit Beflissenheit wusste er alle Vorteile zu nutzen, war neidisch und missgünstig, jedoch nicht nachtragend, wenn einmal etwas nicht zu seinen Gunsten ausgefallen war. Bei einem schönen Geschlecht bewarb er sich mit einer Galanterie, die seinen nur ihm eigenen Stil hatte. Zu Funker Paetsche stand er in einer ständig neu genährten Rivalität wegen einer Leistungsanerkennung. Of-

fensichtlich befürchtete er, dieser würde einen höheren Dienstgrad vor ihm erlangen.
Funker Schröder war ein sportlicher und blonder Typ, ungefähr 1,80 Meter groß. Als Westfale hatte er eigentlich wenig von einem westfälischen Dickschädel. Mit serviler Ergebenheit befolgte er jeden Befehl, den er von seinen Vorgesetzten bekam, das schloss aber nicht aus, dass er aufrichtig und kameradschaftlich war. Sein Wortschatz im Umgang mit ihm ließ auf eine gute Kinderstube schließen. Er lachte bei jeder Gelegenheit, wobei es ab und zu vorkam, dass Funker Germar ihn wirsch zurechtwies, was er räsonierend als Miesmacherei empfand. Seine Beziehung zum anderen Geschlecht begann er auch eine geckenhafte Art, mit Gekicher und ununterbrochenem Wortgeklingel.

Ankunft bei der Einheit, offizielle Begrüßung und Einführung

Der Zeitpunkt zum Aufbruch war gekommen. Die vier Soldaten traten hinaus auf das gegen feindliche Fliegerangriffe verdunkelte Bahnhofsgelände. Mitten im Winter, Anfang Januar 1940, waren nur einige Grad Kälte, was keiner besonders erwähnenswert fand. Ungewohnt war der verdunkelte Bahnhof, der ihnen wie eine dunkle Station auf dem Weg in eine ungewisse und düstere, zugleich aber auch mutig zu durchstehende Zukunft vorkam. Nur die Lichter der Positionslampen der Wichen leuchteten verstreut in dem Gleisgewirr auf und gaben ein milchig warmes Licht von sich, an das man sich hätte kauern wollen, um seine Hände zu wärmen. Am Himmel über der verdunkelten Stadt war in kurzen Abständen ein Aufblitzen bläulichen Lichtes zu sehen, das von den Oberleitungen der Straßenbahnen herrührte. Beim ersten Wahrnehmen glaubten die Vier an ein Herüberleuchten von der nicht allzu weit entfernten Front. In prickelnder Ungeduld verharrten sie in dem langsam dahinfahrenden Zug bis zum Bestimmungsbahnhof. Nach der Ankunft waren sie gezwungen, im Wartesaal des kleinen Bahnhofs bis zum Morgengrauen zu nächtigen. Der Empfang bei der Fronteinheit am frühen Morgen war für die Soldaten, die meisten unter fünfundzwanzig Jahre alt, völlig formlos. Befragungen wechselten hin und her, bis der erste Schnaps angeboten wurde und die ersten gemeinsam gerauchten Zigaretten glommen. Bei dieser ersten Unterhaltung wurde den vier Neulingen bald gewahr, dass diese Fronteinheit im Wesentlichen völlig anders ausgerüstet war als die Ausbildungseinheit. Es war eine AA (Aufklärungsabteilung), einer rheinisch-westfälischen Infanteriedivision zugeordnet. Diese bestand aus zwei Radfahrer-Schwadronen, jeder Soldat neben der infanteristischen Bewaffnung mit einem Fahrrad ausgerüstet, und einer motorisierten, schweren Schwadron, unterteilt in einen Panzerabwehrzug, Kavallerie-Geschützzug, Nachrichtenzug, Krad-Staffel (Motorräder mit Beiwagen), Instandsetzungsstaffel, Tross-Staffel, und Abteilungsstab. Die fahrtechnische Ausstattung bestand zu einem geringen Teil aus militärischen Spezialfahrzeugen, der größere Teil zu Kriegsbeginn bei Handwerkern und Privatpersonen in Deutschland beschlagnahmten LKWs, PKWs und leichten Lieferwagen. Der Nachrichtenzug war funktechnisch wie folgt ausgerüstet: eine mittlere Funkstelle, maximale Reichweite drei- bis vierhundert Kilometer, für die Verbindung zwischen AA und Division, einige Tornister-Funktrupps, maximale Reichweite der Geräte circa fünfzehn bis zwanzig Kilometer, für die Verbindungen innerhalb der AA, weiter einen Fernsprechtrupp mit circa dreißig Kilometer Feld-Telefonkabel und den dazugehörigen Apparaten und Geräten, als Reservegerät zur mittleren Funkstelle ein Kleinfunkgerät, maximale Reichweite achtzig bis hundertfünfzig Kilometer. Die vier Neulinge wurden diesem Nachrichtenzug zugeteilt. Die Enttäuschung bei den Vier aus Sondershausen über die wenig zeitgemäß anmutende Ausrüstung der Fronteinheit war natürlich sehr groß. Funker Germar war hell empört und sprach von unvorstellbar, einem so etwas zuzumuten, Funker Paetsche konnte es nicht fassen, dass er ungepanzert gegen den Feind vorgehen sollte. Funker Schröder fand es geradezu lächerlich und reichlich veraltet, die Soldaten auf Fahrrädern auf Spähtrupp zu schicken. Funker Morgenroth sah diese unabänderlichen Tatsachen anders. Er hielt diese Art der Ausrüstung nur für eine Übergangslösung, die später durch eine solidere abgelöste werden könnte. Zudem müsse man auch den Überraschungseffekt in Betracht ziehen, wenn ein Spähtrupp so ganz ohne Motorengeräusch durch das Gelände schleichen würde, und sang einen Vers darauf: „Heimlich still und leise kommt die AA über Nacht“, getreulich nach der Melodie einer Berliner Operette. Die herbe Enttäuschung war gemildert und eine bessere Stimmung griff Platz. Es wurde wieder gelacht und gescherzt. Funker Germar: „Da muss ich erscht mal eene roochen“, und er steckte sich eine Zigarette an. Funker Morgenroth intonierte nochmals die Melodie: Tam-ta, tam-ta, tam-ta, tam-ta, tam-ta, tim-ta-ta und tänzelte dazu zwischen den anderen herum. Funker Paetsche stimmte mit Dissonanz dazu ein, er konnte nicht singen, und machte artistische Verrenkungen dazu, die demonstrieren sollten, wie er sich radballspielend feindwärts bewegen würde. Funker Schröder stelzte kichernd dazwischen herum und trat Germar auf den rechten Fuß, ahmte durch die Zähne zischend das schnelle Entweichen von Luft aus einem Fahrradreifen nach und sagte „Plattfuß“, worauf Germar mit ärgerlicher Miene dazwischen schnatterte: „Verrücktes Volk, dabbd mi ooch noch uff meene frischgebudzdn Stiwwel rum“, und pfiff dann, wieder besser gelaunt, die Melodie ebenfalls nach.

Einen Tag nach der Ankunft der vier Funker fand die offizielle Begrüßung und Einführung beim Stab der AA durch den Adjutanten statt. Wenige Tage später wurde nochmals zu einer Begrüßung, in Zusammenfassung der neuen Ersatzleute aus anderen Einheiten der AA, durch den Kommandeur der AA befohlen. Bei beiden Begrüßungsappellen war auffallend, dass von einer Vorrangstellung des nationalsozialistischen Ideenguts so gar nichts zu vernehmen war, es wurde so ganz beiläufig am Rande mit gestreift. Im Vordergrund stand die Kontinuität des geordneten, internen Dienstablaufs, nicht ohne die besondere Aufgabenstellung für die Aufklärungseinheit hervorzuheben, die jeden Einzelnen zu größten Kraftanstrengungen und Disziplin herausfordere. Der Kommandeur war Rittmeister Hartmann, Reserve-Offizier, etwa 1,75 Meter groß, sportliche Figur, im Alter von circa fünfzig Jahren. Offensichtlich ließen seine Erfahrungen als Offizier des Ersten Weltkrieges und seine Führungsmethoden einen hohen Grad an Verantwortungsbewusstsein erkennen, was ihm höchste Achtung und Respekt vor Offizieren und Mannschaften einbrachte. Aus diesen Feststellungen heraus ist verständlich, dass seine Ausstrahlung als alter „Kämpe“ diesen Vertrauen einflößte, wodurch ihnen die Perspektiven für die Zukunft weniger beschwerlich erscheinen konnten. Die schwülstige Sentenz: „Eine jede Nation kann sich glücklich schätzen, in Zeiten schwerer Bedrängnis sich auf solche Männer berufen zu können“, würde ihres Sinngehalts beraubt, wenn man bedenkt, dass sich diese Männer ausschließlich nur auf Schulbänken heranbilden lassen könnten.

Einzug in einen Betonbunker des Westwalls

Das Feldquartier und die Feldstellung befanden sich an der deutsch-belgischen Grenze. Die sanft gewellte Landschaft war kahl und nur einige Flecken kleinerer Waldgruppen gaben dem Auge Anhaltspunkte zum längeren Verweilen, das nun durch militärische Schulung versucht war, nach dem Feind Ausschau zu halten. Eine dünne Schneedecke war gefallen und hob vereinzelt angesiedelte Bauerngehöfte auf der belgischen Seite deutlich hervor. Verkehr von Fahrzeugen oder Fußgängern war jedoch selten zu beobachten. Der Westwall war hier in einem nach Westen leicht abfallenden Gelände in einer Beton-Bunkerlinie tief gestaffelt. Vor dieser Linie wand sich wie ein Band die Höcker-Linie, die aus sägezahnförmigen, etwa 1,5 Meter hohen Betonklötzen errichtet war und ein Hindernis für feindliche Panzer bilden sollte. Auf einer kleinen Anhöhe war ein großer Betonbunker tief ins Erdreich eingebaut. Die Innenräume dieses massigen Betonklotzes boten Platz für die Tages- und Schlafräume für die gesamten Unteroffiziere und Mannschaften des Nachrichtenzuges, ungefähr fünfundzwanzig Mann. Eine handbetriebene Ventilation brachte jede halbe Stunde die nötige Frischluftzufuhr. Für die Beheizung war ein Ofen installiert. Der Dienstplan bestand aus der Weiterführung der Ausbildung in Telegrafie, Radio-Telefonie (Sprechfunk), Unterhaltung des feldmäßigen Abteilungstelefonnetzes, Bedienung der Fernsprechvermittlung, Waffenpflege, Gerätepflege, Kraftfahrzeugpflege, Bekleidungspflege. Der Wagenpark des Nachrichtenzuges war einige Hundert Meter hinter dem Betonbunker gegen Feind- und Fliegereinsicht getarnt untergebracht. Ein Holzbunker diente als Unterkunft für die Bewachungsmannschaft. Erstmals im offenen, unbekannten Gelände bei Tag und Nacht als Einzelposten jeweils zwei Stunden auf Wache zu stehen, war für alle Soldaten etwas vollkommen Neues und erforderte Überwindung der Angst, alleine einer Gefahr gegenüberstehen zu müssen, weil nachts die Kameraden währenddessen schlafen. Einzelne Büsche werden da in der Einbildung zu lauernden Gestalten, die sich bei längerem Hinsehen scheinbar bewegen und das Echo der eigenen, im hartgefrorenen Schnee knirschenden Schritte scheint der Schritt derjenigen zu sein, die darauf aus sind, mich hinterrücks abzumurksen, um dann die ganze Chose mit Bomben und Granaten in die Luft zu jagen.

Von Zeit zu Zeit hält man die Luft an und das Herz scheint einige Sekunden lang stehen zu bleiben, um besser horchen zu können. Da bläst plötzlich der Wind in den Zweigen und man denkt, die Feinde könnten gar aus den Bäumen herabspringen. Diese Marter glaubte gerade Paetsche überstanden zu haben, als er sich anschickte, schnellen Schrittes auf den Wachbunker zuzugehen, gleichsam als wolle er sich in eine rettende Höhle flüchten, die knarrende Tür öffnete, ein Kerzenlicht anzündete und mehrere Male seinen Nachfolger auf Posten am Arm rüttelte, um ihn zu wecken. Er geht nun nochmals hinaus in die stockdunkle Nacht, um abzuwarten, bis sein Nachfolger den Posten übernehmen würde. Die Tür des Bunkers knarrt erneut und fällt ins Schloss. Einige Schritte sind vernehmbar und plötzlich durchhallt ein ängstlicher, gepresster und gurgelnder Aufschrei die Nacht. Paetsches Nachfolger, den er vor einigen Minuten geweckt hatte, kommt mit angelegtem Karabiner auf ihn zugestürzt und stößt ihn auf dessen Brust. Dieser reißt ihn geistesgegenwärtig mit seiner rechten Hand zur Seite, ein Schuss löst sich, Paetsche bekommt sein Gegenüber zu fassen, umklammert ihn und sagt: „Peter, mach keinen Quatsch, willst du mich erschießen?“ Da war Peter auch schon zu sich gekommen und sagte: „Mensch, ich hatte dich jetzt wirklich nicht erkannt. Ich hatte geglaubt, es wolle mich einer anfallen.“ Kopfschüttelnd und tiefe Seufzer über die Unfassbarkeit dieses Vorfalls ausstoßend, gingen sie auseinander. Peter, aus dem Schlaf gerissen und noch schlaftrunken, war einer Täuschung erlegen, weil seine Sinne noch nicht in voller Funktion waren, sodass er Paetsches Räuspern als das eines ihm Unbekannten vernahm. Hier offenbarte sich ein Problem, das in einer außergewöhnlichen Situation seine schlimmsten Auswirkungen zeigte. Bei der personalmäßigen Ersatzgestellung der Truppeneinheiten wurde nicht die genügende landsmannschaftliche Gleichheit berücksichtigt, sodass es fast immer passierte, dass zum Beispiel eine Truppeneinheit, die sich in ihrer Neuaufstellung ausschließlich aus Hamburgern rekrutierte, durch Leute aus Magdeburg ihren Ersatzbedarf ergänzte. Wenn man auch einräumen konnte, dass die Ersatzbedarfsdeckung unter dem Gesichtspunkt der bestmöglichen gegenseitigen Ergänzung der Soldaten im Zusammenleben aufgrund ihrer Stammeszugehörigkeit mit Vorrang zu beachten sei, so würde diesem Vorsatz entgegenstehen, dass durch die räumlich zu weit gefasste Gebietsbegrenzung ein zu starkes

Gefälle in Bezug auf Gleichartigkeit der Dialekte und Lebensgewohnheiten der Menschen spürbar ist. Der Vorfall Paetsche und Peter ließ diese Diskrepanz deutlich in Erscheinung treten. In Sekunden größter Furcht gibt der Mensch nur noch Angstlaute von sich und ist nicht mehr für das gesprochene Wort aufnahmefähig, besonders wenn es nicht in seinem Dialekt gesprochen ist. Dies war bei Paetsche und Peter der Fall. Erstgenannter stammte aus Sachsen und der Zweite vom Rheinland.

Umzug in ein Dörfchen in der Eifel

Ende Februar wurde Stellungswechsel für die gesamte AA befohlen. An einem Wochentag um zwanzig Uhr stand der Nachrichtenzug abmarschbereit. Während der Fahrt wurde das Marschziel bekanntgegeben. Die Kolonne bewegte sich von der Grenze weg, tiefer ins Hinterland, in die Eifel hinein. Das neue Quartier war bald erreicht und am Morgen beim Wecken erlebten die Soldaten die freudige Überraschung, dass sie in einem idyllischen Eifeldörfchen ihre Zelte aufgeschlagen hatten. Die Unterbringung war vorwiegend in Baracken oder Sälen eingerichtet. Der Führer des Nachrichtenzuges war ein Leutnant im Alter von ungefähr fünfundzwanzig Jahren. Leutnant Knoop war durch seine berufliche Qualifikation als Postbeamter offensichtlich bei seiner Ernennung zum Reserveoffizier begünstigt worden. Auch hier mag wieder einmal die Einschränkung gelten, dass ein guter Dachdecker nicht unbedingt ein guter Bergsteiger werden wird. Knoop war ein schwarzhaariger Typ mit dunkelbraunen Augen, dessen Haut jene Blässe hatte, wie sie alle Menschen dieses Schlags nördlich der Mainlinie eigen ist. Er reagierte temperamentvoll auf jedes Ereignis. Seinen Rang als Offizier stellte er mit Eitelkeit zur Schau und gab hin und wieder einen Beweis seiner Machtstellung, wenn er mit durchdringender lauter Stimme und Rachenerrr den Befehl gab: „Der ganze Haufen dreimal um den Bau, marsch, marsch!", womit er demonstrieren wollte, dass man ihm Respekt zu zollen habe. Widerwillig befolgten die Soldaten diese Befehle und einige Unteroffiziere machten ihm auch Vorhaltungen, dass solche Mätzchen in dieser unserer besonderen Lage unangebracht seien. In diesen von seinen Unteroffizieren vorgebrachten Bedenken sah er eine Auflehnung gegen seinen absoluten Herrschaftsanspruch. Die Minderbewertung als Nachrichtenoffizier überhaupt und nicht zuletzt der Kriegszustand als solcher mögen dazu beigetragen haben, dass er in unregelmäßigen Abständen magenkrank war, was die Mediziner als eine „Flucht in die Krankheit" erklären. Ähnlich wie im Zivilleben, wo es eine Klassifizierung nach Berufsständen und Vermögensgruppen gibt, so ist auch bei einer Truppe eine Unterscheidung festzustellen. Dabei geht es mehr nach Wichtigkeit der Leistungen im Kriegshandwerk. Die Infanteristen werden die Artilleristen geringer einschätzen und die Flieger die Fliegerabwehrsoldaten.

Eine Nachrichteneinheit wird wegen ihrer besonderen Zweckbestimmung als eine Ergänzungstruppe angesehen und ihre Leistungen gelten mehr oder weniger als Hilfsdienst. Durch die allgemein bekannte Tätigkeit des Umsteckens der Drähte bei Telefonzentralen wurde Leutnant Knoop von seinen Offizierskollegen von den anderen Einheiten als „Stöpsel-August" bezeichnet.

Funker Morgenroth bekam eine schwere Erkältung und wurde ins Krankenrevier eingewiesen. Noch nicht ganz ausgeheilt wurde er zurück ins Quartier für Bettruhe bis zur vollen Genesung geschickt. Tägliche Krankenbesuche des Sanitätsgefreiten sollten die Genesung fördern. Ein Stirnhöhlen-Katarrh war bei Morgenroth noch nicht ganz gewichen und der Sanitätsgefreite hielt die vom Arzt verordneten Tabletten nicht für wirkungsvoll genug. Er sagte: „Unser Tierarzt" – ein etwas korpulenter, rustikaler Mittdreißiger – „hat nur Tabletten für dich verordnet. Nimm doch mal zusätzlich jeden Tag ein paarmal eine Schüssel Wasser, bringe sie auf dem Ofen zum Kochen und atme den Dampf ein. Nach einigen Tagen wirst du befreit sein." Morgenroth befolgte diesen Rat und der Erfolg stellte sich bald ein. „Ein dreifach Hoch dem Sanitätsgefreiten Neumann, der das Nasendampfbad hat erfunden!", deklamierte Morgenroth in pathetischem Ton in Gegenwart des Sanitätsgefreiten. Freude und Genugtuung über den Heilerfolg spiegelten sich auf seinem Gesicht und bei späteren, zufälligen Begegnungen war immer etwas von einem Stolz zu erkennen, der vielleicht ausdrücken wollte: „Das ist auch einer von denjenigen, dem ich damals wieder auf die Beine geholfen habe, als er schwer darniederlag. Nun marschiert er wieder gesund und munter durch die Welt, ohne sich einer Dankesschuld bewusst zu sein." Er sonnte sich gern in dem Abglanz des Nimbus eines Helfers der Menschheit, der den Arzt umgibt, was bis zu einem gewissen Grade von ihm zu Recht in Anspruch zu nehmen erlaubt sein mochte. Bei der Truppe wurden dem Sanitätsgefreiten gemeinhin Erfindungen und Entdeckungen nachgerühmt, die ihn als schönsten Wohltätigkeitsapostel erscheinen ließen. Zweifellos trug auch das nach der Melodie eines altbekannten Militärmarsches gesungene „Ein dreifach Hoch dem Sanitätsgefreiten Neumann, der …" dazu bei.

Der Winter war von Woche zu Woche mehr im Abklingen begriffen und schneefreie Flecken waren an den Südhängen der bewaldeten Flächen zu erkennen. Im Dienstplan waren Ausmärsche zu Übungen von kurzer Dauer vorgesehen. Leutnant Knoop entdeckte im Verlaufe der ersten Übung Paetsche als Naturburschen. Paetsches sportliche Robustheit, seine krausgewellten, dunklen Haare, sein zum Düsseldorfer Dialekt im krassen Gegensatz stehendes Sächsisch, das durch eine rostig und blechern tönende Stimme an die eines großen Teddybären erinnerte, den man aufhebt, auf den Bauch drückt, um ihn brummen zu lassen, verlockte Leutnant Knoop dazu, eine lustige Einlage zu seinem Ergötzen zu geben. Paetsche musste auf einen Baum klettern und das Lied singen: „Ich weiß nicht, was soll es bedeuten, dass ich so traurig bin." Die Kameraden hatten diesen Jux gebührend zu belachen. Die in ihrem Innern schwelende, aber nicht geäußerte Ablehnung dieses Schauspiels, hervorgerufen durch die Vorstellung, dass Leutnant Knoop dasselbe mit dem einen oder anderen ebenfalls veranstalten könnte, trat bei allen in den Hintergrund, weil Paetsche so herrlich misstönend sang, ohne sich dabei zu verstellen. Ein anderes Mal, bei einer Rast vor einem Gasthaus, musste Paetsche auf leere, im Hofe stehende Bierfässer sitzen und das Lied „Im tiefen Keller sitz ich hier" vortragen.

„Ich tanz' mit Fräulein Dolly Swing"

Die Tage und Wochen wurden zu Beginn des Frühlings nunmehr mit Waffen-, Geräte-, Kraftfahrzeug- und Munitionsappellen ausgefüllt. Darauf folgte ein Generalappell, um die Einsatzbereitschaft der AA zu prüfen. Die Kriegslage ließ die deutschen Truppen am Westwall in einer Ruhe, über die keine Prognose für die Zukunft zu stellen war. Sonntags gingen die Soldaten ins Kino, Theater, Varieté und Tanzveranstaltungen fanden statt. Die Vier und einige andere Kameraden des Nachrichtenzuges nutzten eifrig die Gelegenheit, sich auf Tanzböden zu vergnügen, die wegen der Belegung der Säle durch Soldaten als Tanzflächen im Freien in der Nähe von Gasthäusern angelegt waren. Bald war in aller Munde ein Mädchen namens Maria, eine ländliche Schönheit von Sanftmut und verhaltenem Charme. Jeder gab sich Mühe, sie in jeder Weise zu hofieren. Rivalität war entfacht, ein Tänzer riss sie dem anderen aus den Armen. Paetsche offenbarte hier nun zum ersten Male seine Tanzkunst, die von allen Kameraden neidlos bewundert wurde. Stepptanz, akrobatische Sprünge und kunsttänzerische Eskapaden legte er solo aufs Parkett. Die eisenbeschlagenen Knobelbecher der Tänzer stampften wild auf der aus rohen Brettern gezimmerten Tanzfläche. Die aus laut blasenden Amateurmusikern zusammengestellte Militär-Tanzkapelle spielte nochmals „Und die Musik spielt leise von der Liebe ein Lied", der Trompeter krächzte mit heiserer, rauchiger Stimme ins Megaphon als Stimmungssänger und die Tanzgesellschaft stimmte in die Melodie summend ein. Einige Krakeeler, die am Rande der Tanzfläche, am Bierausschank, den „Thekenwalzer" tanzten, gaben das Tanzlied überlaut von sich. Nach einer Pause intonierte die inzwischen vom Bier berauschte Kapelle den beliebten Schlager „Ich tanz mit Fräulein Dolly Swing". Paetsche forderte Fräulein Maria zum Tanze auf, eine Solo-Tour wurde für das Paar angeklatscht. Nach anfänglichen, dem Rhythmus getreuen Tanzschritten steigerten sie diese zu tollkühnen Drehungen und Sprüngen. Die anderen Tanzpaare tanzten nun mit ein, der Stimmungssänger sang a Kapella das Lied, die Kameraden vom Nachrichtenzug, in Unkenntnis des wortgetreuen Textes, konnten aber nur lückenhaft mitsingen. Nun setzte die Kapelle nochmals zu einem da capo an und Morgenroth hatte einen neuen Text parat: „Ich tanz mit Fräulein Dolly Swing, ich tanz' und ich sing' und flieg' durch den Saal wie ein Schmetterling, ist das nicht ein tolles Ding?" Johlen und Gelächter setzte ein, Paetsche lachte scheppernd mit, er war von der Vorstellung inspiriert, seine Tänzerin wie einen Schmetterling schweben zu lassen.

Am nächsten Tage gab dieser Tanzabend nochmals Grund zu heiteren Bemerkungen und überschwänglichen Schwärmereien. Die Schlager wurden gesungen und gepfiffen, Paetsche musste nochmals einige schwierige Tänze vorführen, um dann weiter zu ausgelassenen Kapriolen überzugehen: „Fräulein Dolly, Swing, Schmetterling!" Schröder hatte einen bunten Schaal zu einer Schmetterlingsschleife gebunden, warf ihn Paetsche zu und sagte: „Fang sie auf, das Fräulein Dolly!", und nun erreichte die Alberei ihren Höhepunkt. In übermütigen Drehungen und Sprüngen balancierte Paetsche die Schleife, erst wie ein Zauberkünstler einen Ball, dann wie ein Ballett-Tänzer seine Tänzerin. Die anderen drei lachten und kreischten dazu. Germar nahm einen Stuhl und schwenkte ihn wie eine Tanzpartnerin vor sich her. Schröder wollte nicht nachstehen und hob auch einen Stuhl auf, die Sitzfläche an seine Brust gedrückt, sodass die Beine in Laufrichtung vorwärts standen. Dieses Nachäffen fasste Germar als eine Herausforderung auf, er hob seinen Stuhl ebenfalls in diese Kampfausstellung auf. Noch kamen sie einige Male aneinander vorbei, aber dann war es passiert. Schröder hatte mit einem Stuhlbein Germars Hand gestreift und der Streit brach los. „Du glaubst wohl, du hättest bei Maria Chancen? Da hast du dich aber getäuscht", stieß Germar hervor. „Entschuldige, entschuldige Reinhard, es war nicht meine Absicht. Tut sie sehr weh, deine Hand?" Die Nebenbuhler waren aneinandergeraten. So leicht ließ sich Fräulein Maria nicht binden wie eine Schleife.

Die Besetzung Dänemarks und Norwegens durch deutsche Truppen im April 1940 hatte eine strengere Dienstvorschrift bei der Truppe am Westwall zur Folge. Dem Nacht-Wachtdienst kam besondere Aufmerksamkeit zu. Gefreiter Anton Stoffels war im Alter von etwa achtundzwanzig Jahren, 1,75 Meter groß, von schlanker Figur und aschblond. Er war in der Altstadt von Düsseldorf zu Hause und sprach nur seinen Dialekt. Als Lastkraftwagenfahrer war er seit seinen Jugendtagen ein Parteigänger der Kommunisten, was aufgrund seiner sozialen Stellung verständlich war. Er fand aber Lob und Anerkennung für die Erfolge, die unter den Nazis erreicht waren. Seinen Dienst tat er in der geforderten Pünktlichkeit, ohne dass er durch Extratouren besonders aufgefallen wäre. Ihm passierte nun das Missgeschick, sich ein Wachvergehen zuschulden kommen zu lassen. Als Posten bei der Bewachung des Fahrzeugparks hatte er einige Minuten mit einem Bewohner des Ortes gesprochen und Leutnant Knoop entdeckte ihn dabei auf seinem allnächtlichen Kontrollgang. Durch die Lage des Fahrzeugparks an der Hauptstraße des Ortes konnte ein Wachposten leicht dazu verführt werden, mit vorübergehenden Personen zu sprechen. Für Leutnant Knoop war aber diese Tatsache kein Grund zur Nachsicht, sondern er erreichte durch seinen Übereifer, dass es zu einem heftigen Wortwechsel zwischen ihm und Gefreitem Stoffels kam. In dessen Verlauf vergaß sich der Gefreite Stoffels und schrie seine seit langer Zeit angestaute Verärgerung heraus. „Quasseln sie mir nicht in die Frequenz", brüllte Leutnant Knoop zurück. Am anderen Tage machte er Meldung wegen Wachvergehens, die zu einer Bestrafung Stoffels, zu einundzwanzig Tagen „schweren Baus", führte. Nach seiner Rückkehr aus der Arrestanstalt waren ihm Niedergeschlagenheit und Verbitterung anzumerken. Wenngleich unter den Soldaten die vielgebrauchte Redensart üblich war, dass nur derjenige ein echter Landser sein könne, der mindestens einmal einige Tage im Bau gesessen habe, so wurde Stoffels doch für die erste Zeit nach seiner Rückkehr geschnitten. Dies war dem Zivilleben nicht ganz unähnlich, da entlassene Häftlinge in ihrem Wohnbezirk ebenfalls für lange Zeit Gleiches erfahren müssen. Dieser Zustand würgte wie ein Kloß in seinem Halse. Einmal, als er sich mit Morgenroth alleine im Quartier befand, machte er seinem Herzen Luft. „Dat kannste mir glöve, dat eck dem Knoop ens verpass', wenn eck mit dem emol so richtig vorne rinn in Dreck komme däd. Dä kriegt enne Kugel von mir!" Morgenroth war verblüfft über diese Ankündigung, weil er das Ausmaß von Stoffels Verbitterung und Ehrverletzung wohl kaum begreifen konnte.

Der Frühling war in voller Blüte, die Tage sonnendurchflutet und nur einzelne Regenschauer riefen Erinnerungen an den vergangenen Winter hervor. Die AA rückte jede Woche einmal zu einem größeren Manöver, einer Rahmenübung, aus. Feldmäßige Einsatzübungen kleineren Ausmaßes fanden täglich statt. Eine Monotonie kam in die wiederkehrenden Abläufe der einzelnen Kriegsspiele hinein, sodass hier und da in den Wirtshäusern an Biertischen Äußerungen fielen, denen zu entnehmen war, dass die Truppe bald vor Übermut aus den Nähten platzen könnte. Drei Soldaten aus Schleswig-Holstein, die nach einem Streit mit einem Unteroffizier in einer Gastwirtschaft diesem vor dem Hause aufgelauert und dann erstochen hatten, sollen zum Tode verurteilt und erschossen worden sein.

Die Übungen des Nachrichtenzuges bestanden aus Funkverkehr der T.-Fus untereinander. Aufgrund der Abhörgefahr waren die Funkstellen nur einige Kilometer voneinander entfernt und die Sendeenergie gedrosselt. Die Funksprüche waren in jedem Falle immer nach einem täglich neu ausgegebenen Morsecode verschlüsselt.

Der Text der Sprüche wurde wahrheitsgetreu verlangt, also dem Ernstfall entsprechend. Aber wem konnte das schon auf die Dauer behagen? Welch wundervolle Experimente konnten mit diesen Rundfunkstationen en miniature angestellt werden!? Zum Schluss einer jeden Übung gab es dann meist doch einen Ausbruch aus dem vorgeschriebenen Eingeengtsein. Morgenroth fand eines Morgens neben einem Haus ein altes, abgegriffenes Buch: „Aus des Knaben Wunderhorn" von Brentano. Er blätterte darin und fand einen Vers mit Vignette: „Als die Treue ward gebor'n, flog sie in ein Jägerhorn, der Jäger blies hinein, und sie flog in alle Winde rein." Sofort verschlüsselte er den Spruch und gab ihn an die Gegenstelle durch. Nach Abbruch der Übung kam der Funker der Gegenstelle auf ihn zu und sagte: „Morgenroth, sag mal, wie soll der Spruch, Uhrzeit elf Uhr fünfunddreißig, eigentlich richtig heißen?" „Ja, was hast du genau entschlüsselt?" „Als die Treue ward gebor'n, flog sie in ein Jägerhorn, der Jäger blies hinein, und sie flog in eine Linde rein." Morgenroth lachte und sagte ihm den richtigen Wortlaut. Nun war der Spaß bei ihm und alle Mühe des Entzifferns vergessen. Ein einziger Buchstabe, falsch durchgegeben oder aufgenommen, konnte so sinnentstellend sein.

Der Ernstfall tritt ein

Am 9. Mai 1940 gegen zwanzig Uhr kam Leutnant Knoop ins Quartier gestürzt. Mit blassem Gesicht und aufgeregter Stimme verkündete er: „Alarmstufe eins, scharfe Munition fassen, um zweiundzwanzig Uhr muss die AA abmarschbereit stehen. Sie marschiert in ihren Bereitstellungsraum. Die X-Zeit, der Beginn des Überschreitens der Grenze, wird einige Stunden vorher bekanntgegeben. Seit einigen Tagen sind die Engländer dabei, eine Armee an der holländisch-belgischen Küste zu landen, mit dem Ziel, in das Ruhrgebiet einzufallen. Die Regierungen dieser Länder dulden diese Landung, wodurch sie die Neutralität gebrochen haben. Die deutschen Truppen haben den Befehl, dieser englischen Armee entgegenzueilen und sie weit draußen vor den Grenzen des Reiches zu schlagen und zu vernichten." Einigen Soldaten verschlug diese Nachricht den Atem und sie verrichteten alle Tätigkeiten wie in einem Trance-Zustand. Andere wieder glaubten, nicht richtig gehört zu haben, und gingen den wenigen, oftmals geübten Packarbeiten nach, als ginge es zu einem Manöver. Sie konnten sich nicht im Geringsten vorstellen, was ihnen bevorstand. Ein Teil der Soldaten war froh, dass das monatelange Warten zu Ende war und sich die Spannung löste. Der andere Teil sprach von Gewissheit, was die Zukunft bringen würde. Im Übrigen war auch nicht viel Zeit zur Besinnung, der ganze militärische Apparat war in Bewegung gesetzt und verlangte von jedem Anspannung aller Sinne. Langsam rollten die ersten Fahrzeuge vom Parkplatz, ohne Scheinwerferlicht setzte sich die Kolonne in Bewegung, in Richtung belgische Grenze. Im letzten deutschen Grenzort verharrte die AA die ganze Nacht. Gegen Morgengrauen wurde die X-Zeit der Spitze der Truppe bekanntgegeben. Der NZ erhielt neue Funkschlüssel und Verkehrsfrequenzen. Gegen fünf Uhr morgens, am 10. Mai 1940, brummten die ersten Aufklärer-Flugzeuge und Bomber über sie hinweg, in belgisches Gebiet hinein. Bald darauf waren die ersten Sprengungen zu hören, die von Straßensperren sein sollten, und nach einer Viertelstunde wurden die ersten Gefangenen vorübergeführt, belgische Zollbeamte. In kleinen Gruppen schoben sich die motorisierten Teile der AA langsam, mit Zwischenhalten, über die deutsch-belgische Grenze. Die ersten deutschen Verwundeten wurden gemeldet. Stoßtrupps und Spähtrupps, mit Tofus nachrichtentechnisch

zum Stab der AA verbunden, tasteten sich weiter vor. Kampfziel sollte die Festung Lüttich sein. Die mittlere Funkstelle hatte Verbindung zur Division aufgenommen. In den Kopfhörern der Empfänger tickerten die Morsezeichen in einer Vielzahl, wie sie ein Funker nie jemals zuvor vernommen hatte. Die Geräuschkulisse eines unsichtbaren Orkans der entfesselten Gewalten im Äther, über den Köpfen der anstürmenden und zurückweichenden Soldaten. Der Frühling zeigte ein saftiges Grün, leuchtende Blütenpolster an den Hängen. Milde Nächte und warme Tage in den lieblichen Auen dieses gesegneten Landstriches machten die Soldaten mitunter für kurze Zeit vergessen, dass sie auf dem Kriegspfad waren. In der Ferne waren Sprengwolken von Fliegerabwehrkanonen zu sehen und auch Detonationen von Bomben waren zu hören.
Morgenroth war mit zu einem Spähtrupp befohlen, vom Nachrichtenzug ein Unteroffizier und zwei Mann mit Tofu-Gerät. Ein Tofu-Gerät bestand aus zwei Kästen, je zwanzig Kilogramm schwer. Zusätzlich Karabiner, Gasmaske und Munition insgesamt ein Gewicht von fünfunddreißig Kilogramm, das jeder Funker zu Fuß zu befördern hatte. An einer geteerten Straße ging es in Reihe im Straßengraben entlang. Kurze Rast, der Unteroffizier, Führer des Spähtrupps, beobachtete mit dem Feldstecher. „Es ist nichts zu sehen", sagte er. Weitermarsch, mehr Abstand von Mann zu Mann. Der Unteroffizier und zwei Mann gingen nun im Abstand von fünfzig Metern voraus. Jeder Soldat beobachtete nach allen Seiten. Die Gegend schien menschenleer zu sein. Nun tauchte einige Hundert Meter links voraus ein Gehöft auf und die Straße schlängelte sich eine Anhöhe hinauf. In dem Gehöft könnten belgische Infanteristen stecken, dachte Morgenroth und tauschte einige Worte mit seinem Hintermann. Die Stahlhelme wurden mit Grasbüscheln getarnt. Der Unteroffizier beobachtete wieder mit dem Feldstecher. „Scheint unbesetzt zu sein", sagte er mehr zu sich selbst. Sie gingen nun noch weiter im Straßengraben, auf Knien und Händen, um vom Gehöft aus ungesehen nach direkt gegenüber zu gelangen. „Unmöglich, dass da keiner drinstecken sollte", sagte einer. „Jetzt bleibt ihrmal in voller Deckung im Graben liegen und ich gehe alleine vor", befahl der Führer des Spähtrupps. Er ging nun noch circa zwanzig Meter vor, sprang aus dem Graben auf die Straße, überquerte sie im Laufschritt, sprang wieder zurück, warf sich in Deckung. Nach zwei Minuten wiederholte er dasselbe Manöver. Ein Fenster

des zweigeschossigen Wohnhauses öffnete sich jetzt und eine Frau mit einem Kind auf dem Arm sah heraus und winkte. „Ihr könnt aufstehen, scheint nicht besetzt zu sein.“ „Was hatte denn das schnelle Überqueren der Straße und schnelle Deckungnehmen für einen Zweck“, fragte der Funk-Unteroffizier den Führer des Spähtrupps. „Ist doch ganz einfach zu begreifen, ein alter Trick der Kavallerie. Zum Beispiel, ein berittener Spähtrupp hat den Auftrag, einen Waldrand zu erkunden. Was soll er nun tun? Blindlings auf den Waldrand zureiten und sich bei Feindbesetzung abschießen lassen? Nein, wäre reiner Selbstmord. Die machten das so, sie ritten im leichten Trab bis auf circa fünfhundert Meter auf den Waldrand zu, plötzlich machten sie kehrt und donnerten im gestreckten Galopp zurück. Wäre nun der Waldrand besetzt, so bekämen sie mit hundertprozentiger Sicherheit Feuer. Wäre er es nicht, dann würden sie auch nicht beschossen. Nun konnten sie ja trotzdem ungestört nachsehen, etwas ist dann doch festzustellen, zumindest, ob einige Zeit vorher sich feindliche Soldaten dort niedergelassen hatten. Genau dasselbe habe ich auch gemacht.“ „Tja, wenn nun jetzt doch aus dem Hause da drüben geschossen worden wäre?“ „Daran habe ich in diesem Moment nicht gedacht. Ich als Führer eines Spähtrupps, muss immer etwas riskieren und blamieren will ich mich ja auch nicht.“ Morgenroth sagte zu seinem Nebenmann: „Die Fenster der Häuser sind Augen.“ Der Führer des Spähtrupps ging nun mit zwei Freiwilligen hinüber zu dem Hof, um alle Gebäude zu durchsuchen. Mach etwa zehn Minuten kamen sie zurück und berichteten, dass keine feindlichen Soldaten zu finden seien. Die Frau sei zur Betreuung des Viehbestandes zurückgeblieben, alle anderen Leute seien rechtzeitig geflüchtet. Das Tofu-Gerät wurde funkbereit gemacht, um diese Nachricht zum Stabe der AA durchzugeben und um eventuell einen weiteren Befehl in Empfang zu nehmen. Die Soldaten steckten sich Zigaretten an und schwatzten mit gedämpfter Stimme. Eine Detonation zerriss jäh die Stille, die wie ein Vakuum zwischen Leben und Tod lag. Sie knieten nieder und horchten angespannt. Und nochmals ein deutliches Bersten einer Granate, dem ein hoher, schnell tiefer klingender Pfeifton folgte, der schon näher bei Ihnen lag. Alle legten sich nun flach ins Gras. Das sind „Artillerieeinschläge von der Festung Lüttich“, sagte einer. Der Schreck durchjagte ihnen alle Glieder, die Haare standen ihnen zu Berge, der Atem ging schnell, ihre Körper bewegten sich auf und ab in langgestreckter Lage. Mehrere Einschläge folgten, die jedoch nicht näher lagen. „Ob die Frau in dem Haus ein Telefon oder Funkgerät hat und die Festungsartillerie benachrichtigt?“ „Mensch, das könnte sein!“ „Das glaub’ ich kaum.“ „Ob die uns von der Festung aus sehen können?“ „Wir liegen ja hinter einer Anhöhe, ist also schlecht möglich.“ Nochmals einige Einschläge, scheinbar auf derselben Stelle. „Unheimlich, wie man mit der Technik nach dem kleinen Menschenleben greift, so eine Granate kann eine hundertfache Wirkung haben, diese bizarren Formen der Splitter.“ Ein würgendes Schlucken ließ die Worte im Halse steckenbleiben. Die Finger krallten sich im Grase fest. Ein Soldat betete mit Inbrunst. Banges Warten auf weitere Einschläge. Sekunde um Sekunde pumpte der Herzschlag die Zeit vorwärts, in den Ohren war die Unruhe des Körpers deutlich hörbar. Ich bin nicht allein, ist es mein Freund, der da klopft? Mutter, du bist es! – Pass ja auf und sei vorsichtig! – Hach, ich bin doch kein kleines Kind mehr!

Seit einer Viertelstunde waren die Einschläge verstummt. „Jetzt funken wir unsere Beobachtung an den Kommandeur“, sagte der Führer des Spähtrupps. „Hoffentlich werden wir dann zurückbeordert.“ Die Antwort enthielt den Befehl, zum Ausgangspunkt wieder zurückzukehren. Die Vögel tirilierten wieder in allen Tonarten, ein Begrüßungskonzert für die heimwärts ziehenden Söhne. Abgekämpft trotteten sie querfeldein, etwas gebückt von der Schwere der Ernte des verflossenen Tages. Ein Soldat tutete auf einem Pappenstiel, Klänge unbeschwerter Kindertage wurden hörbar. Lerchen stiegen zum Himmel auf und schmetterten der im Westen untergehenden Sonne einen letzten Gruß zu. Ein rötlich-gelber Dunstschleier verdeckte die Festung, die eine Stunde zuvor mit ihren todbringenden Stacheln nach den Soldaten gelangt hatte. Das Erlebnis war noch zu neu, um es in seiner ganzen Größe und seinem ganzen Umfange nach ermessen und begreifen zu können. Ein prophetischer Traum für den einen oder anderen. Einige mochten noch von einem physischen Beben betroffen sein, dass die Explosionen der Granateinschläge verursacht hatten, andere waren mehr auf das Gegenwärtige eingestellt. Vorbei und vergessen und sie griffen nach einem Stück Brot in ihrer Tasche. Die folgende Nacht brachte einen Stellungswechsel in ein nord-westwärts gelegenes belgisches Dorf. Am frühen Morgen setzte vom Fort der Festung her ein pausenloses Artilleriefeuer ein, das eine wichtige Straßenkreuzung eindeckte. Die nachrückenden Fahrzeuge der deutschen Truppen waren dadurch aufgehalten. Ein jeder Soldat suchte Deckung nach seinem Ermessen. Die Gebäude des Dorfes hatten eine massive Bauweise, die Mauern waren aus roh behauenem Stein errichtet. Morgenroth verkroch sich in einen leeren Raum, sofern er nicht für irgendeine Dienstverrichtung hervorgerufen wurde. Das Trommelfeuer hielt für die Dauer des Tages an, ohne dass es ein einziges Mal auf das Dorfgebiet übergesprungen wäre. Stoßtrupps und Spähtrupps mit Tofus waren in Aktion, um die Möglichkeiten für die Erstürmung des feuerspeienden Forts zu erkunden. Mit dem Einbruch der Nacht verstummte das Artilleriefeuer. Eine rätselhafte Stille trat ein. Die Nerven der Soldaten waren bis zum Zerreißen gespannt, denn die Befürchtung, dass nach dem Verstummen der ersten Feuerhölle ein zweites, noch größeres Inferno auf die Angreifer der Festung hereinbrechen könnte, lag wie ein nicht enden scheinender Alpdruck auf den Gemütern der Soldaten. Das bekannte Übel schien erträglicher zu sein, als das unbekannte. Ein Gerücht ging um, dass wer sich einmal im Feuerbereich eines Forts befände, nie mehr herauskommen könne, weil jeder Quadratmeter Boden in Friedenszeiten vermessen sei, wodurch eine gezielte Bekämpfung jeden Punktes durch die Festungsartillerie möglich sei. Eine Behauptung, die nicht an Logik entbehrte und somit einleuchtend war. In der Nacht war jedoch das Losbrechen von schwerem Artilleriefeuer zu hören, das von den Eisenbahngeschützen aus Aachen stammen sollte und auf die Festung gerichtet war.

Der Wachdienst für die kommende Nacht wurde eingeteilt. Ein Doppelposten umwanderte ständig den gesamten Wagenpark und die Unterkunft der Soldaten. Morgenroth zog mit dem „Schreibstubenbullen“ auf Wache. Für ihn war die Bezeichnung Bulle alles andere als zutreffend. Er war Brillenträger, äußerst sensibel und er hatte wohl tausendmal mehr Ängste und Nöte auszustehen, als viele andere Soldaten, die vielleicht mehr mit handwerklichem Können vertraut waren. Bei undefinierbaren Geräuschen sprang er zurück in sein Quartier, kam selten wieder heraus, sodass Morgenroth die meiste Zeit alleine patrouillierte. Überhaupt, Wachposten waren in diesen ersten Tagen des Kriegs auf Gedeih und Verderb auf sich alleine gestellt. Die neue Lage war auch zu wenig überschaubar, als dass schon genaue Anweisungen seitens der Führung hätten gegeben werden können. So ergab es sich geradezu von selbst, dass Morgenroth in willkürlicher Eigenständigkeit Wächter über die ihm anvertrauten Seelen wurde. Die lauschige Nacht war nicht angetan, Trübsal zu blasen. Hinzu kam, dass das Verhängnis der vergangenen Tage überstanden zu sein schien. Das bewog Morgenroth nun, ein kleines Fest zu veranstalten. Wohlgemerkt, im engsten Kreise, genauer gesagt, mit sich selbst und er holte von den erbeuteten Kostbarkeiten eine Flasche Sekt hervor, die er in kleinen Zügen im Laufe der Wachzeit austrank. Die Patrouillenschritte gingen bald in Tanzschritte über, die Nachtigallen sangen in den hohen Bäumen, unter denen die zu bewachenden Fahrzeuge geparkt waren. Er kam sich vor wie ein Hirte, der nun des Abends seine Herde bewacht. Kühe, die gesättigt dalagen und gemächlich wiederkäuend die Milch für den nächsten Tag vorbereiteten. Der Krieg war vergessen, romantische Gefühle überkamen ihn, der Sekt hatte das Seinige bewirkt. Er war leicht beschwipst und er fühlte sich nach Italien versetzt, als er das Tanzlied halb sang, halb summte: „Des Abends in der Taverne, sehn' ich mich nach dir." Welches Vergnügen würde es Brigitte bereiten, diese Nacht mit mir verbringen zu können, wo sie doch Beniamino Gigli so verehrt, dessen Bel Canto so leicht in ein Weinen umschlägt, dachte er. Seltsam, wie doch Himmel und Hölle so dicht beieinanderliegen können.

Der Schreibstubenbulle kam nach längerer Zeit einmal wieder zum Vorschein. Er atmete erleichtert auf, als er Morgenroth noch so standhaft vorfand, zog sich aber bald wieder in seine „Gemächer" zurück. Als er nach einer halben Stunde wieder auftauchte, geschah etwas, das seinem Schreibergemüt den in seinem bisherigen Leben größten Schock versetzt haben mochte. Morgenroth sah in der Dunkelheit einen Gegenstand, der sich bewegte, lief einige Schritte vor und rief: „Halt, wer da?" Dieser Anruf war für den Schreibstubenbullen so etwas wie der Donnerhall aller Mächte der Finsternis. Nach Luft ringend, machte er einige Sätze wie eine Heuschrecke rückwärts in Richtung auf seinen Zufluchtsort, um sich nie mehr in dieser Nacht sehen zu lassen. Morgenroth hatte nun Gewissheit, dass er völlig alleine auf Posten durchzuhalten hatte. Seine Wahrnehmung beunruhigte auch ihn und er wappnete sich mit dem Mut, der ihm aus den Erfahrungen der vergangenen Tage erwachsen war, als er seine Feuertaufe bestanden hatte. Hinter dem LKW suchte er Schutz. Dieses blecherne Ungetüm war für ihn kein toter Gegenstand, es konnte ein Stier sein oder ein Büffel. Die Kälte seines Materials war Ausdruck seiner Kaltblütigkeit, mit der der Büffel jedem Angreifer die Stirn bietet. Seine wuchtige Gestalt überragte alle anderen, was ihn zum Leittier erhob. Alle anderen Fahrzeuge zusammen bildeten mit dem Leitstier eine Phalanx. Mit gespreizten Vorderbeinen, gesenkten Köpfen, steifen Nacken, auf dem die Haare aufrecht standen und geblähten Nüstern, aus denen ein Feueratem stiebt, bieten sie dem Feind Paroli, kämpfend bis zur Selbstvernichtung. Es würde an Blasphemie grenzen, sich auf verweichlichte Milchtiere verlassen zu wollen, dachte er, während er zur Flasche griff, um sich eine Stärkung einzuflößen. Die wären jeglichen Kampfeswillens bar, wie unser Schreibstubenbulle, dieses Milchgesicht, er wäre doch nur eine Belastung für mich, wenn er hier wäre. Ohne elektrisches Licht wird für diese Typen die Nacht zum Moloch, der alles erbarmungslos verschlingt. Schon das Geräusch des eigenen Atems kann in ihnen die absurdesten Imaginationen erwecken. Sie müssen immer den Trubel der Urbanität um sich haben, um sich ständig ergänzen zu können. Aber ich werde kämpfen wie ein Löwe. Ein Kampf Mann gegen Mann könnte es werden, allerdings unter ungleichen Bedingungen, denn der Feind ist ohne Zweifel überlegen, er kennt jeden Weg und Steg und er wird mit der Besessenheit eines Tieres kämpfen, in dessen Nest ich eingedrungen bin. Es ist nun mal sein Land, auf dem wir stehen. Aber trotzdem lassen wir uns nicht meuchlings niedermetzeln. Mit wehender Flagge wird unser Schiff untergehen, wenn uns der Kriegsgott seine Gunst versagen sollte. Artilleriefeuer lässt noch eine Chance offen, reiner Zufall, wen es erwischt. Aber hier steht List gegen List. Die Möglichkeit des Parierens ist allerdings immer gegeben, wie beim Degenfechten. Hier zählt nur, wer in höchster Gefahr für sein Leben bereit ist, alles zu riskieren. Mein Sehvermögen müsste noch besser für die Nacht trainiert werden, dachte er, als er seine Stirn mit den Fingerkuppen seiner rechten Hand rieb.

„Miau!“ Ein tierischer Laut ließ sein Blut erstarren. Seine streichholzlangen Haare richteten sich hoch auf, wie die Borsten einer Bürste, das Käppi wurde mit hochgehoben und lag obenauf. Wie festgenagelt stand er und starrte in die Richtung, aus der dieser miauende Laut zu hören war, und er sah nur schemenhaft eine Katze vorüberhuschen. Erst als der erste Schreck nach einigen Sekunden zu schwinden begann, hielt er sein Gewehr schussbereit. Nun kniff er ein paarmal hintereinander beide Augen zu, als wolle er damit einen Vorhang zwischen sich und dem Ereignis herablassen, gleichzeitig aber hoffend, dass es tatsächlich nur eine Katze gewesen sein könnte, die ihn so urplötzlich herausgefordert hatte. Sollten die Belgier Katzen abgerichtet haben, wie Hunde bei der Polizei?, dachte er, verwarf aber sofort wieder diese Möglichkeit. Allgemein bekannt ist, dass sich Hauskatzen nicht dressieren lassen, wohl auch die Belgier nicht, konstatierte er und prustete ein kurzes Lachen, weil seine Phantasie solche kuriosen Blüten trieb. Ein leichter Anflug von Freude über den Ausgang dieses Spuks durchzog ihn, der ihn unter Anspannung aller Sinne auf eine erste, harte Probe im Feindesland gestellt hatte. Nun wurde ihm zur Gewissheit, dass eine ernsthafte Gefahr jetzt sehr wahrscheinlich nicht mehr zu befürchten war. Erleichtert und ein wenig stolz ging er in sein Quartier, als die Ablösung seines Wachpostens erfolgt war.

Noch vor Morgengrauen lösten sich die motorisierten Einheiten aus dem belgischen Dorf, um einem Bombardement durch die Artillerie des Forts auszuweichen. Germar erzählte Morgenroth, dass die mittlere Funkstelle am gestrigen Tage angepeilt worden sei und die ersten Granateinschläge schon sehr nahe gelegen hätten. Nur ein überstürztes Flüchten hätte ihnen das Leben gerettet. Die motorisierten Teile der AA pendelten nun tagsüber auf verschiedenen Straßen und Wegen hin und her, nur kurze Aufenthalte an einem Platz einlegend, um den von der Festung ausgesetzten Beobachtern keinen Anlass zu einer Zielansprache zu geben. Solch ein Beobachter konnte jeder Zivilist sein, auch Frauen, die vereinzelt oder auch in Paaren auf den Feldern arbeitend oder auch in den Dörfern anzutreffen waren. Als Nachrichtenmittel konnten Telefonapparate oder Funkgeräte dienen. Diese belgischen Zivilpersonen zu überprüfen, war Aufgabe der Dolmetscher. Wie weit diesen Personen eine Schuld nachzuweisen war, hing ohne Zweifel von der Geschicklichkeit der Dolmetscher ab. Meist war wohl nichts nachzuweisen und so blieben sie ungeschoren, aber den Verdacht mussten sie sich gefallen lassen. Die Hektik im Ablauf der wechselnden Ereignisse verhinderte auch eine Ausübung der nötigen Sorgfalt bei der Überprüfung.

In der Abenddämmerung strebte die AA auf einen Ruheplatz für die Nacht zu. Unmittelbar neben der Straße war eine große Wiese, die mit einer zwei Meter hohen Hecke umsäumt war. Die Fahrzeuge nahmen im Karree Aufstellung im Schutze dieses lebenden Zaunes. Die Portionen für das Abendessen wurden ausgegeben und die Zelte wurden hervorgesucht, um das Nachtlager vorzubereiten. Drei Häuser, die nicht weit von der Wiese an einem schmalen Weg standen, wurden noch von einer Gruppe Soldaten durchsucht. Die befohlene Erkundung war für sie auch gleichzeitig Gelegenheit, nach Lebensmitteln, Waffen, Schmucksachen oder anderen wertvollen Gegenständen zu stöbern, die sich lohnten zu requirieren. Die Bewohner waren seit Beginn der Kampfhandlungen geflüchtet. Wären sie noch in ihren Wohnungen gewesen, kein einziger der Soldaten hätte gewagt, mit Brachialgewalt einzudringen. Sie hätten höflich angeklopft, denn sie waren noch nicht verroht. Einige Soldaten streiften nun noch weiter im häusernahen Gelände umher und gelangten dabei über die Anhöhe hinweg, sodass sie drüben vom Fort aus gesehen werden konnten. Sofort setzte Artilleriefeuer ein, einzelne Schüsse, gut gezielt. Schnellstens musste die Gruppe Soldaten zurückkommen. Aufgabe dieses Platzes ohne Zögern wurde befohlen. Sie waren erkannt, jeden Moment konnte verstärktes Artilleriefeuer einsetzen und die Straße wäre unter Sperrfeuer genommen worden. Inzwischen war es dunkel geworden. Windstille herrschte und fahler Mondschein erlaubte noch eine gute Sicht, was zu der Vermutung Anlass gab, nicht nur gehört, sondern vom Feind gesehen werden zu können. Die Besatzungen der Fahrzeuge wurden angewiesen, ihre Fahrzeuge zu schieben und ohne Motorenlärm wurden die Fahrzeuge auf die Straße gerollt. Lautlos rollte die Fahrzeugkolonne auf der Straße mit Muskelkraft einem neuen, unbekannten Ziel entgegen. Nach drei Kilometern durften die Motoren wieder angelassen werden und der Beifahrer eines jeden Wagens fungierte als Lotse, vorne auf dem rechten Kotflügel sitzend. Dünne Nebelschwaden stiegen vom Wiesegrund auf, durch die die Straße hindurchführte, und vermischten sich mit dem Pulverhauch der explodierten Granaten und den Auspuffgasen der Fahrzeuge. Ein Todeshauch des Krieges, der Abscheu und Widerwillen hervorrief und die Mägen der Soldaten abschnürte. Stoßtrupps und Spähtrupps kamen vom Fort zurück und berichteten von der Schwierigkeit der Erstürmung.

Am nächsten Tag waren Staffeln von Sturzkampfbombern (Stukas) zu beobachten, die mit Sirenengeheul auf die Festung herabstürzten und

Bomben auf die Panzertürme und Maschinengewehr-Schießscharten warfen. Die Festung war gefallen. Straßen und Ortschaften lagen nicht mehr unter Beschuss, und im gut übersichtlichen Vorgelände des nächstgelegenen Forts strömten auf der Straßenkreuzung endlose Fahrzeugkolonnen der deutschen Wehrmacht in Richtung Westen und Norden. Nur ein Geschütz des Forts schoss immer noch von Zeit zu Zeit, sein Rohr wieder einziehend, wenn ein Stuka anflog, um es außer Gefecht zu setzen. In zügigen Märschen bewegten sich die Divisionen dieses Frontabschnittes nach Belgien und Frankreich hinein, vorbei an bombardierten Waffen und Kriegsgerät der belgischen Armee, das die deutsche Luftwaffe außer Gefecht gesetzt hatte. An der belgischen Grenze waren die Trümmer einer Panzerschlacht zwischen Franzosen und Deutschen zu sehen. Der Raum von Lille war erreicht und gab dem Kriegsgeschehen mehr die Weite des Schauplatzes. Aus dem Bereich des Flughafens marschierten viele Tausende von französischen Gefangenen. Die englischen Truppen sollen nach kurzem Gefecht zurückgegangen sein und die Stadt aufgegeben haben. Die AA stieß mitten in die Stadt Lille hinein.
Die Mehrzahl der Landser war in die Bordelle verschwunden und feierten dort wilde Gelage, Unmengen von Alkohol und erbeuteten Lebensmitteln verkonsumierend. Die Offiziere standen mit einigen wenigen Getreuen vor einem Fiasko, denn jederzeit konnte sich die Gefechtslage in kürzester Zeit ändern, was die Geschlossenheit und Übersichtlichkeit der Einheiten erfordert hätte. Kommandos von Aufsammelgruppen wurden unter Anweisung schärfster Maßnahmen ausgesandt, um in dem Labyrinth der Bars und Freudenhäuser die Desserteure wieder zusammenzutrommeln. Diese Razzia ging nicht ohne Zwischenfälle ab. Es kam zu Schlägereien und Schießereien. Viele Soldaten waren im Vollrausch und mussten getragen oder gefahren werden.
Vereinzelter Widerstand französischer Truppen am Kanal und anderen Punkten. Sonst schien das Stadtgebiet im Kern unbesetzt zu sein. Doch in der folgenden Nacht sollen französische Regimente im Rücken der deutschen Truppen wieder einmarschiert sein und besetzten die Teile der Stadt, die vorher feindfrei waren. Bei diesen Berührungsgefechten wurde Rittmeister Hartmann tödlich verwundet. Die Gefechtslage war vorerst unübersichtlich. Es wurde bald zur Gewissheit, dass große Teile der deutschen Truppen in der Stadt eingeschlossen sind. In der darauf-

folgenden Nacht warfen deutsche Aufklärungsflugzeuge Flugblätter über den französischen Stellungen ab. Ein Ultimatum wurde gestellt: Ergebung bis sechs Uhr des nächsten Tages oder Angriffsvorbereitung durch schwerstes Artilleriefeuer und Angriff durch neu herangeführte deutsche Truppen. Die Franzosen ergaben sich jedoch nicht und kämpften mit Bravour, bis sie der deutschen Übermacht unterlagen. Über zwanzigtausend Franzosen und einige Tausend Engländer wurden gefangen genommen. Die Stadt Lille war nun endgültig in deutscher Hand.

Die AA bewegte sich anschließend weiter südwestwärts. In einem Dorf bei Lille nahm der Nachrichtenzug Quartier in einem Bauernhof. Die Tochter des Bauern, ein vitales, resolutes Mädchen, nicht ohne den gewissen Charme der Französin, sprang barfuß zwischen den Soldaten geschäftig vom Haus zum Hof hin und zurück. Schröder, der seit einigen Wochen bei Leutnant Knoop als Putzer diente, animierte sie gegen Überreichung von Konfitüren und Ähnlichem zu Handreichungen für Wäschewaschen. Es entspann sich zwischen beiden ein kleiner Flirt, den Mademoiselle als reizvolle Spielerei nahm und aber zugleich auch als angenehme Enttäuschung empfand über das triste Vorurteil gegenüber den Deutschen, das die Franzosen schlechthin hegten. Das bewog sie dann auch, eine Frage an Leutnant Knoop zu richten, wohin die deutschen Truppen denn nun noch marschieren wollten. „Auf, nach Paris!“, sagte er in Französisch. Weinend wandte sie sich ab, ihr Nationalstolz war verletzt. Diese Begebenheit wurde von den Soldaten mit Respekt kommentiert. Sie hielten es jedoch für arrogant, dass ein Offizier an die Empfindlichkeit der Franzosen rührte. Die Maulhelden werden für eine Frage zuerst für kompetent angesehen.

Immer weiter stießen die deutschen Truppen nach Frankreich hinein. Die Meldungen über die Siege mehrten sich von Tag zu Tag. Die AA ging meist ohne Feindberührung immer die Ziele an, die gesteckt waren. Leutnant Knoop war eines Tages sehr aufgebracht über die nachlassende Fahrdisziplin seiner Truppe. Er ließ das Ganze anhalten, die Soldaten hatten sich in Reih und Glied auf einer Wiese aufzustellen und er warf sich in Positur, um ein Strafexerzieren anzukündigen. Ein zum Offiziersanwärter avancierter Wachtmeister mischte sich jedoch unverzüglich ein und sagte: „Bedenken Sie, Herr Leutnant, dass die Waffen der Män-

ner alle scharf geladen sind." Dieser Hinweis setzte Leutnant Knoop in Schrecken und er blies sein Vorhaben direkt ab.
Inzwischen hatte sich für die AA ein neuer Kommandeur eingestellt. Rittmeister von O. war ungefähr im Alter von dreißig bis fünfunddreißig Jahren, untersetzt, etwa 1,60 Meter groß. Sein Äußeres schien zu bestätigen, dass er ein berühmter Springreiter sein sollte. Seine Haare waren hellblond. Fast konnte man annehmen, er sei ein Albino. Er hielt sehr viel auf Beachtung der militärischen Etikette, insbesondere der Respektbezeigung gegenüber Vorgesetzten. Gestaltung des soldatischen Lebens nach dem Konventionellen war ihm als aktiver Offizier oberstes Gebot. Die Landser lästerten ungeniert: „Das ist ein Querschläger, wie sie bei den Blaublütigen oft in Erscheinung treten." Einem Vergleich mit dem gefallenen Kommandeur Rittmeister H. hielt er in keiner Hinsicht stand.
Die Champagne war erreicht, wo der Sekt in großen Mengen gekeltert wird. Jedes Fahrzeug führte einen übermäßig großen Vorrat erbeuteter Flaschen Sekt mit. Die PKWs waren überladen, infolgedessen standen die Räder durch den hohen Achsdruck nach außen, sie hatten X-Beine. Die schnell beweglichen, motorisierten Teile der Armee mussten ein G auf den Kotflügeln ihrer Fahrzeuge anbringen, als Kennzeichen der Panzertruppe Guderian, die in Eilmärschen nach Grenoble stoßen sollten, wo noch größere Verbände marokkanischer und indonesischer Truppen unbezwungen sein sollten. Unterwegs kam der Befehl, in Richtung Lyon zu marschieren. Die Aufklärungsvorstöße gingen an abgeschossenen deutschen Panzerspähwagen vorbei, in unwegsames Gelände hinein. Kurz vor der Kapitulation der Franzosen am 28. Juni 1940 kam es nun hier, in einem Nebental der Rhône, noch einmal zu einer Schlacht, die einem Schießen mit Kanonen auf Spatzen gleichkam. Die französischen Truppen, längst von ihrer aussichtslosen Lage überzeugt und deshalb so gut wie nicht mehr abwehrwillig, bekamen aber doch noch die Macht der deutschen Kriegsmaschine zu spüren. Wachtmeister Crusius beherrschte in seinem Abschnitt souverän das Kriegsgeschehen. In der Pose des Feldherrn, auf einer kleinen Anhöhe stehend, befehligte er die Bedienung seiner drei Kavallerie-Geschütze von 7,5 cm Kaliber. Die Rohre spien die Granaten in schneller Folge. Ein Schauspiel, das einer Szene aus einem Schlachtengemälde von den Befreiungskriegen 1813 bis 1815

von „Marschall Vorwärts“ (Fürst Blücher von Wahlstatt) sehr nahe kam. Die anderen Teile der AA griffen den Feind umfassend an, bezwangen ihn in kurzer Zeit und der Abend brachte den Sieg über den zahlenmäßig überlegenen Feind. Dieses Gefecht kurz vor der Kapitulation der Franzosen wurde von den Soldaten als unnötige Kraftmeierei angesehen und viele Offiziere und Soldaten äußerten ihr Unbehagen und ihre Empörung über die auf beiden Seiten, wenn auch verhältnismäßig geringen, erbrachten Blutopfer. Der Kommandeur der AA wurde seit diesem Tage „Der Löwe von E.“ von den Landsern genannt.

Frankreich hat kapituliert

Die Kapitulation Frankreichs wurde den Soldaten nunmehr offiziell bekanntgegeben. Ausgelassene Siegesfeiern der deutschen Truppen fanden nicht statt. Italienische Bomber hatten Gaskessel der Stadt Lyon bombardiert. Einige Wochen vor der Kapitulation hatte auch Italien an Frankreich den Krieg erklärt. Die französische Bevölkerung sprach mit den deutschen Soldaten über dieses Ereignis. Ein Franzose sagte zu einem Unteroffizier des Nachrichtenzugs: „Euch Deutsche lassen wir als Sieger gelten, aber mit welchem Recht mischen sich die Italiener da ein?“ Wachtmeister Crusius war ein untersetzter, dunkelhaariger Mittzwanziger. Er hatte schon eine Glatze und wurde deshalb um einige Jahre älter eingeschätzt. Leicht geschweifte O-Beine gaben im einen federnden Gang. Seinen Kavallerie-Geschützzug führte er mit Nonchalance. (Eine AA führte die Traditionen der Kavallerie fort, weil infolge der Motorisierung berittene Truppen nicht mehr in der Wehrmacht eingesetzt werden konnten, deshalb die Bezeichnung Kavallerie-Geschützzug.) Eine starre Befolgung der Dienstvorschriften lag ihm nicht, er hatte seinen eigenen Stil in der Führung seiner Truppe entwickelt. Mit wachem Sinn erfasste er jede Situation, schlagfertig konterte er jeden Befehl des neuen Kommandeurs und führte ihn dann nach eigenem Ermessen aus. Niemals konnte ihm sein Verhalten als Befehlsverweigerung ausgelegt werden, weil er durch seine Wendigkeit immer wieder einen Erfolg präsentieren konnte. Seine joviale Wesensart bestärkte noch zusätzlich das Vertrauen seiner Soldaten. „Männer, wenn euch ein Kummer drückt, dann geht doch zu Vati!“, sagte er zu ihnen, wenn irgendwelche Probleme, auch persönlicher Natur, zu klären waren. Jedoch in Fällen, wenn seine Truppe ausschweifend gefeiert hatte und als Folge davon eine Lässigkeit und Müdigkeit in der Dienstausübung zutage traten, wetterte er und stellte sie wieder ins Lot: „Ihr Bullen, euch vollschlemmen und vollsaufen und wilde Kriegstänze aufführen, das könnt ihr, aber dann, wenn es gilt, seid ihr müde Krieger. Ich muss euch wieder einmal die Hammelbeine langziehen, bis euch der Arsche zu Grundeis geht!“ Bullige Kerle, die in ihren Gliedmaßen überproportioniert waren, mit übermäßig großen Füßen und Händen, ließ er als Kraftprotze auftreten. Die Fortbewegung von schweren Lasten war ihnen aufgetragen, um die Lücke auszugleichen, die durch die schwächeren Landser vorhanden war. Sorgsam achtete er jedoch darauf, niemals den Grimm der geknechteten Seele in ihnen zu erregen. Eine Geringschätzung seiner Bullen lag ihm fern, was von diesen auch erkannt wurde. Solche Szenen riefen einen Vergleich mit der Römerzeit hervor, als römische Söldner germanische Gefangene in ihre Kriegsdienste nahmen. Wachtmeister Crusius' Name konnte die Vorstellung erwecken, dass seine Vorfahren zu Zeiten der Colonia Agrippinensis schon als Soldaten unter den Römern in Trier oder in Köln gedient haben könnten, zumal er in Köln seit mehreren Jahren aktiv diente. Der Kavallerie-Geschützzug nahm durch Wachtmeister Crusius' Prägung eines eigenwilligen Führungsstils eine Sonderstellung innerhalb der AA ein und wurde deshalb die „Leichte Kavallerie" genannt, woraus sich in überschwänglicher Laune die Assoziation aufdrängen konnte, dass Wachtmeister Crusius bei einer Kavallerie-Parade an der Spitze seiner Truppe mit gezücktem Degen zu der Musik aus „Leichte Kavallerie" von Franz von Suppé zu einer Attacke hätte ausbrechen können. Das äußere Erscheinungsbild des preußischen Militarismus in seiner nüchternen Zweckmäßigkeit bekam dadurch eine heiter anmutende Kaschierung. Der Kavallerie-Geschützzug war ein Strauß bunter Kornblumen in der Monotonie des militärischen Ährenfeldes.

Die bezaubernde Landschaft Südfrankreichs, mit ihrer im Vergleich zu Deutschland viel andersartigen Vegetation, den Dörfern, die wie Schwalbennester an den Hängen und Hügeln kleben, luden ein zu näherer Betrachtung, sofern es die Aufenthalte der sich in kleinen Tagesmärschen bewegenden AA erlaubten. Das Leben der Bevölkerung ging in einem durch den Kriegszustand bedingten, wenig veränderten, Rhythmus weiter. Zumindest war kein Mangel an Lebensmitteln zu spüren, wenn auch durch die deutsche Besatzung die französische Regierungsgewalt ausgeschaltet war und diese in jedem größeren Ort durch deutsche Kommandanturen ersetzt wurde. Zerstörungen größeren Ausmaßes hatte der Krieg nicht angerichtet und die Trauer über die besiegte „Grande Nation" war nicht so erschütternd, wie die französische Bevölkerung am Tage der Kapitulation glaubte annehmen zu müssen. Das jedem Franzosen schon in der Volksschule anerzogene Ressentiment gegenüber den Deutschen erwies sich im Großen und Ganzen eigentlich doch als grundlos, was durch das Benehmen der deutschen Soldaten, bis auf wenige Ausnahmen, deutlich wurde. Mit der unter dem Himmel dieses Landes geübten légèreté nahm jeder Franzose die neuen Zustände längst nicht so tragisch als befürchtet hin und sah mit Genugtuung, dass sich die Soldaten befleißigten, ihre militärische Strenge nicht so sehr hervorzukehren und überall geradezu höflich aufzutreten. Bei eingehender Betrachtung der verschiedenen deutschen Einheiten war festzustellen, dass die Deutschen nicht in jedem einzelnen Soldaten den vielgeschmähten, alle Kultur und Zivilisation zertretenden Militärstiefel-Typ haben, sondern dass die Rassenmerkmale von einer Differenziertheit sind, die vom kühlen, nordischen Menschen beinahe bis zum heißblütigen Südländer reichen, woraus die bisherige, politische Zerrissenheit ihres Landes verstanden werden könnte. Zum anderen könnten aber daraus doch als positives Resultat die weltweiten, hervorragenden Leistungen auf allen Gebieten des Lebens erklärt werden. Günstige Gelegenheit bot sich in Restaurants und Bars, die Deutschen aus der Nähe zu beobachten. Folgende verschiedene Äußerungen der Franzosen über Ansichten und Meinungen zu ihrer prekären Situation gaben Gesprächsstoff unter den deutschen Soldaten in besinnlichen Stunden: „Ihre Tischsitten sind sehr verschieden zu den französischen. Die Mahlzeit ist für sie kein festliches Zeremoniell des Genusses, sie wird als Befriedigung eines Bedürfnisses in kurzer Zeit abgetan. Der Begriff ‚haut-goût‘ bei auserlesenen Speisen scheint ihnen nicht bekannt zu sein. Die Speisen nehmen sie nur mit Messer und Gabel zum Mund. Dieses Klappern und Klirren der Essgeschirre kommt einem Waffenexerzieren gleich, macht aber einen sehr distinguierten Eindruck. Speisen mit den Händen anzufassen scheint ihnen ein Greul zu sein. Etwa die Soße mit gebrochenem Brot im Teller aufstippen, das gilt für sie als unfein. Mit Austern, Garnelen und Schnecken, die für jeden Franzosen Delikatessen sind, können sie sich partout nicht befreunden, sie scheinen einen Ekel vor diesen Spezialitäten zu empfinden. Übrigens, das gleiche haben wir wohl auch vor ihrem Sauerkraut. Sehr viele Deutsche sprechen ein leidlich gutes Französisch. Zum Zwecke der Konversation haben sie es wohl nicht gelernt, wohl doch mehr um ihr Bildungsniveau zu heben. Es hört sich hart und polternd an, wie ihre eisenbeschlagenen, nicht sehr formvollendeten, klobigen Lederschaftstiefel. Laut und nicht schön singend ziehen sie durch die Straßen. Da ist auch gar nichts von der Leichtigkeit eines deutschen Walzers zu spüren. Die größte Belustigung ist es für uns,

wenn eine deutsche Kompanie beim Exerzieren ist und alle in Reih und Glied stehenden Soldaten auf Befehl gleichzeitig ihre zu Skalps geschorenen Köpfe nach rechts und links wenden. Eine Ballettgruppe könnte es nicht exakter ausführen. Der laute Marschtritt eurer Kolonnen ist nun im Gegensatz dazu ganz und gar nicht mit dem graziösen Trippeln von Balletteusen zu vergleichen, die wir Ballettratten nennen.
Die Offiziere sind zumeist sehr sportliche Männer, korrekt und gebildet. Eine geringe Anzahl von ihnen könnte man sogar als Kavaliere bezeichnen, die uns Französinnen mit höfisch anmutenden Gesten umwerben, was unserer Eitelkeit sehr schmeichelt. Auch unter den einfachen Soldaten gibt es auffallend viele gebildete Leute, dir durch ihre Aufrichtigkeit, Zuverlässigkeit und Treue zu ihren Zielen Züge erkennen lassen, die wir Französinnen sehr schätzen und bei unseren Franzosen oft vermissen. Den Vorzug unter euch deutschen Stammesbrüdern geben wir den Österreichern. Sie sind am wenigsten klerikal und ihr Temperament ist dem unseren sehr ähnlich. Aber eine Heirat würde eine Französin nur eingehen, wenn der deutsche Partner mit ihr in Frankreich leben würde. Ausgenommen, er wäre sehr reich, wodurch die Trennung von zu Hause durch viele Besuchsreisen nicht so schwer treffen würde. Cliquenbildung ist bei euren Soldaten nicht zu beobachten. Entweder ihr handelt restlos alle nach einem Befehl oder nach Dienstschluss, in eurer Freizeit, sieht man oft Einzelgänger umherbummeln oder aber auch kleine Gruppen zu zwei oder drei Mann. Unseren Wein und Cognac trinkt ihr in größeren Mengen wie euer Bier, das in seiner Art eine Spezialität unter den Getränken darstellt und wir in Frankreich auch sehr gerne trinken. Unser eigenes Bier ist jedoch leider nicht so vorzüglich. Seid ihr vollgetrunken, so zeigen besonders eure großen, blonden ‚Eichbäume' rüde Manieren und sie betrachten es als Sport, sich gegenseitig zu verprügeln und weiter noch Mobiliar zu demolieren. Ein Erbübel des Vandalismus, das euch noch anhängt und weshalb wir Franzosen in unserem Groll euch ‚le boucher allemand' nennen, eine Bezeichnung, die im letzten Krieg entstanden ist. Der ‚poilu' ist leider nicht wieder aufgestanden, sonst wären wir nicht in diese Niederlage hineingekommen. Das französische Volk will einfach nicht wahrhaben, dass es schon wieder in einen Krieg hineingerissen werden soll. Aber der Krieg ist noch nicht zu Ende und wir Franzosen können abgrundtief hassen, wie wohl kein anderes Volk in

der Welt. Die Jahrhunderte andauernde Feindschaft zwischen unseren beiden Ländern beruht auf einer Hassliebe. Wie vorzüglich könnten sich beide Länder gegenseitig in geistiger und wirtschaftlicher Hinsicht ergänzen, wenn sie sich einigen würden. König Friedrich der Große von Preußen, wie ihr ihn nennt, gilt bei uns als der größte deutsche Politiker. Diese Anerkenntnis ist nicht nur aufgrund seiner Freundschaft mit Voltaire und der Erhebung der französischen Sprache zur Hofsprache zu verstehen, sondern weil er etwas vom ‚esprit français' verspürt hat und sein Reich davon profitieren sollte."

Die AA bekam nach einigen Wochen Befehl zum Abmarsch. Entlang der imponierenden Kulisse der Westalpen, die in der Ferne eine bizarre Begrenzung der blühenden und sprießenden, satten Landschaft Südfrankreichs gaben, ging es wieder nordwärts. Die Soldaten tasteten immer wieder mit ihren Augen die Gipfel mit ihren Gletscherfeldern ab und in ihren Gedanken ergingen sie sich in der Kühle dieser Eiswüsten, wenn die Hitze des Tages sie nach einer Labsal lechzend machte. Die Landser nannten diesen Vorstoß in die südlichen Gefilde Frankreichs eine „Kraft-durch-Freude-Fahrt" in den Süden, ironisch verglichen mit der Urlaubs-Massenorganisation der „Deutschen Arbeitsfront" (Einheitsgewerkschaft, 1933 von den Nationalsozialisten gegründet), die vor dem Kriege schon Anfänge von Massenverschickungen von Werktätigen zu niedrigsten Preisen in erstrangige Urlaubsplätze des Südens und des Nordens Europas ermöglicht hatte, wie zum Beispiel nach Madeira und Norwegen. Es war eine soziale Tat, die in den sechs Friedensjahren nationalsozialistischer Herrschaft eine erstmalig praktizierte Neuerung war, bei der Bevölkerung großen Anklang fand und dem Regime natürlich große Anerkennung eintrug. Sie fand darüber hinaus sogar ein weltweites Echo. Der Pferdefuß bei der Sache war allerdings, dass die meisten Menschen nur durch den Krieg in den Genuss einer „KdF"-Urlaubsreise kamen.

Das Departement Reims war erreicht und die Truppe quartierte sich in kleineren Städten und Dörfern ein. Die geflüchtete Bevölkerung war zum großen Teil schon wieder zurückgekehrt. Es begann nun wieder eine kasernenmäßige Ausbildung, soweit es im Rahmen des Möglichen befolgt werden konnte. Neben der zugeteilten Verpflegungsration boten sich vielerlei Möglichkeiten, durch Kaufen von Lebensmitteln jeder Art die Portionen aufzubessern. Das geschah in einem Maße, dass das Leben nunmehr an Völlerei grenzte. „Ein Leben wie Gott in Frankreich“ verwirklichte sich auffallend schnell. Selbst in den Restaurants gab es nach dem deutschen Markensystem Mahlzeiten, die genau besehen nur formell unter Rationierung standen. Die Franzosen fanden es geradezu absurd, einem Menschen vorzuschreiben, was und wie viel er zu essen habe. Der deutschen Militärverwaltung wäre es auch niemals gelungen, geheiligte Gewohnheiten zu reglementieren. Weiter kamen aus der unbesetzten Zone Südfrankreichs, die unter der französischen Regierung von Vichy, geführt von dem ehemaligen Verteidiger von Verdun und Helden der französischen Nation, Maréchal Petain, stand, Südfrüchte jeder Art zum Verkauf. Bekleidung und Textilien wurden von Hausierern angeboten, die anfangs direkt in die Truppenunterkünfte kamen. Es gehörte gewissermaßen zum Volkssport, der deutschen Obrigkeit auf jede Art und Weise ein Schnippchen zu schlagen. Eine mit der Zeit zunehmende Weiterung des Schwarzhandels bewog dann die deutsche Verwaltung zu drastischen Strafen, um die geordnete Versorgung der französischen Bevölkerung nicht zusammenbrechen zu lassen. Aber in dem Dschungel der Anhäufung von Bedarfsgütern einerseits und Mangel an diesen bei ärmeren Volksgruppen andererseits war es äußerst schwierig, eine Ordnung nach deutschem Muster hineinzubringen, weil es dazu an einer Organisation der untersten französischen Vollzugsorgane fehlte, die mehr der französischen Mentalität gemäß hätten funktionieren können.

Morgenroth war an der Reihe, auf Brückenwache zu ziehen. Eine Straßenbrücke über den Rhein-Marne-Kanal war Tag und Nacht zu bewachen. Eine Schutzmaßnahme des Kommandeurs der deutschen Besatzungstruppe in Frankreich, die Bombenanschläge der erwachenden französischen Résistance auf wichtige militärische Punkte verhindern sollte. Die Brücke befand sich am westlichen Ortsausgang eines kleinen französischen Dorfes, wo auch der Nachrichtenzug Quartier bezogen hatte. Morgenroth war ziemlich ermattet von der Mittagshitze eines schwülen Sommertages. Er hatte den Stahlhelm leicht und schräg ins Genick geschoben, das Koppel hing unvorschriftsmäßig, durch die Pistole an der linken Seite hinabgezogen, an seiner Hüfte. Den Kopf mit dem Kinn auf seine Brust aufgelegt, lehnte er, mit den Ellenbogen auf die Mitte des linken Brückengeländers gestützt, breitbeinig stehend, hin und wieder eine Fliege abwehrend, mehr dösend als wachend, über dem stehenden Wasser des durch Kriegszerstörungen nicht benutzbaren Kanals und träumte dem Ende seiner Wachzeit entgegen. Verkehr hatte seit einiger Zeit nicht mehr die Brücke passiert und die Mittagszeit war durch keinen Laut gestört. Es hatte sich unter den Landsern nach einigen Monaten Frankreichbesetzung eingebürgert, sich bei jeder Gelegenheit so recht unmilitärisch zu verhalten. Kopieren französischen Wesens gehörte zum guten Ton, salopp und léger nahm man alles hin. Endlich einmal war Gelegenheit, eine angenehme Seite des Soldatenlebens auszukosten. Man konnte sogar rauchen auf Posten, sehen würde es doch kein Vorgesetzter. Vom Dorfausgang, auf der rechten Straßenseite, kam jetzt ein französisches Paar gemächlich dahergelaufen. Morgenroth verblieb in seiner hingelümmelten Stellung und äugte nur nach rechts, das vermutliche Ehepaar unauffällig beobachtend. Der Mann hatte beide Hände in den Hosentaschen, im rechten Mundwinkel eine brennende Zigarette und er sprach mit seiner Frau. Es sah so aus, als würde er auf sie einreden. Beide mochten vielleicht vierzig Jahre alt sein. Die Frau lachte ihn an und hielt dann zwischendurch einmal ihre rechte Hand an den Mund und sie drehte dabei ihren Kopf von ihm weg, als würde sie zu ihm gesagt haben: „Also so etwas, bist du denn verrückt; also ich weiß nicht, du scheinst mir aber ziemlich dreist zu sein." Als sie die Brücke betreten hatten, bog der Ehemann nach links ab und schritt auf Morgenroth langsam zu, diesen mit den Augen genau fixierend. Die Frau ging, ihre Füße zögernd setzend, am rechten Brückengeländer weiter, jetzt auffällig vor sich hin grinsend, zwischendurch ihren Kopf einige Male nach links zu ihrem Mann und Morgenroth drehend. Morgenroth richtete sich auf, als wolle er eine Verbeugung zu der Dame machen und sah dann den Franzosen fest an. Im Moment war Morgenroth im Zweifel, was er vorhaben könnte. Blitzschnell zuckte es durch seinen Kopf: „Der will mich gar über das Geländer in den Kanal stürzen, sticht mir ein Messer in den Hals, keiner hat was gehört und gesehen, solche Fanatiker gibt es bei den Franzosen." Er traf aber keine Anstalten, einen solchen Angriff abzuwehren. Er war hypnotisiert wie eine Maus, die einer zischenden Schlange gegenübersteht, kurz bevor sie zustößt, um diese zu verschlingen, sagte jedoch dann ganz automatisch: „Bon Jour, Monsieur." Der Franzose zog jetzt schnell seine rechte Hand aus der

Hosentasche und hob sie, einen militärischen Gruß nachahmend, an das wellige Schild seiner auf das Ohr gedrückten Schlägermütze und sagte: „Guten Tag." Nun begann er radebrechend deutsch zu sprechen. Zuerst, wie es ihm, Morgenroth hier gefalle. Dann ging er dazu über, von seiner eigenen Soldatenzeit zu berichten. Er habe als Besatzungssoldat in Koblenz gedient, das sei nun schon zwanzig Jahre her, er habe auch dort sein Deutsch gelernt. „Wenn du noch einige Monate hier bist, kannst du auch schon etwas Französisch, es ist doch leicht zu lernen. Ich habe fünf Kinder und ein Vater von fünf Kindern wird in Frankreich nicht zum Militär eingezogen. Schon was gehört? Deutschland wird gegen Russland in einen Krieg gehen." „Tja, das ist mir neu, davon haben wir noch nichts gehört", antwortete Morgenroth. „Doch, doch, davon munkelt man." „Vielleicht eine Scheißhausparole, ich kann mir das gar nicht vorstellen, wir haben doch einen Nichtangriffspakt mit Russland", sagte Morgenroth. „Nix Scheiße, eine nouvelle von Radio London." „Ooch, das glaub' ich nicht, das halte ich nicht für möglich", gab Morgenroth zurück. Als die Frau ungeduldig stehen geblieben war und zu den beiden hinüberschaute, verabschiedeten sie sich. Im geruhsamen Schritt ging das Ehepaar schwatzend und gestikulierend weiter und bog nach ungefähr einem Kilometer links auf das nächstliegende Dorf ein. Morgenroth hielt diese Mitteilung für so unbedeutend, dass er seinen Kameraden Paetsche und Germar, die gemeinsam ein Zimmer im Quartier bewohnten, nichts darüber erzählte.

Der Sommer in der Champagne Frankreichs brachte mit seinen heißen Tagen die Früchte der Felder und Gärten zum Reifen. Verlassene und teilweise verfallene Bauernhöfe dörrten in der Sonne dieses Landes, die von alten Leuten noch bewohnt wurden. Die jungen Leute hatten schon vor dem Kriege ihrem Drang zur Stadt nachgegeben und ihre elterlichen Besitzungen verlassen, weil ihnen das Leben auf dem Lande zu langweilig war und die Stadt bessere Verdienstmöglichkeiten bot. Die Landser latschten über die vom Unkraut überwachsenen Hofräume, ein zotteliger Hund kläffte sie an und bald öffnete sich ein Fenster des Wohnhauses und ein altes Mütterchen fragte nach ihrem Begehren. „Haben Sie Butter oder Eier zu verkaufen?", fragten sie auf Französisch. „Ja, kommt mal rein, ich habe immer frische Ware zur Verfügung." Wo denn die jungen Leute seien, wollten die Landser wissen. „Die sind nach Paris ab-

gewandert, die wollen mehr vom Leben haben als wir“, war die traurige Antwort der alten Frau. Wenn es auch fremde Soldaten waren, die eine gewisse Anteilnahme am Schicksal der alten Leute bekundeten, so war doch dieses kleine Quäntchen Trost, dass sie vielleicht daraus zu schöpfen vermochten, gleichzeitig ein wenig Hoffnung auf Gesinnungswandel bei ihren Kindern. Die Versöhnlichkeit des Alters macht die Menschen toleranter. Sie nimmt jugendliche Neugierde und impulsiven Tatendrang in ihren feinsten Regungen wahr. Auch wenn diese nicht von ihren Kindern kommen, empfinden sie sie als belebendes Element in ihren alten Tagen, vergleichbar mit alten Räumen, die sich nur mit ihren schwächsten Zweigen in dem das Wachstum anregenden Frühlingswind bewegen können. Die Sonne Frankreichs macht alles Tragische in kurzer Zeit milder, harte Kanten der Bruchstellen sind bald vom Unkraut überwuchert, das gleichfalls wie alle Früchte und Sträucher in diesem Klima ein lieblich-würziges Aroma verströmen kann.
Der Stab der AA hatte sich in einem Schloss (Château) niedergelassen, das abseits des Dorfes gelegen war, umgeben von einem Park mit Teich. Die Telefonvermittlung war auf dem Dachboden des Hauptgebäudes untergebracht, die Tag und Nacht zu bedienen war. Alte, abgestellte Möbel verschiedener Stilepochen füllten den Raum, und zwei getrennt eingebaute Kammern, die mit alten Uniformen, Waffen, Bildern und Büchern kunterbunt vollgestopft waren, nahmen sich wie Rüstkammern aus. Die Wände des Vestibüls und der Treppenaufgänge waren mit Gemälden der Ahnherren des Schlosses geschmückt. Der Schlossherr war mit seiner Familie seit einigen Monaten vor den deutschen Truppen geflüchtet, lediglich der Schlossgärtner war noch mit seiner Familie anwesend, der ein Nebengebäude bewohnte. Morgenroth hatte den Telefondienst für die kommende Nacht anzutreten. In der Dämmerung schritt er durch das Vestibül, sprang die breiten Treppenstufen hoch, die überlebensgroßen Gestalten der Gemälde machten in ihren Rüstungen und Kostümen einen furchterregenden Eindruck auf ihn. Die Soldaten des Stabes der AA, die die vielen Räume im Parterre bewohnten, hatten sich schon zur Nachtruhe zurückgezogen, wodurch ihm das riesige Gebäude menschenleer vorkam. Er zündete eine Kerze an, um noch einige Zeit lesen zu können. Einige Tage zuvor hatte er sämtliche Räumlichkeiten des Schlosses gewissermaßen inspiziert, weshalb er gut Bescheid wusste über

alle Ein- und Ausgänge und ihm klar war, dass der Posten, der zur Bewachung des Schlosses am Portal stand, unmöglich das Eindringen eines Freischärlers an irgendeiner Stelle der Gebäude hätte verhindern können. Diese Überzeugung bewog ihn, die Türen des Dachbodens zu beobachten. Nach etwa einer Stunde löschte er die Kerze auf dem Tisch, auf dem der Vermittlungsapparat stand, und er legte sich auf dem alten Kanapee zum Schlafen nieder, das er vor den Tisch gerückt hatte. Seine Pistole legte er schussbereit unter seinen Kopf. Ihm kamen nun die Bilder vor Augen, die er in einem großen, illustrierten Buch, das in der Rüstkammer zwischen alten Uniformstücken lag, gesehen hatte. Das Buch stellte eine einzige Hetz-Tirade gegen Deutschland dar. Es war angefüllt mit Dokumenten von Briefen, die deutsche Soldaten im 1870/71er Krieg und Ersten Weltkrieg an ihre Angehörigen in Deutschland geschrieben hatten, deren Inhalt Kunde gab von dem Kampf, den sie gegen die damals so bezeichneten Freischärler, die Franctireurs, zu führen hatten. Sogar Frauen waren unter diesen Franctireurs, die mit Gewehren aus Fenstern und von den Dächern auf die eindringenden deutschen Soldaten schossen. Weiter waren die Texte des Buches mit Karikaturen ausstaffiert, die Kaiser Wilhelm II. unter anderem als Kinderschlächter zeigten. Eine schauerliche Moritat auf das Kampfesgebahren der Deutschen im Ersten Weltkrieg, das als Leitbild unter den Hassgesängen in diesen Jahren des Blutvergießens in französischen und englischen Zeitungen diente. Es war ein Mittel zum Zweck, um die Hassgefühle des französischen Volkes gegen die Deutschen aufzuputschen, um mit einer infamen Lüge den Kampfeswillen der Franzosen mit Erbitterung zu stärken. Morgenroth malte sich in seiner Phantasie aus, wenn Gleiches oder Schlimmeres in diesem Krieg geschehen wäre oder in Zukunft noch könnte. Ein Angsttraum befiel ihn, als ein Knarren im Dachgebälk ihn erschreckt hatte. Die Tür der Rüstkammer öffnete sich und die Uniformen kamen in knochigen Gestalten auf ihn zugeschwebt und stießen mit Bajonetten und Schwertern auf ihn ein. Dazu gesellten sich die Gestalten der Gemälde an den Wänden des Treppenaufgangs, die aus den Rahmen herausgestiegen waren und in altertümlichen Rüstungen mit Schwertern und Hellebarden auf ihn losgingen. Als er in Zehn-Minuten-Abständen ein vielstimmiges, verhaltenes „Urrruh“ vom First des Dachgebälkes vernahm, glaubte er wahrhaftig ein Schlossgespenst ginge um. Nach qualvoll durchstandenen

Minuten gelangte er aber zu der Gewissheit, dass es eventuell das Nest eines Uhu-Pärchens sein könnte, das von Zeit zu Zeit anflog und seinen Jungen Futter brachte. Das gutturale Murmeln war weiter nichts als das Erkennungszeichen der Jungtiere, das aus ihren hungrigen Schnäbeln drang. Als das erste Tageslicht durch die Fenster des Daches strahlte und das Dachgestühl erhellte, fühlte er sich emporgehoben aus einem Labyrinth dunkler Verliese, wo ihn Phantasie über blutrünstige Ereignisse gefangen hielt. Er gähnte, plusterte und räkelte sich, die Zeit für seine Ablösung war nahe gerückt. Für einige Minuten lauschte er dem Plätschern des Springbrunnens im Schlossgarten und er hatte große Lust, seine Kleider abzustreifen und in die Wasserfontäne hineinzuspringen, um dadurch gleichsam den Staub der Vergangenheit abzustreifen und abzuspülen, der in der vergangenen Nacht auf ihn gefallen war.

Das Titelbild einer Ausgabe der „Berliner-Illustrierten-Zeitung" zeigte nach dem Sieg über Frankreich eine Fotografie des Führers Adolf Hitler und Reichsmarschall Hermann Göring. Hitlers Gesicht zeigte ein beinahe scheues Lachen, das jeder Betrachter als ein „sich-ins-Fäustchen-Lachen" empfinden konnte. Daneben Hermann Göring mit ordensgeschmückter Brust und einem strahlenden Schmunzeln im Gesicht, als hätte er soeben den Ausspruch getan: „Wie hat dein großer Marschall das geschafft?" Der Sieg war nicht gerade leicht errungen, aber doch in einer sehr kurzen Zeitspanne und das brachte die ganze Welt in Bestürzung und Bewunderung zugleich. Diese Schockwirkung wollte die deutsche Heeresleitung offensichtlich ausnützen, um die englische Insel genauso kühn zu erobern. Die Vorbereitungen dazu wurden begonnen, wie gerüchteweise von Übungen zur Erklimmung von Meeressteilküste zu hören war, in die auch die Schwadronen der AA einbezogen waren. Die Möglichkeit zur ungestümen Niederzwingung des englischen Mutterlandes bot sich durch den Blitzsieg über Frankreich geradezu an, mit der niemand in der Welt gerechnet hatte, sehr wahrscheinlich auch nicht das Oberkommando der deutschen Wehrmacht. Deshalb schienen die Vorbereitungen für den Sprung vom Festland auf die englische Insel überhastig und allzu sehr improvisiert zu sein. Nur besondere Spezialtruppenteile schienen dafür ausgewählt zu sein. Die Zeit nach dem siegreichen Feldzug gegen Frankreich war deshalb für das Gros der deutschen Truppen eine Pause für die Inbesitznahme der „fetten Pfründe" Frankreichs. Für die Landser in ihren sehr komfortablen Quartieren war nur das Nächstliegende von Interesse. Hypothesen über neue Aktionen der deutschen Wehrmacht waren nicht mehr als aufgemachte Schlagzeilen im Tagesgespräch. „Das Denken müsst ihr den Pferden überlassen, die haben größere Köpfe", eine viel gebrauchte Phrase, wenn ein Landser mit einer eigenen Meinung zu irgendeinem Befehl auftrat. Zudem war es bequem, in dem militärischen Gehorsamszustand sein Leben zu verbringen und noch dazu in einem Land, das alles Angenehme bot, ohne dabei im Siegestaumel ausschweifend zu werden. Die Führung der Truppe hätte ersten Anzeichen von disziplinwidrigem Verhalten rigoros einen Dämpfer aufgesetzt, was in Einzelfällen immer wieder demonstriert wurde. Morgenroth, Germar und Paetsche gingen in der dienstfreien Zeit ihren persönlichen Obliegenheiten nach, wie Briefe an Angehörige schreiben, oder auch Päckchen mit Raritäten in die Heimat schicken. Fußball, Handball, Schwimmen, Kartenspielen, Radiohören und Musizieren auf den dafür im Tornister mitgeführten Instrumenten, wie zum Beispiel Mundharmonikas und Akkordeons, sowie auch in den Häusern vorgefundenen Instrumenten jeder Art, waren Mittel zum Zeitvertreib. Auch Romane lesen und über die Liebe meditieren wurde täglich immer wieder betrieben. Billige Groschenromane kamen dabei nicht zu kurz. Sie waren aber keine geistige Hauptnahrung, sie waren vielmehr Gegenstand für Vergleiche mit höher bewerteten literarischen Ergüssen und zugleich aber Anlass, ein Amüsement darin zu finden, wenn zum Beispiel der Held in „Rolf Torrings Abenteuer" mit einer in einem Glasauge eingebauten Kamera eine Geheimakte fotografierte, oder wenn in einem Liebesroman im „Hedwig-Courts-Mahler-Stil" ein süßes, von Teerosen umkränztes Happy End aufgetischt wurde. Von Filmstars wurde geschwärmt, über einige auch gelästert. „Derrr Winnnd hat mir ein Lied errrzählt, von einem Glück unsagbarrr schöiiinn", ein Lied mit donnernder, raumfüllender Stimme, gesungen von der rothaarigen Filmdiva Zarah Leander. Viele Filme waren im Volkston gehalten, gleichermaßen auch ein beträchtlicher Teil des Soldatenliedgutes. Das bei Unterhaltungen im Vordergrund stehende Thema mit seinen zottigen Witzen über die Liebe war noch nicht in den ersten Kriegsmonaten als fester Bestandteil das Gesprächsstoffes in die Bewusstseinssphäre der Landser eingegangen. Es wurde allerhöchstens als Neuheit in dem begonnen Abschnitt des Soldatenlebens angesehen, auf dessen Gebiet man sich aber auch zu üben hatte, um nicht als Außenseiter dazustehen. Germar sang einmal eines Abends in sentimentaler Anwandlung einige Strophen des Liedes: „Warum weinst du, holde Gärtnersfrau“, das er von seiner Mutter gelernt hatte. „Das ist so rührselig, dass man meint, ein Engel brunzt einem aufs Herz“, sagte Morgenroth. Germar gab aber zu verstehen, dass Morgenroth und Paetsche dieses Lied nicht als etwas Auserlesenes ansehen sollten, sondern dass man früher mit solchen Liedern gewisse Gefühlsaufwallungen abreagiert habe. Man könnte es als eine gehobene Form von Weinen ansehen und als Soldat komme der Mensch sehr oft in die betrübliche Lage, wo es zum Weinen sei und ein solches Lied trage dann zur Läuterung bei und wirke irgendwie befreiend. „Aber die vielen Strophen kann doch unmöglich einer alle behalten“, sagte Paetsche. „Da singt man halt nur die, die man kann!“ „Bis dorthin ist einem dann wieder zum Lachen.“

Die drei gingen aus zu einem Spaziergang in die Umgebung des Dorfes. Sie schlenderten am Kanal entlang, kickten Feldsteine in das Wasser, hielten Ausschau nach Angelplätzen. Badegelegenheiten waren ihnen schon längst vertraut und wurden fast täglich genutzt. Bald gingen sie einen Feldweg entlang, sprachen mit einem pflügenden Bauern, der den fetten Boden bestellte. Das Gespräch fand in Deutsch statt, denn der Landmann stammte aus dem Elsass und arbeitet als Knecht bei einem französischen Bauern. Eine Gastwirtschaft kam in Sicht, die die Drei ohne Zögern schnurstracks ansteuerten. Der Gastraum war gegen Abend gemischt besetzt, von Landsern und Franzosen, auch einige Frauen. Sie ließen sich eine Flasche Rotwein auftragen und prosteten sich zu. Die Gläser wurden wieder gefüllt und die Güte des Weins brachte sie bald in Stimmung, sodass auch leise, unaufdringlich ein Lied aus ihren Köpfen trällerte. Paetsche wurde übermütig. Ihm stieg der starke Landwein zu Kopf und der schwankende Gang seiner selbst war für ihn so ungewöhnlich belustigend, dass er bald dazu überging, um den Tisch herumzutanzen, um den „Affen“, den er aufgehockt hatte, umeinander zu balancieren, was ihn so sichtlich amüsierte, sodass er lachend und neckend andere Gäste leicht anrempelte. Diese schmunzelten mit beifälligen Mienen und zustimmendem Kopfnicken dazu, einige Franzosen jedoch ließen ein aufbegehrendes Raunzen vernehmen, das wie ein Missklang in die sich auflockernde Weinschenken-Babbelei drang.

Morgenroth und Germar, die von Anfang an diese harmlose Ausgelassenheit mitmachten, spürten jetzt, dass die Franzosen es sehr schnell als Provokation auffassen könnten, und bewegten sich in Richtung Ausgang des Lokals. Paetsche folgte auch bald nach. Auf einen Zusammenstoß mit chauvinistischen Franzosen wollten sie es nun doch nicht ankommen lassen, dafür hielten sie sich auch nicht für stark genug. Durch den Wein konnten die Gemüter schnell erhitzt sein und sie waren nicht darauf aus, sich wie Kampfhähne aus Gründen falsch verstandener Werbung um Frauengunst zu messen. Die untergehende Sonne vergoldete die Landschaft. Der Wein kam in der frischen Luft nun zur vollen Wirkung. Die Drei torkelten in ihrem Rausch heimwärts. Sie lachten, alberten und frotzelten sich gegenseitig über ihre Unfähigkeit, noch geradeaus gehen zu können, und schoben stolpernd und fallend wie neugeborene Kälber in das Buschwerk am Wegesrand. Mühevoll fanden sie heim zu ihrem Quartier. Nach Verspeisen der Abendration gingen sie zu Bett.

Morgenroth jedoch kam nicht so recht zur Ruhe. Die Tochter des Gärtners vom Château kam ihm in den Sinn. Sie war immer zur Stelle, wenn es im Schlossbereich Fragen in Bezug auf Benützung von Einrichtungen des Schlosses durch die deutschen Landser gab. In richtiger Erkennung der Wirkung ihres weiblichen Wesens auf alle Landser nahm sie alle Vorgänge wahr, was ihrem Vater sehr willkommen schien, denn die Deutschen benahmen sich chevaleresk und zuvorkommend seiner Tochter gegenüber, wodurch er doch einigermaßen erfolgreich seiner Aufsichtspflicht über das gesamte Schlossinventar nachkommen konnte. Morgenroth begegnete der Gärtnerstochter, die der Spieß mit „Mademoiselle Henriette" ansprach, ab und zu beim Betreten und Verlassen des Châteaus. Mit einer artigen Grußerweisung stolzierte er respektierlich an ihr vorüber, denn in einem französischen Château kann man doch nur einer Comtesse begegnen, was seiner Illusion über das Leben auf einem französischen Schlosse entsprach. Doch auf die Dauer kann eine Französin steife Höflichkeit nicht ertragen, die besonders Rittmeister von O. par exemple formvollendet vorlebte und ein miteinander Leben par distance gibt ihr das Gefühl des Isoliertseins und so schießt sie kokettierende Blicke aus ihren kastanienbraunen Augen ab, um deren Wirkung zu prüfen. Also doch, wird sie denken, legt ihr eure gespreizten Federn an und empfangt von mir untertänigst die Gnade meiner Geneigtheit? Nun begann ein Werben um ihre Gunst. Viele wollten Favorit sein. Die Fassade der militärischen Zweckform hatte sie ins Wanken gebracht und konnte das Angenehme mit dem Nützlichen verbinden und ergründen, was es mit dem Kommen und Gehen verschiedener Soldaten auf den Dachboden des Schlosses auf sich hatte. Die Fäden einer Befehlszentrale liefen da also zusammen. Wenn sie vielleicht glaubte, etwas zu viel riskiert zu haben, so fühlte sie sich dafür entschädigt, wenn sie feststellte, dass sie als Herrscherin über den deutschen Soldaten stand. Mademoiselle Henriette hatte die Genugtuung, dass ihr und ihrem Vater nichts Tragisches widerfahren könnte, ohne dafür eigentlich das Äußerste gewagt haben zu müssen. Eine Kommandantur hat doch wohl ein besonderes Gewicht innerhalb einer Besatzungsmacht. Morgenroth war in seiner erstmalig weinseligen Stimmung von einer bisher ihm unbekannten Begierde nach einem Rendezvous mit Mademoiselle Henriette befallen. Er wollte einen ganz großen Coup landen, um eventuell einem anderen Liebhaber zuvorzukommen. Die Zeit schien zu drängen, keine Minute war mehr zu versäumen. Seine Kameraden Paetsche und Germar waren gerade eingeschlafen, als er sich entschloss, aufzubrechen. Er streifte seine Knobelbecher von den Füßen, vergewisserte sich nochmals, ob keiner von seinen Kameraden wach sein würde, und schlich auf Socken zum Zimmer hinaus, tastete sich die Treppe hinunter ins Erdgeschoss und zur Haustüre hinaus. Jetzt sprang er in der mondhellen, lauen Sommernacht die Dorfstraße entlang. Verhalten atmend, einen Amoklauf ahnend, kam er in Sichtnähe des Schlossgartenportals. Sich vergewissernd, vom Wachposten nicht bemerkt worden zu sein, lief er auf allen Vieren circa fünfzig Meter nach links und hielt vor dem Zaun einige Sekunden an. Nun hangelte er sich an den schmiedeeisernen Stäben hoch, unter Nichtbeachtung der Gefährlichkeit sich aufzuspießen überwand er die züngelnden Flammen nachgebildeten Spitzen, ließ sich mit affenartiger Behändigkeit an der Innenseite des Zaunes hinabgleiten und plumpste, erschrocken über seine eigene Courage, auf den Rasen. Nur noch wenige Meter trennten ihn vom Schlafzimmerfenster von Mademoiselle Henriette. Mit wenigen Sätzen war er dort und klopfte an den geschlossenen Fensterladen. Mademoiselle Henriette fragte sofort, wer draußen sei. „Öffnen Sie bitte", sagte Morgenroth auf Französisch. Der Fensterladen wurde aufgestoßen, Morgenroth schwang sich durch das Fenster des parterre gelegenen Schlafzimmers und stand Mademoiselle Henriette im Dunkeln gegenüber. „Sofort hinaus oder ich schlage Alarm!“ fauchte sie ihn an. Morgenroth bekam sie an den Händen zu fassen und stöhnte: „Oh, pardon!“ und war auch schon wieder draußen. Mit einem Seufzer, der dem Jaulen eines winselnden Hundes ähnlich klang, zog er sich zurück und Mademoiselle Henriette schloss den Fensterladen, wobei sie ein triumphierendes Zischen vernehmen ließ. Morgenroth hastete den gleichen Weg wieder zurück. Der Versuch zu einem erzwungenen Rendezvous hatte vielleicht nur zwanzig Minuten gedauert. Er legte sich zum Schlafen nieder und war eher befriedigt als beunruhigt oder besorgt.

Der folgende Tag war für Morgenroth eine Tortur in Hoffen und Bangen. Er versuchte zu erraten, ob seine Kameraden etwas bemerkt haben könnten, aber keinerlei Andeutungen bekam er zu hören. Als er gegen Abend seinen Dienst an der Telefonvermittlung wieder anzutreten hatte, traf er zufällig auf dem Schlosshof Mademoiselle Henriette. Er grüßte besonders demutsvoll und wollte sich mit schuldbewusster Miene an ihr vorbeischlängeln, blieb dann aber doch stehen und sagte: „Ich bin ein Krimineller, den Sie hätten erschießen sollen!“ „Nein“, sagte sie, „ich musste die ganze Nacht und heute immer daran denken.“ „Ein Glück für sie, niemand scheint etwas bemerkt zu haben.“ „Ich weiß, denn wäre ich kompromittiert, würde ich nicht hier mit Ihnen sprechen.“ „Treffen wir uns nachher nochmals, ich würde Ihnen etwas Schönes zeigen?“ „Ja, aber dann nur auf der Insel im Pavillon, um zweiundzwanzig Uhr.“ Morgenroth stellte auf dem Telefonvermittlungsapparat eine Dauerverbindung zur nächsthöheren Dienststelle her, das er als „kurze Abwesenheit wegen Erledigung einer dringenden Angelegenheit“ begründete. Die Erlaubnis dazu kam sofort routinemäßig. Morgenroth fieberte nun mit allen Fasern seines Herzens dem versprochenen Rendezvous entgegen. Eine Flasche erlesenen Weines und eine Packung Biskuits hatte er als Versöhnungsgeschenk bereitgestellt. Mademoiselle Henriette näherte sich zur angegebenen Zeit dem Pavillon und Morgenroth führte sie in das Innere des idyllisch gelegenen Bauwerkes. „So leicht ist die Festung nicht zu nehmen, wie du dir das vorgestellt hast“, begann Mademoiselle Henriette. „Oh ja, ich weiß es und ich möchte dir sogar dankbar sein, dass du mein Leben verschont hast, sonst könnte ich nicht in meiner vollen Größe vor dir stehen. Welch ein Verlust für unser beider Leben wäre es, würden wir nicht jetzt in diesen Minuten das Tor zum siebten Himmel öffnen können", antwortete Morgenroth. „Ich bin glücklich und weiß nicht warum." „Weil wir auf der Insel der Glückseligen sind", murmelte Morgenroth. „Du bist die Prinzessin, die ich vom Schloss geraubt und auf die Insel verschleppt habe, wenn diese Insel auch nicht weit vom Schlosse, nur im Schlossteich, nur vierzig Meter vom Gebäude entfernt liegt." „Alles kommt mir wie ein Traum vor, in deinen Armen fühle ich mich geborgen, mein Raubritter." „Dein Raubritter, den du beim ersten Ansturm in den Staub geworfen hast, sodass er kläglich mit eingezogenem Panier den Rückzug für besser hielt." „Auf diesen Sieg bin ich aber stolz, besonders weil dein Eroberungsversuch so kühn und wagemutig war. Ich glaube, einem Mädchen kann nichts Aufregenderes widerfahren. Ich hatte immer nur die Hoffnung, dass es so etwas geben könnte. Aber dass es so überwältigend sein kann, wagte ich nicht zu glauben. Ich verstehe mich selbst nicht mehr." „Dein Ritter schwört dir, dich immer und ewig zu lieben und sein Leben für dich einzusetzen. Der Duft deiner seidenweichen Haare berauscht mich, meine Geliebte!" „Geliebter, du …" Die Nacht verflog viel zu schnell für die Liebenden, als Vogelgezwitscher den heraufdämmernden Tag ahnen ließ. „Die Sterne verlöschen schon und wir müssen auch gehen", sagt Henriette. „So viel wie Sterne am Himmel stehen wünsche ich dir Glück für dein Leben. Wenn sie jeden Abend wiederkommen, werde ich immer erneut an dich denken." „An deine geraubte Prinzessin?" „Ja, für die ich einen sehr schweren Kampf ausgefochten habe, umso höher ist dann aber auch der Erfolg einzuschätzen. Unter höchstem Einsatz errungen und deshalb mit vollem Herzen und ganzer Seele erlebt und somit unauslöschlich." „Oh, du wortgewaltiger Minnesänger, denke nicht nur an den Minnedienst, sondern auch mal an deinen Militärdienst, es wird schon hell!" „Und wie schön im Wald die Vöglein singen, ich laufe Gefahr, dass ich einen schauderhaften Gesang von meinem Vorgesetzten zu hören bekomme, wenn ich mich jetzt nicht beeile und die Stöpsel-Apparatur bediene." „Nun, ein letzter Abschiedsschmerz und bis heute Abend." „Lebe wohl, meine Königin, ein schwerer Tag steht mir bevor. Die lange Zeit des Wartens bis zum nächsten Abend ist eine wahre Folter." „Vielleicht lässt sich für deine Leiden Trost finden."

Morgenroth fand den Vermittlungsapparat ohne eine Veränderung vor.

Ein Zeichen für eine ruhige Nacht der angeschlossenen Teilnehmer. Eine Nachfrage bei der um Erlaubnis angesprochenen Dienstelle ergab: kein Gespräch in der Nacht.

Die Schläge vom Anzapfen eines Bierfasses klickten durch das Haus des Nachrichtenzuges. Gläserklirren und Zurufe waren aus dem Tagesraum zu hören. Der Beginn eines Bierabends, der als Gegensatz zu dem im täglichen Schwimmen in Wein und Sekt eine ersehnte Abwechslung im übermäßigen Genuss der landeseigenen Alkoholika sein sollte und darüber hinaus eine Verherrlichung des edlen deutschen Gerstensaftes feiern wollte, der als wahrer Gesundbrunnen gepriesen wurde, war die Beschäftigung der Gemüter an diesem Abend. Als Musikbegleitung war aus dem Radio zu Beginn eines Wunschkonzertes ein gemischter Chor zu hören, der das Lied „Wo die Nordseewellen trecken an den Strand" sang. Dieses Lied war in seiner einfachen Tonsetzung so überaus geeignet für raue Bierkehlen zum Mitsingen und Mitsummen. Für französische Ohren jedoch ist dies der finstere Gesang der Barbaren, der bärtigen, in Stierhörnern geschmückten Helmen versammelten Krieger. Nach Beendigung der nahezu weihevollen Gesänge folgen in solch einem Wunschkonzert ja nun gottseidank auch heitere Lieder und Musikstücke, die in ihrer Auswahl fast allen Wünschen gerecht werden. Auf dem Höhepunkt des Bierabends wurde die Radiomusik dann bald übertönt. Trinksprüche und Bierlieder, Liebeslieder und Schlager wechselten einander ab und wurden auch gleichzeitig vorgetragen oder auch von Gruppen überschrien, die sich gebildet hatten und im edlen Sängerwettstreit miteinander lagen. Zaubertricks und Kunststücke sowie auch Kraftakte wurden von diesen oder jenen, zum Erstaunen der anderen Kameraden über die verborgenen Talente, die ein harmlos erscheinender Mitstreiter jetzt in angeheiterter Stimmung offenbarte, vorgetragen. Heftige Kontroversen gab es jedoch nicht, die zu Schlägereien hätten führen können, weil dafür die Gruppe zu klein war und Anpassung und Rücksichtnahme auf die verschiedenartigen Charaktere ein gegenseitiges Erdulden längst zur Gewöhnung machte. Einige Wochen früher hinterließ ein solches Gelage einmal, hervorgerufen durch mehrere Pistolenschüsse, lähmendes Entsetzen und hämisches Grinsen. Leutnant Knoop war auf den Tisch gesprungen, um dort zu tanzen und einen Spottgesang zum Vortrag zu bringen. „Du feiges Rübenschwein, dir muss ich doch

einmal ein bisschen Angst einjagen", mokierte sich ein Unteroffizier und zog kurzerhand seine Pistole und schoss den Kronleuchter aus. Diese peitschenden Schüsse zerfetzten die aufgeblasene Respektheischerei und legten tieferliegende Hassgefühle offen zutage. „Von einem Extrem ins andere fallen, erst grundlos schikanieren und verdammen, dann über Gebühr loben und den Maître de Plaisir spielen, ist das seine Auffassung von ‚Dienst ist Dienst und Schnaps ist Schnaps'? Damit kommt er bei mir doch nicht an", sagte der Unteroffizier. Betretenes Schweigen und Unterlassung einer Verurteilung der Tat durch die anderen Unteroffizierkameraden bereiteten dem geselligen Abend ein frühzeitiges Ende. Leutnant Knoop zog es deshalb vor, seine Truppe am nächsten Tage wegen Krankheit zu verlassen.
Morgenroth fand kein besonderes Vergnügen darin, den Bierabend bis zum Ausgang mitzumachen und ging nach kurzer Zeit weg. Dem nächsten Rendezvous mit Henriette wollte er eine besondere Note geben und nahm deshalb als äußeres Zeichen der Erhöhung seiner Verehrung einen ausgesuchten, kostbaren Kleiderstoff zu sich, in die großen Seitentaschen seiner Feldbluse sorgfältig verstauend. Zusätzlich pflückte er noch einige Gartenblumen, die er in den Unterteil seines linken Feldblusenärmels einschob und dadurch mit dem linken Arm wie in einer Hülle unauffällig transportieren konnte. Diese Art des Verbergens schien ihm notwendig, um keine Vermutungen bei Begegnungen mit anderen Landsern auf dem Wege zum Treffpunkt aufkommen zu lassen, zum anderen aber hielt er es für eine Extravaganz, auf diese Weise ein Geschenk zu überreichen. Seine Spannung erhöhte sich merklich, als er am Pavillon einige Minuten warten musste. Henriette kam hastig und war in höchster Erregung. Die Ungewissheit, nochmals unbemerkt zur Insel gelangen zu können, hatte sich ihrer gegen Abend immer mehr bemächtigt und nun war sie froh, dass sie Morgenroth bereits wartend antraf. „Ich wäre mit dieser Insel im Meer versunken, wenn du nicht hier gewesen wärst", sagte sie. „Nun kann die ganze Welt um uns versinken", entgegnete Morgenroth, ließ die Blumen hervor gleiten und hielt sie dicht vor ihr Gesicht. „Ah, auch daran hast du gedacht, ich danke dir." Sie ergriff die Blumen mit beiden Händen und umarmte ihn. „Ein Parfum hast du heute aufgelegt, das alle Wohlgerüche Arabiens vereinigt, einer Prinzessin voll und ganz würdig." „Es gefällt dir also?" „Natürlich, denn ich habe die Gabe, das,

was wirklich exzellent ist, sofort zu erkennen. Du hast tatsächlich einen guten Geschmack." „Vielen Dank für das Kompliment." „Nun sollte ich meine Zauberkräfte in Aktion setzen und dir noch eine Überraschung bereiten können." „In Kriegszeiten sind die Wünsche ja sehr bescheiden, kleinste Geschenke können schon große Freude bringen." „Meine kleine Prinzessin ist zu bescheiden und hat doch insgeheim ihre Illusion von dem Glanz einer großen Dame, zumal sie auf einem Château lebt." „Was wäre ein junges Mädchen, hätte sie diese Illusion nicht?" „Einen Moment bitte, ich bemühe mich gerade, um einen Teil deiner Wünsche zu erfüllen, ich muss nur erst mein Medium nach dem Zauberwort fragen. Henriette, stell dich bitte mit dem Gesicht zum Spiegel." Er sagte nun „Akarakadabera" und klopfte dreimal auf seine Seitentasche, nahm den Kleiderstoff heraus, entfaltete ihn und legte ihn über ihre Schultern und schlang ihn um ihre Hüften. Ausrufe des Erstaunens, des Jubels und der Freude kamen über ihre Lippen. Morgenroth pusselte noch hier und da einige Faltenwürfe zurecht und Henriette posierte vor dem Spiegel in Verzückung und Übereifer. „Du verzauberst mich, ich kann es gar nicht in Worte fassen, was ich empfinde, dieser wundervolle Stoff!" „Für die Dame meines Herzens suche ich nur das Beste aus, da scheue ich keine Opfer." „Und wenn du dich ruinieren würdest?" „Wenn das Feuer der großen Liebe brennt, müssen die kostbarsten Dinge als Nahrung dienen!" „In eine andere Welt bin ich eingetreten, ich gefalle mir erst jetzt selbst über alle Maßen. Alles ist so völlig neu in meinem Leben und ich könnte jauchzen, zugleich aber auch weinen, wer soll das verstehen?" „Nur ich allein, meine Prinzessin. Du bist jetzt an die Stelle der geflüchteten Prinzessin des Schlossherrn getreten. Nur die Umstände, die zu deiner Inthronisation geführt haben, sind außergewöhnlich, sie sind märchenhaft." „Alles nur ein Märchen. Vielleicht doch nur von kurzer Dauer und du bist mein Märchenprinz." „Vielleicht nur die vorübergehende Duftwolke von Veilchen, die die erste Morgensonne an einem Frühlingstag aus dem Morgentau hat aufsteigen lassen." „Und hier im Pavillon ist ein Hauch davon zu spüren." „Als Fluidum unseres Glücklichseins und der Feier deiner Erhebung zur Prinzessin und du bist tausendmal schöner als die geflüchtete Prinzessin, deine Gesamterscheinung ist doch majestätischer und das Feuer deiner Augen erwärmt die Seelen deines geschundenen Volkes. Ach ja, diese Augen können durch sieben lederne

Hosen sehen, wenn Löcher darin sind." „Du dichtest mir Fähigkeiten an. Mir würde es schon genügen, wenn ich auf den Grund deines Herzens sehen könnte", sagte sie lächelnd. „Und dein Herzblut pulst intensiver durch die Adern deines Körpers, ein Körper, der die farbige Glut der blühenden Gärten dieses Schlosses widerstrahlt und die Glut der Leidenschaft deines Herzens verzehrt mich in meiner Liebe zu dir." „In Morpheus' Armen träumt es sich nochmal so nett!" „Beim Erwachen nicht alleine zu sein ist beruhigend und erregend zugleich." „Die Nacht gibt uns das Gefühl, in einer anderen Welt zu sein. Wir befinden uns in einem wildromantischen Abenteuer." „Wo mag jetzt wohl der Graf mit seiner Familie sein? Sie wollten nach Südfrankreich flüchten." „Dort haben doch kaum Kämpfe stattgefunden, also wird er wohl kaum lebensgefährliche Strapazen auszustehen haben." „Sie sind doch nicht die Einzigen, die rechtzeitig Reißaus genommen haben." „Ja, das stimmt, fast alle, die ein Auto hatten, sind rechtzeitig aufgebrochen, auch eine Anzahl von Bauern mit Pferdefuhrwerken. Vater und ich haben es vorgezogen zu bleiben, weil wir weniger zu fürchten glauben." „Der Ort ist teilweise noch entvölkert", sagte Morgenroth. „Viele Männer sind ja auch bei der Armee im Dienst. Ob sie jemals alle wiederkommen werden?" „Viele französische Soldaten sind in deutscher Gefangenschaft. Dieses Los ist fast immer das Erträglichste in einem Krieg." „Wo mögen sie wohl alle sein, alle in Richtung Osten, nach Deutschland zur Arbeit befördert, in Lager eingesperrt? Viele Franzosen sind nach Süden und westwärts vor der deutschen Armee geflüchtet, deshalb sind viele Gemeinden zu einem hohen Prozentsatz entvölkert. Eine moderne Völkerwanderung, die ich freiwillig gerne mitmachen würde. Ganz Europa studieren, Paris, Nizza, Rom, Wien und London sehen, sehr interessant wäre das." „Ich selbst bin von der gleich großen Begeisterung für Wandern und Reisen ergriffen wie du, Henriette. Als Soldat im Kriege bekommt man schon an bestimmten Tagen Gelegenheit, sich wie ein Globetrotter zu fühlen, der aus den Ereignissen auch gute Seiten abgewinnen kann. Aber in Kriegszeiten ist in keinem Land das wahre Bild seiner Eigenart zu erkennen. Die Dörfer und Städte sind mehr oder weniger zerstört und von den Einwohnern verlassen und auf den Straßen und Plätzen ist kein pulsierendes Leben zu spüren. Stelle dir vor, du wolltest da auf eine Urlaubsreise gehen." „Unter diesen Umständen natürlich nicht, aber wenn der Krieg zu Ende und die größte Not gelindert wäre, würde doch bald wieder Lust zum Reisen zu spüren sein." „In einer Jugendgruppe würde das riesigen Spaß machen." „Das sind Zukunftsträume, die sich erfüllen können, wenn wir fest daran glauben. Ich aber bin ein Gegenwartsmensch und liebe das Leben so, wie ich es mir jeden Tag gestalten kann." „Henriette, du bist eine Frau, die auf der ganzen Orgel spielen will und nicht nur mit zwei Fingern auf einigen wenigen Tasten herumtippen." „Ja, ja, sehr treffend, alle Register ziehen", antwortete sie schmunzelnd, dann laut auflachend. Morgenroth summte jetzt eine Melodie vor sich hin und Henriette fragte sofort wissbegierig, was für ein Lied es sei. „Das ist ein deutscher Militärmarsch, auf dessen Melodie wir den Text singen: ‚Was küsst du denn die Wangen deiner Braut, küss' sie auf den Arm, es ist dieselbe Haut'."

Ein Pietist hat Lust sich zu fraternisieren

„Bongartz, traben Sie an, Sie lahme Ente“, dröhnte der Spieß mit nasaler Stimme durch seine halb geschlossenen Zahnreihen. Er war als Stellvertreter für den Spieß eingesetzt, der sich in Urlaub begeben hatte, weshalb er seine Aufgabe nur mir Widerwillen erfüllte, um gerade dem Allernotwendigsten Rechnung zu tragen. Ein blonder, schlaksiger Typ, dessen Worte nur zäh hervorkamen. Diesen Gefreiten Bongartz hatte der Spieß erwischt. Er kam ihm unversehens in den Weg gelaufen, als zum Abendappell auf dem Kasernenhof gepfiffen worden war, um seinen Unmut an ihm auszulassen. Für Johannes Bongartz war es äußerst peinlich, dass er als Strafe für seine Verspätung einige Minuten Aufmunterungsübungen vor der Front der angetretenen Soldaten hinnehmen musste. Johannes Bongartz und der Spieß-Stellvertreter waren in ihren Charaktereigenschaften von einem derart krassen Unterschied, dass sie sich wie ungleiche Pole gegenseitig magnetisch angezogen fühlten, wenn sie sich erblickten. Johannes Bongartz war dunkelblond und schlankfeingliedrig gewachsen. Sein längliches, nahezu mageres Gesicht hatte die intelligenten Augen eng beieinanderliegen, die bei einem Anpfiff seitens eines Vorgesetzten ängstlich und hilfesuchend blickten. Die Schäfte seiner Knobelbecher waren etwas zu weit an den Waden, weshalb er hin und wieder zu hören bekam: „Johannes, du stehst wie eine Ziege im Melkeimer.“ Sein Gang war schwankend und unsicher, sehr wahrscheinlich als Folge des täglich wiederholten Hineinbrüllens von: „Unmöglich, eine vollkommene Niete, armes Würstchen, lahme Ente“ und so weiter, was ihm bei jedem Schritt, den er im Kasernenhof machte, in den Ohren nachhallte. Nahm er Anlauf zu einem Aufmunterungstrab, so schlenkerten seine Extremitäten so übermäßig unbeherrscht an seinem Körper umeinander, dass man hätte meinen können, sie wären wie bei einer zerlegbaren Gliederpuppe auseinandergenommen und wieder verkehrt eingehängt worden. Er war in dem Bewusstsein seiner Unfähigkeit, den soldatischen Anforderungen gerecht werden zu können, von einer krankhaften Angst befallen, für die er außerdienstlich einen Ausgleich suchte, indem er sich in Unterhaltungen und Gesprächen mit seinem Pazifismus eigener Prägung Gehör verschaffen wollte. Er war im Grunde seines Wesens ein Pietist. Der raue Kommisston war ihm äußerst zuwider. Seine Sprechweise war artikuliert und klang mitunter etwas geziert. Eine gute Schulbildung gab ihm die Stütze für seinen Versuch, alle laut dröhnenden Ausbildungskommandos und Erziehungsbemühungen seiner Vorgesetzten zu ignorieren und als Manieren abzutun, die er nie und nimmer als zweckmäßig ansah und die ihn als gebildeten Menschen nicht berühren konnten. In praktischen Dingen hatte er absolut kein Geschick. Das Annähen eines Knopfes war für ihn eine Schinderei. Die französische Sprache beherrschte er leidlich gut und sie war für ihn eine willkommene Mittlerin, sich in diesem Lande der kultivierten Redensarten von der deutschen Nüchternheit und Derbheit zu erholen. Zusätzlich wollte er sich aber auch rächen für die Unbill, die er beim deutschen Barras erlitten hatte. In Verfolgung dieses Vorhabens begann er bei jeder sich bietenden Gelegenheit mit Franzosen oder auch Französinnen ein Gespräch, wenngleich diese Bongartz' – doch immer im Stile eines Justizbeamten gesprochenes – Französisch schwerlich verstehen konnten, weil sie zumeist auch nur einen bestimmten Wortschatz in ihrem Dialekt beherrschten. Für Bongartz war diese Kontaktaufnahme eine neue Bildungsmöglichkeit und die Fortschritte, die er bei seinen Sprachstudien machte, hoben sein Selbstbewusstsein, das sich in seiner von Tag zu Tag mehr anwachsenden guten Laune zeigte. Er konnte sich sogar zu Begeisterungsstürmen hinreißen lassen, wenn es in den Unterhaltungen mit Franzosen über den Sinn und Zweck des Krieges herging. Da parlierte er mit vibrierender Stimme über seinen Pazifismus und seine Augen leuchteten dazu, als hätten sie weit vorne in der Wüste die Oase mit der rettenden Wasserstelle entdeckt, und drehten sich aufgeregt unter den Lidern, um zustimmende Mienen seiner Zuhörer zu fixieren. Johannes Bongartz redete sich dabei schnell in Ekstase über sein Thema und sein Redeschwall war für ihn, als würde er ein lustiges Liedlein singen. Gegenargumente, die vorgebracht wurden, quittierte er mit einem Naserümpfen und hob dann zu einem erweiterten Überzeugungsversuch an. Das Kolorit seiner neuen Umgebung hatte ihn so gefangen, dass er sich fremd in seiner Uniform vorkam, und die Franzosen hätten es doch einsehen mögen und es nicht als Beleidigung auffassen sollen, er gehorche ja schließlich auch nur dem Befehl zum Militärdienst. Als Folge seiner Unterhaltungen bekam Bongartz nun auch Einladungen zu Besuchen, aus denen sich Freundschaften ergaben, die nicht mehr als von kurzer Dauer sein konnten. In dieses Land verliebt sein konnte ein Mann doch nur umso mehr, der auch die Sprache der Menschen gut verstand und sprechen konnte. So dachte Johannes Bongartz und machte aus seinen Errungenschaften keinen Hehl. Auch war er in die Menschen verliebt. Einer Mademoiselle Danielle machte er den Hof. Alter etwa achtundzwanzig Jahre, keine Filmschönheit, aber doch aufgeschlossen, unterhaltsam und nett. Seine Verehrung war mehr platonisch. Die Begegnungen, die er mit ihr hatte, erschöpften sich überwiegend nur in Gesprächen über Sorgen und Nöte, die Frauen in Kriegen haben können, insbesondere die Beschaffung von Lebensmitteln und Bekleidung, die nur auf dem Weg des Schwarzmarktes zu erhalten waren. Er konnte aufgrund der motorisierten Versorgungsverbindungen der Truppe aus irgendeiner Stadt in Frankreich dieses oder jenes zu beschaffen versprechen, aber nach Abschluss dieses Handels ging die Unterhaltung über zu mehr amüsanten Themen. Bongartz baute nun vor Mademoiselle Danielle einen Tempel der Schulweisheiten auf, der nur so vor Zitaten, Aphorismen, Bonmots, Sentenzen und Feststellungen schillerte und funkelte. Napoleon Bonaparte sagte nach der Schlacht von Jena …; nach seiner Niederlage in Russland …; Ludwig XIV. sagte …; Richelieu behauptet …; Schopenhauer sagte über die Liège…; La Rochefoucauld behauptete …; Lichtenberg sagte einmal sehr treffend …; Goethe lässt in seinem Roman „Werthers Leiden“ …; der deutsche Philosoph Nietzsche sagte über die Frau …; bei Plato ist so schön gesagt..; Horaz, Vergilius wussten schon um …; Balzac gibt seinen Gestalten in seinen Romanen …; selbst Voltaire hat einmal gesagt …; Friedrich der Große von Preußen befleißigte sich in seiner Jugend der Erlernung des Flötenspiels und hat sogar einige Konzerte komponiert; Napoleon verehrte und fühlte sich verschmäht …; König August der Starke von Sachsen könnte man als den deutschen Ludwig XIV. bezeichnen; wer hat bei wem gestohlen: Wagner bei Verdi oder umgekehrt; Beethovens Musik kennen und bevorzugen gehört zum guten Ton; Debussys Musik sind Köstlichkeiten, man muss sie lieben. Obwohl Mademoiselle Danielle zum ersten Mal von den meisten Aussprüchen hörte, so war sie doch angenehm betroffen, einen so außergewöhnlichen Gesprächspartner gefunden zu haben und blickte mit scheuem Respekt zu ihm auf. Bongartz war zufrieden mit sich selbst, dass er mit Ausdauer keine Mühe gescheut hatte, sein Licht leuchten zu lassen. Eine Zwangspause trat nun in der Unterhaltung ein. Bongartz kritzelte Figuren auf ein Blatt Papier und er hatte die Überzeugung gewonnen, dem Idealbild eines deutschen Liebhabers entsprochen zu haben. Würde er mehr wagen, so würde er seine Selbstachtung verlieren. Mademoiselle Danielle konnte sich jedoch für einen Gerechtigkeitsfanatiker nicht erwärmen. Zu abwartend, zu abwägend, zögernd, beinahe gehemmt. Abrupt ging das Gespräch zu einem anderen Gesprächsstoff über. Bongartz verabschiedete sich aber bald umständlich und linkisch. Als er die Tür geschlossen hatte, wollte er umkehren und sein Geständnis schnell noch in letzter Minute machen, getraute sich aber wiederum auch nicht, weil er glaubte, keine Andeutungen von Mademoiselle Danielle wahrgenommen zu haben, die ihn ermutigt haben könnten. Auf seinem kurzen Weg zu seinem Quartier malte er sich aus, was er eigentlich hätte tun sollen. Nun fiel ihm das ein, was ihm als das Wesentlichste erschien. Alles andere sah er als unnötiges Beiwerk an, sein ganzes Mühen hielt er für verfehlt. Wiederum aber auch war er froh, keine Torheit begangen zu haben. Ein kleiner Trost für sein aufgewühltes Herz. Am nächsten Tag sah er vieles in einem anderen Licht. Bei Begegnungen mit seinen Kameraden renommierte er mit seiner Eroberung. Seine Mission, als Vorkämpfer für den Pazifismus zu wirken, musste bei einem besiegten Volk großen Eindruck hinterlassen. Er offerierte freimütig und mit Begeisterung einen Plan, wie er das für alle Soldaten geltende Verbot, ihre Quartiere nachts zu verlassen, umgehen wollte. In der Verkleidung als Zivilist, mit Schlapphut und Pelerine, wollte er sich zu nächtlicher Stunde auf den Weg zu seiner Angebeteten begeben. „Und dann an der Hauswand am Weinstock hochklettern und dann abstürzen, den Hausbesitzer auf den Plan rufen und jämmerlich in die Flucht geschlagen werden", sagte ein Landser. „Im wilden Wirbel den Rückweg entlang jagen, sich im Mantel verheddern, auf die Nase fallen, im Lazarett landen und dann noch vierzehn Tage Bau aufgebrummt bekommen." „Ich werde natürlich nicht unbewaffnet sein", sagte Johannes. „Den schweren Pallasch aus der Scheide ziehen und den Angreifer niedermachen!"

Viele Möglichkeiten für die Truppe zur Freizeitgestaltung

Bestimmte Einheiten der deutschen Wehrmacht in Frankreich, die für geraume Zeit in Kasernen für weitere Ausbildung und Vervollständigung ihrer Ausrüstung stationiert waren, wurden auch nach Dienstschluss im Kasernenbereich betreut. Eine Kantine und ein Offizierskasino standen in voller Bewirtschaftung zur Verfügung. In diesen Räumen hatten die notorischen Säufer ihr Domizil aufgeschlagen. „Und die alten Germanen sie tranken noch eins.“, „Lasst den Humpen kreisen“, „…trag’n wir in Wirtins Haus wohl einen vollen Säckel und einen leeren wieder ‘naus“, „wir kamen vor Friaul, da hatten wir allesamt voll Maul. Stram pede mi, a la mi presente, al nostra, signori.“ Auf anfangs angestimmte Volkslieder folgten bald Bierlieder und Weinlieder. Witze wurden gerissen und lautes Lachen übertönte den Gesang von drei biederen Sängern. Üppige Mahlzeiten wurden aufgetragen, die jedem Soldaten einmalig am Tag verkauft werden durften. Neben der Theke an der Wand prangte ein Spruch: „Tadelt nie die Taten der Soldaten, lasst sie essen, lasst sie trinken, lasst sie küssen, wer weiß, wie bald sie sterben müssen. Friedrich der Große“. Der „Alte Fritz“ hatte wohl etwas Gönnerhaftes an sich, das ihm zu Lebzeiten und nun auch in unserer Zeit zu seinem Nachruhm gut anstand. Ohne Zweifel hat er dann, als seine Soldaten sich in seinem Ansinnen gütlich getan hatten, ihnen zugerufen: „Kerls, wollte ihr denn ewig leben?“ Denn in seinem Land muss es ein Frevel gewesen sein, viel zu fressen und nichts dafür leisten zu wollen, zumal die Mark Brandenburg „die Sandstreubüchse Preußens“ genannt wurde. „Wir leben hier ja nun nicht gerade wie Hungerkünstler. Wir genießen das Leben feudalherrschaftlich, comme il faut, alter Schwede, n’est ce pas?“, sagte Morgenroth zu Germar und schlug ihm auf die Schulter. „Etwas fehlt aber noch und das soll demnächst auch noch als Truppenbetreuung eingeführt werden. Die können die Landser nicht ständig gut füttern und wild umherstreunen lassen, damit sie sich in dunklen Kaschemmen eine Krankheit holen oder auch bei jeder Gelegenheit Frauen belästigen. Das würde dem Franzosen nicht passen und beim deutschen Kommiss wird so etwas doch organisiert, da gibt es doch gar keinen Zweifel darüber“, entgegnete Germar. „Das halte ich durchaus für möglich“, gab Morgenroth zurück, “man kann eine Truppe nicht allzu lange einpferchen, das würde doch zu Exzessen führen, die das Ansehen in Verruf bringen würden und außerdem wäre es eine Verächtlichmachung des besetzten Landes, das man ja schließlich nicht unter dem Motto: ‚Wehe dem Besiegten!' behandeln will. Der ‚Alte Fritz' schickte seine Soldaten in den Kampf, als sie sich ausgetobt hatten. ‚Der Soldat muss vor den eigenen Offizieren mehr Furcht haben als vor dem Feind', behauptete er einmal und aus diesem Prinzip seiner Kriegskunst sind vielleicht seine Erfolge zu verstehen." „Unser Führer hat gesagt: ‚Ich will eine Jugend haben, die hart ist wie Kruppstahl und in ihren Augen will ich das Funkeln eines wilden Tieres sehen.' Hier in Frankreich wird die Jugend aber eher verweichlicht." Die Gesprächspartner wechselten reihum. Ein Landser berichtete von einem Maschinengewehr-Schützen aus seiner Gruppe. Als er den Befehl bekam, eine Maschinengewehr-Garbe auf ein feindliches Schützennest abzufeuern, langte er mit der rechten Hand über den Schützengrabenrand hinaus, seinen Kopf aber niedergebeugt im Graben haltend und drückte den Abzug, ohne vorher gezielt zu haben. Wer da von Feigheit sprechen will, der weiß nichts von der Überwindung, die es den Menschen kostet, sich in dieser neuen Situation zurechtzufinden. Erst als er keine feindlichen Kugeln pfeifen hörte, die Erwiderung seines Feuers hätten sein können, wagte er zögernd auch gezielt zu schießen und erst im Verlaufe des Gefechtes erkannte er seine Feuerkraft, seine Wichtigkeit als Hauptwaffe innerhalb seiner Gruppe und die überragende Wirkung im Vergleich zu einem Karabiner. Dadurch bekam er nun Vertrauen zu sich selbst und Verantwortungsbewusstsein seinen Kameraden gegenüber. Nun schoss er auch aus eigenem Entschluss. Er war direkt versessen darauf, sodass er alleine jedes erkannte Ziel bekämpfen wollte. Seine Kameraden, von denen einige wirklich Feiglinge waren und wie sich totstellende Käfer auf dem Boden lagen, waren anfangs erschrocken über das laute Knattern. Sie beschimpften ihn, denn sie befürchteten, der Feind würde sein Abwehrfeuer besonders auf sie lenken. „Natürlich war das übertrieben, denn die Nachbargruppen schießen ja auch, was das Zeug hält. Aber schlagen die Kugeln neben dir ein, so glaubst du sofort, du bist erkannt und der Feind hat alle Rohre auf dich gerichtet. Da du aber nun doch nicht getroffen bist, hältst du dich selbst für einen gewieften Krieger und riskierst schon einiges mehr. Wenn du nun noch siehst, dass nebenan andere Landser schon längst weiter vorne sind, erwacht in dir der Ehrgeiz und es beginnt so etwas wie ein Wettlauf, denn du möchtest mit bei den Ersten sein. Die erste feindliche Handgranate, die dann vor deiner Nase explodiert, zerstört jäh alles in dir, was du bisher als Erfahrung und Mut angesehen hast. Du hältst den Feind für haushoch überlegen und unbezwingbar. Und wenn du noch einen feindlichen Soldaten bei dieser Gelegenheit aus allernächster Nähe siehst, was man so schön ‚Das Weiße im Auge des Feindes sehen' nennt, dann glaubst du, dein letztes Stündlein sei gekommen, es gebe kein Vor und kein Zurück mehr, du seist in eine Falle geraten. Folgt nun keine weitere Handgranate nach, so meinst du, der Gegner nehme an, er habe dich getroffen und nun willst du es ihm aber beweisen, dass du noch da bist und du schleuderst ihm jetzt eine von deinen Handgranaten entgegen und machst sofort Stellungswechsel, sonst wärst du ja erledigt. Häuserkampf ist noch schlimmer. Da ist alles nur reine Glückssache, weiter gar nichts. Ist dann alles überstanden, hast du bald alles Schwere vergessen und denkst kaum darüber nach." „Ich erhielt bei Lille einen Oberschenkeldurchschuss. Ich spürte nur einen dumpfen Schlag, der von einem geworfenen Stein hätte sein können. Erst als ich etwas Warmes an meinem Bein hinab laufen fühlte, sah ich nach und begriff, was geschehen war. Schmerzen stellten sich viel später ein. Die Sanitäter zogen mich unsanft wie Diebe einen Kartoffelsack aus dem Schussfeld und verbanden mich unter einem Palaver über die richtige Bindenwicklung. Ich sage euch nur das eine, Massel musst du haben! Du bewegst dich vollkommen nach Heeresdienstvorschrift im Gelände: Sprung vorwärts, Deckung nehmen, mit ruhigem Blut zielen und schießen, mit dem Spaten sich eingraben und tarnen, ohne genügend Tarnmaterial zur Verfügung zu haben. Du bist nun von der Bildfläche verschwunden und glaubst, jetzt hast du alles getan, damit dir so gut wie gar nichts mehr passieren kann. Du bist überzeugt, dass dich der Gegner nicht mehr sehen kann, aber du kannst ihn sehen, du hast auch gutes Schussfeld und so weiter. Du nimmst jetzt den Kampf auf, immer mit Vorbedacht schießen, kein Schuss soll sein Ziel verfehlen. Die feindlichen blauen Bohnen fliegen über dich hinweg und du denkst, diese gelten den anderen, die sich als Kugelfang anbieten, aber plötzlich spürst du einen dumpfen Schlag und begreifst gar nicht, wie das passieren konnte, wo du doch an alles gedacht hattest. Du schimpfst dich selbst einen Anfänger und fluchst, dass dir der Kaffee von gestern hochkommt, dann packt dich die Angst. Du glaubst, dein Lebenssaft sei in wenigen Minuten ausgelaufen und du hockst schon in deinem Grab, schreist ‚Sanitäter, Sanitäter!' mit einer Stimmgewalt, die dir selbst fremd vorkommt. Nach wenigen Minuten, die dir wie eine Ewigkeit vorkommen, hörst du das Heranrobben und Keuchen des Sanitäters. Du rappelst dich auf, als wolltest du ihm entgegeneilen und vergisst dabei, dass du durch ihn, der sich auf deine Stellung zubewegt, in eine größere Gefahr gekommen bist, denn der Feind sieht jede Bewegung und nimmt dich nun nochmals unter Feuer. Der Augenblick, indem dich der Sanitäter berührt, gibt dir das Gefühl des Errettetseins und alles bisher Geschehene ist vergessen, du fühlst dich wie in Abrahams Schoß. Würde dich der Sanitäter mit einem Seitengewehr anpicken und aus deinem Loch wegziehen wollen, du würdest es dir gefallen lassen und es als eine Wohltat empfinden. Die Krankenschwester im Lazarett, die sich über dich beugt und sagt: ‚Ich bringe deinen Tee', ist dann für dich der Lohn für deine Tapferkeit, für deinen Heldenmut. Du hast dann alles längst vergessen, du bist schon wieder übermütig. Das steht fest: Du hast eher ein Stück Stahl im Leib, bevor du hart bist wie Kruppstahl!" „Du kannst auch schneller ein Holzkreuz haben, ehe du das Ritterkreuz bekommst." „Im Arbeitsdienst lernten wir ein Lied, das wir beim Ausmarsch singen mussten: ‚Ja, wir sind die Bauern, die Adolf Hitler liebt, die braune Garde, die da stirbt und sich nicht ergibt.' Damals ahnten wir halt noch nicht, was uns bevorstand. Der Dienst bestand ja überwiegend aus Arbeiten wie Straßenbau oder Entwässerung von Sumpfgebieten und so weiter. Das Essen war gut und der Sportbetrieb hat so manchem schwächlichen Muttersöhnchen auf die Beine geholfen. Das Leben im Arbeitsdienstlager war gesund für jeden, wenn es auch schon eine militärische Vorbildung war. Nach Dienstschluss ging man ins Städtchen zum Tanz. Der Tanzboden wurde Nahkampfdiele genannt. Die Löhnung war ja sehr niedrig, fünfundzwanzig Pfennige war der Reinverdienst. Bier wollte man auch trinken, aber mit einigen Glas war es aus, kein Geld mehr. Einer löste das Problem so: Er ging in die Nahkampfdiele, bestellte beim Kellner ein Bier, bezahlte es, trank dann aber noch fünf Glas hinterher und verzog sich, ohne zu bezahlen, weil er kein Geld mehr hatte. Nach einigen Tagen, als wir vom gleichen Haufen ebenfalls in das Lokal kamen, fuhr uns der Kellner an: ‚Wo ist euer Rothaariger? Der ist mir noch fünf Bier schuldig.‘ Ein typischer Fall von Requisition. Er hat damals schon geübt, was wir heute in größerem Ausmaß in Frankreich praktizieren.“ „Wenn man in Urlaub fährt, darf man auch nur eine bestimmte Menge von Lebensmitteln und anderen Dingen mitnehmen, die man hier von seinem Sold gekauft hat. Die Gepäcktasche muss man dann offen auf der Schreibstube vorzeigen, dann wird sie versiegelt, damit man nichts mehr hineinstopfen kann. Für die Masse der Landser ist ein Riegel vorgeschoben. Wenn jedoch irgendein Wachtmeister oder Leutnant mit dem LKW nach Deutschland fährt, um Ersatzteile zu holen, dann möchte ich doch einmal auf den LKW sehen, was da wohl alles so nebenher mitgenommen wird.“ „So ist es nun mal: An der Quelle saß der Knabe.“ „An die französischen Truppenzigaretten kann ich mich nicht gewöhnen. Es gibt sogar Landser, die sind rein verrückt danach.“ „Die schmecken den deutschen ‚Rot-Händle-Zigaretten‘ sehr ähnlich. In der Arbeitslosenzeit war eine Packung mit drei Zigaretten für zehn Pfennige ein Arbeitslosentaschengeld. Das konnte sich ein Arbeitsloser nur leisten, wenn er gestempelt und Unterstützungsgeld empfangen hatte. Dabei fielen dann zehn Pfennige für ihn persönlich ab. Eine aktive Zigarette gemeinsam zu zweit geraucht, das war ein Arbeitslosenfrühstück.“ „Wahrscheinlich hat man auch noch das damals kursierende Lied gesungen: ‚Wer das Stempeln hat erfunden, hat an Arbeit nie gedacht und der wird zur schönsten Stunde auf den Nachweis hingebracht.‘ Nach der Melodie des bekannten russischen Volksliedes ‚Stanka Rasin‘. Auch diese Zeit hatte ihre Lieder, heute nennt man es Schlager, wie jetzt unser: ‚Das kann doch einen Seemann nicht erschüttern, keine Angst, keine Angst, Rosmarie‘.“ „Ab dreiunddreißig ging es dann wieder aufwärts. Adolf Hitler kam an die Macht, es gab wieder Arbeit und Brot. Er trat aus dem Völkerbund aus, wo wir nur zahlendes Mitglied waren. Die Zahlungen an die Siegermächte zum Versailler Friedensdiktat stellte er restlos ein, weil Deutschland ja schon längst nicht mehr konnte, bei sieben Millionen Arbeitslosen. Man hat sich vieles angeschafft, ein Motorrad habe ich mir achtunddreißig sogar leisten können. Der erste Mai wurde bezahlter Feiertag. SA und SS haben große Aufmärsche veranstaltet, es war immer etwas los. Heute haben wir sogar Frankreich besiegt. Das soll ja fair behandelt werden. Reparationen will man da nicht fordern. Und England, das schlagen wir auch noch.“ „Ich habe einen Bekannten, der ist im Gegensatz zu seinem Vater seit

1930 Nationalsozialist und bei der Hitlerjugend dann zur SA übergetreten. Als nun der Führer am 30. Januar 1933 an die Macht kam, kam sein Onkel zu ihm, der bisher immer Kommunist war und sagte zu ihm: ‚Na gestern ist ja dein Zigeuner Reichskanzler geworden, jetzt wollen wir mal sehen, was der fertigbringt.‘ Ein paar Tage später habe ich den Onkel auf dem Fahrrad zum Dienst fahren sehen, in neuer SA-Uniform. Er hat blitzschnell umgeschwenkt, sein Mäntelchen nach dem Winde gehängt. ‚Weißt du‘, sagte er zu seinem Neffen, ‚wenn man bei der SA ist, bekommt man eher Arbeit.‘“ „Die Not war halt zu groß. Vor dreiunddreißig gab es fast doch jeden Tag politische Tote in Deutschland. Die Parteien haben sich untereinander auf das Schärfste bekämpft. Jede Partei wollte nach ihrem Programm Deutschland retten. Der Führer hat die Parteien verboten, es gibt nur eine Partei, die NSDAP, die Reparationszahlungen an die Siegermächte sind eingestellt, wir haben jetzt ein Großdeutschland. Wer will es jetzt noch wagen, aus uns etwas herauszuquetschen? Das Gesetz des Handelns liegt jetzt bei uns. Unsere Wehrmacht ist doch stark genug, jeden Gegner zu besiegen. Der Endsieg ist uns sicher, wenn wir das englische Mutterland besiegt haben. Das mit dem Volkswagen für tausend Reichsmark wird dann Wirklichkeit.“ „Wenn nur nicht der Amerikaner in den Krieg eingreift, dann hätten wir eine ähnliche Lage wie vierzehn bis achtzehn.“ „Was denn, bis zum Sommer einundvierzig ist der Krieg doch aus und einen Zweifrontenkrieg gibt es nicht. Mit Russland haben wir einen Nichtangriffspakt.“ „Der Blitzsieg über Frankreich hat bewiesen, dass wir mit unserer Wehrmacht das unmöglich Erscheinende erreichen können.“ „Wenn unsere Regierung nicht wieder vertut, was die Generäle erreicht haben, gibt es gar keinen Zweifel darüber, dass wir zu einer ‚prosperity‘ gelangen können, wie in Amerika.“ „Einen kleinen Vorgeschmack hätten wir eigentlich schon davon hier in Frankreich.“ „Très bon gelebt und nicht zu tun, die Landser müssen doch die Wände ‘nausschlagen vor lauter Übermut, wenn sie so ganz ohne Frauen auskommen müssen.“ „Das soll doch in die Wege geleitet sein. In den Städten gibt es Freudenhäuser, damit ihr nicht seelisch und moralisch verkümmert. Wir werden es bald erleben, dass wir dort reingeführt werden. Das gibt dann die sogenannten Stadtbesichtigungen mit anschließender Freizeitgestaltung.“ „Unser Führer tut also etwas für seine Soldaten. Es soll an nichts mangeln, alles wird mit deutscher Gründlichkeit betrieben. Eigentlich schockierend, wenn man sich so etwas vorstellt." „Du kannst ja draußen bleiben und solange die Reifen vom Lastwagen aufpumpen. Da hast du etwas für deine Gesundheit getan und dein Seelenheil erleidet keinen Schaden." „Also, ich halte das für einen offiziell sanktionierten Treuebruch." „Also, den Spaß machen wir uns und schleppen dich da mal rein, du scheues Reh." Das Wortgeplänkel ging noch einige Zeit in spöttischem Ton weiter, fand aber schnell eine Steigerung zu deftigen Witzen und derben Späßen. Der moralisch so gefestigte Kamerad musste als Prügelknabe herhalten. Seine augenblickliche Gemütsverfassung zeigte, dass er sich angewidert fühlte, was die anderen weiter aufreizte, ihm umso mehr zuzusetzen. Durch Lachsalven wurde er beinahe ernstlich böse und mokierte sich, als Moralprediger etwas für seine Verteidigung anzuführen, was natürlich in solch einer Runde lächerlich wirkte. Bald hatte er aber genug von der Hänselei und er ging vom Tisch mit saurer Miene, an der Tür nochmals einen verächtlichen Blick zurückwerfend.

Die nächsten Wochen brachten tatsächlich die vorausgesagten Fahrten zu den Stadtbesichtigungen. Auf der Nachhausefahrt wurde das Lied angestimmt, dem die Melodie des „Flämischen Walzers" untergeschoben war und maliziös die Erfolgsstimmung ausdrückte: „Est la guerre fini, soldat allemand partir, für ein Kommissbrot und einen Franc küssen wir stundenlang."

Mit der Eisenbahn Abfahrt in Richtung Osten

Bremsklötze sind das unerlässliche Requisit für ein Auto, das nicht aus eigener Kraft rollen darf, sondern zum Zwecke einer Ortsveränderung durch einen eigens dafür bestimmten Untersatz gefahren wird. Verladeübungen auf einem Güterbahnhof waren im zeitigen Frühjahr 1941 für die gesamte AA angesetzt. Der Winter war nicht so streng, wie man es in Deutschland gewohnt war. Kino-, Theater- und Varietéveranstaltungen boten für die langen Wintertage allerlei Kurzweil. Für viele Soldaten entstanden im Verkehr mit den Franzosen enge Freundschaften, die den Krieg als solchen fast ganz in Vergessenheit gerieten ließen. Wenn auch diese ganz natürliche Entwicklung als Folge einer Beruhigung der sich überstürzenden Ereignisse begreiflich war, so wurde sie doch von nationalbewussten Franzosen als Fraternisierung verpönt und die Erweckung des französischen Nationalstolzes wurde nicht zuletzt mehr und mehr, durch französische und englische Radiostationen in Aktion gesetzt, verstärkt. Die breite Masse der Franzosen hielt jedoch nicht viel davon, denn jeder Einzelne war gezwungen, sich mit den neuen Verhältnissen seinen Bedürfnissen entsprechend einzurichten. Gerüchteweise sickerte durch, Moskau habe in einer Protestnote in Berlin angefragt, was die Verlegung von deutschen Truppenverbänden von Frankreich nach Polen zu bedeuten habe. Die Antwort sei gewesen: weiter nichts als eine Entziehung aus den Bombardements der britischen Luftflotte. Eine ziemlich eindeutige Erklärung, mochte das einer verstehen, wie er wollte.
Anfang April wurde es ernst mit der Verladung der AA auf die Eisenbahn. Der Zug dampfte ab in Richtung Osten. Adieu, Frankreich, unter deinem Himmel haben wir die Hölle des Krieges durchstanden, aber auch ein Leben wie Gott in Frankreich geführt. Wir haben die Schlachtfelder der Champagne und von Verdun gesehen, wo unsere Väter vierzehn bis achtzehn gekämpft haben. Deine Erde ist zerpflügt von den Materialschlachten und die vermoderten Überreste der vorgefundenen Waffen haben uns ein grausames Bild von dem Geschehen ahnen lassen. Unser Krieg war kürzer und schmerzloser, vielleicht erbarmungsvoller. Wohin die Reise auch jetzt gehen mag, wir müssen es fressen, wie es kommt.
In die Truppe war Bewegung gekommen. Sie wurde in Atem gehalten,

es gab nicht viel Zeit zum Nachdenken. Die Fahrt ging mitten durch Deutschland. Auf den Feldern waren Bauern zu sehen, die friedlich ihrer Arbeit nachgingen. Die Straßen der Städte waren teils von Soldaten bevölkert. Aus den Industriegebieten Mitteldeutschlands ging es weiter hinaus in dünner besiedeltes Land, über die deutsch-polnische Grenze hinweg, durch den Korridor, nach Ostpreußen hinein. Die Weiträumigkeit dieses Landes war in jede Blickrichtung spürbar. Der Empfang am Morgen in der kleinen Stadt, die als Standquartier der AA bestimmt war, wurde von der Bevölkerung offensichtlich vergessen. Die Stadt schien verlassen und menschenleer zu sein. Die Bewohner waren sehr wahrscheinlich draußen, um ihrem Tagewerk nachzugehen. Gegen Abend belebte sich jedoch das Straßenbild und der Empfang der neuen Soldaten wurde ganz unkonventionell durch Einzelbegrüßungen nachgeholt, wie es der Zufall so brachte. Etwas Besonderes war dieser Einzug von Soldaten nicht, weil die Einwohner dieser Stadt seit einigen Jahren schon verschiedene Male Einzug und Abmarsch von Soldaten oder Arbeitsdienstlern erlebt hatten. Vor Beginn des Polenfeldzuges 1939 waren die ersten größeren Truppeneinheiten in die Exklave Ostpreußens aus dem Reichsgebiet gekommen, was die Bevölkerung sorgenvoll hinnahm, denn die Stimmung gegen Polen war schon Monate vorher, wegen der Rückgabe des Freistaates Danzig in deutsche Hoheitsrechte, hochgepeitscht. Aufgrund des Versailler Vertrags war es vom Deutschen Reich losgelöst und war als Ostseehafen für Polen als Hauptverbindung zu den Seewegen des Welthandels lebenswichtig. Polen wurde mithilfe der Sowjetunion besiegt und geteilt. Der Nichtangriffspakt zwischen Deutschland und Sowjetunion vom August 1939 schuf die Voraussetzungen dazu. Die deutsche Wehrmacht rang die polnischen Armeen in drei Wochen nieder und stieß auf die Rote Armee, die die östliche Hälfte Polen bereits besetzt hatte. Deutsche und sowjetische Generäle nahmen gemeinsam Truppenparaden ab, die den Nichtangriffspakt weiter besiegeln sollten. Ein beklemmendes Gefühl machte sich im seit 1933 eingepflanzten Vaterlandsbewusstsein breit, als die Tatsache von der Besetzung der Hälfte Polens durch die Rote Armee bekanntgegeben wurde. Filme und Bilder von Truppenparaden wurden gezeigt. Der erbitterte Kampf gegen Kommunismus und Sozialdemokratie sowie die Verdammungsreden und Hassgesäge, die die nationalsozialistische Regierung täglich über Radio und Zeitung brachten, waren nun über Nacht verstummt und das Händeschütteln zwischen dem sowjetischen Oberhaupt Stalin und dem deutschen nationalsozialistischen Außenminister von Ribbentrop flimmerte in der Wochenschau der Kinotheater wie eine Szene des Streichelns des russischen Bären auf. Welche Bewandtnis nun dieser erneute Einzug von Wehrmacht und Luftwaffe in Ostpreußen haben sollte, war vorerst unerklärlich. Englische Flugzeuge hatten wohl schon vereinzelt deutsche Städte bombardiert, aber dass die Wehrmachtsverbände, die doch weit verstreut über Frankreich und Deutschland in Städten und vor allen Dingen auch Dörfern standen, dadurch gefährdet sein sollten, das war doch unwahrscheinlich. Der Feldzug in Jugoslawien und Griechenland ging zügig voran und der siegreiche Ausgang für Deutschland konnte nur noch Tage dauern. Der Angriff auf England war noch immer nicht erfolgt. Die deutsche Luftwaffe hatte schon schwerste Angriffe auf die Insel geflogen und Reichsmarschall Hermann Göring war schon selbst im eigenen Bomber über London. Der Führer wird auch hier entscheiden, wann der richtige Zeitpunkt für den Angriff gekommen ist. Der Stellvertreter des Führers, Rudolf Heß, ist aus eigenem Entschluss mit einem Privatflugzeug nach England geflogen und mit dem Fallschirm abgesprungen! In den Nachrichten des Rundfunks wird von einem Anfall von geistiger Umnachtung gesprochen. Wieweit diese Erklärung den Tatsachen entspricht, mag dahingestellt bleiben. Möglich sein könnte es schon. Mitten in den größten Erfolgen unseres Staates springt einer ab? Es kann ja auch ein ausgeklügelter diplomatischer Trick des Führers sein. Vielleicht sollte er in besonderer Mission des Führers einen Versöhnungsvorschlag unterbreiten? Die Landser hatten die ausgefallensten Vermutungen. Aber das Vertrauen zum Obersten Kommando der deutschen Wehrmacht war ungetrübt. Wer in solch einem Außenseiterfall etwas Schmälerndes in der Erfolgsserie der deutschen Wehrmacht sehen würde, der konnte nur ein großer Pessimist sein und lächerlich machen würde er sich noch zusätzlich.

„Der große Treck aus dem Osten", die Überschrift eines groß aufgemachten Artikels in der „Monatsschrift für den Soldaten". Fotografien zeigten Pferdeschlitten mit Zeltplanen überdacht, die Kutscher in Pelzzeug tief vermummt, in einer verschneiten Ebene dahinziehend. Eine Umsiedlungsaktion deutscher Volksgruppen aus Bessarabien, der Ukraine und vom Schwarzen Meer wurde da beschrieben. Deutsche Siedler, deren Vorfahren vor Jahrhunderten dem Rufe der russischen Zaren gefolgt waren, mussten ihre Heimat aufgeben und hatten dem Rufe des Führers Folge zu leisten, um den Warthegau und Westpreußen zu besiedeln. Eine großangelegte Aktion im Rahmen der „Blut und Boden"-Politik nahm ihren Anfang, deren Ziel es war, die dünn besiedelten Räume zwischen Oder und Weichsel mit deutschen Menschen aufzufüllen. Die Bauernhöfe sollten ausreichend groß sein, um eine kinderreiche Familie gut ernähren zu können, und die Besitzer sollten den Charakter von Wehrbauern haben, die den deutschen Osten gegen den vordringenden Panslavismus abschirmen sollten. Die Landser, die aus den Inlandsgauen des Reiches stammten, konnten sich unmöglich in die Problematik des Lebens von Grenzlandbewohnern hineindenken. Sie waren als Soldaten zu einem anderen Zweck bestimmt und hatten den Befehlen zu gehorchen und das füllte sie auch voll und ganz aus. Nur die Ostpreußen waren besonders in den polnischen Grenzgebieten mit den Volkstumskonflikten von Jugend an konfrontiert. Deshalb sahen die es mit Erleichterung, wenn sie vom Deutschen Reich in ihrer Grenzland-Situation nicht alleine gelassen wurden und selbst wenn es Soldaten waren, die eine apokalyptische Epoche heraufbeschwören konnten. Die nationalsozialistische Regierung hatte aber auch vorher, in den Friedensjahren ihrer Machtausübung, diesem Außenposten Ostpreußen eine sichtbare und wirksame Wirtschaftshilfe angedeihen lassen. Aus dieser Auffrischung gewann die Bevölkerung Vertrauen zur Stärke des Reiches und die Erfolge seit Kriegsbeginn ließen ihre Lage in einem anderen Licht erscheinen. In seiner Fatalität hielt der Ostpreuße von sich sehr wenig. Er hielt alles für besser, was aus dem Reich kam. Seine breite, bäuerliche Behäbigkeit war keineswegs Unbeholfenheit. Sie nahm sich vielmehr im Vergleich zum Beispiel zu einem aktiven Wachtmeister der Artillerie aus dem Reich, der von Beruf Schmid, in der Arbeitslosenzeit bei der Reichswehr kapituliert hatte, nur so aus. Dafür konnte die scheinbar größere Lebensgewandtheit des Wachtmeisters wieder mit anders gelagerten Fähigkeiten des Ostpreußen aufgewogen werden. Er hatte zum Beispiel fast immer in jedem Falle Pferdeverstand. Trakehner Pferde, die besten deutschen Reitpferde. In der Viehzucht hatte Ostpreußen die besten Exemplare hervorgebracht und war Ostpreußen nicht die Kornkammer Deutsch-

lands? Nicht zu vergessen die großen Männer, die es hervorgebracht hatte. Überragend der Philosoph Immanuel Kant. Wer da glaubte, auf diese Menschen wegen ihrer Eigenart herabsehen zu wollen, der lag vollkommen schief. Der Ostpreuße war unter den deutschen Stammesbrüdern mit das liebste Kind. Als eine Gruppe Landser bei Bauern pro Person zwei Eier als Frühstück einkaufen wollte, wurde ihnen von einer Bäuerin beschieden, dass man hierzulande fünf Eier für ein gutes Frühstück halte, wie sich das zumindest für einen jungen Mann gehöre. Auf dem Gebiet der Ernährung war man gewöhnt, aus dem Vollen zu schöpfen, was schließlich als größter Wirtschaftsfaktor von Wichtigkeit war.
Eine kurze Nachricht des großdeutschen Rundfunks besagte, dass der sowjetische Botschafter aus Berlin abgereist sei. Die Sowjetunion habe Teile des Erdölgebietes von Rumänien gefordert und sei damit beim Führer auf Ablehnung gestoßen. Gerüchte machten nun die Runde, dass es doch noch zu einem Krieg mit Russland kommen könne. Der neue Leutnant des Nachrichtenzugs und viele andere Offiziere und auch Mannschaften wollten dieser Annahme keinen Glauben schenken. Nach einigen Wochen jedoch war die allgemeine Auffassung Tagesgespräch, dass der Russe eine zweigleisige Eisenbahnstrecke durch die Ukraine freigeben wolle, damit die deutsche Wehrmacht im Nahen Osten gegen die Engländer vorgehen könne. Diese Möglichkeit bot sich durch den Nichtangriffspakt mit der Sowjetunion an.

Erkundungen und Reflexionen in Ostpreußen

Der Frühling kam in seine Hochblüte. Sportwettkämpfe wurden zwischen Wehrmacht und Arbeitsdienst ausgetragen. Die Ausbildung der Truppe ging auch in den von Woche zu Woche wechselnden Feldquartieren weiter. Eine Richtung in den Verschiebungen war deutlich erkennbar. Es war Nordosten. Tannenberg, der Schlachtenort des Ersten Weltkrieges war in der Nähe und wurde als Besichtigungsziel eingesetzt. Dieses Denkmal, zur Erinnerung an die Schlacht im Jahre 1914, in den zwanziger Jahren errichtet, war auf Befehl des Führers architektonisch wirkungsvoller ausgestaltet worden. Es stand auf einer weithin ins Auge fallenden Bodenerhebung und sollte symbolisch eine Trutzburg gegen den Osten sein. Reichspräsident Generalfeldmarschall von Hindenburg, der Sieger der Schlacht von Tannenberg, hatte seine Grabstätte mit seiner Gattin in einem ehrwürdig gestalteten Mausoleum, vor dessen Eingang eine ständige militärische Ehrenwache stand. Diese monumentale Ehrung des Siegers der Schlacht von Tannenberg war der Führung des Dritten Reiches höchstes Begehren. Es war große Ehrerbietung gegenüber einem Sieg des untergegangenen Bismarckreiches. Zugleich sollte das Tannenbergdenkmal aber auch als Triumphzeichen über die 1410 am gleichen Ort verlorene Schlacht des deutschen Ritterordens gegen Polen stehen. Fünfhundert Jahre später hatte das Deutschtum dennoch den Sieg errungen. Die Soldaten des Nachrichtenzuges hatten mit ehrfurchtgebietender Ergriffenheit die Gedenktafeln für die an der Schlacht beteiligten Regimenter absolviert. Schweigend wandten sie sich ab und gingen aus dem Hof hinaus in das nahegelegene Gebäude, wo ein riesiges Relief den Verlauf der Schlacht mit elektronischen Positionslichtern aufleuchten ließ. Ein nachhaltiger Eindruck von diesem geschichtlichen Ereignis war dadurch einem jeden Besucher gegeben. Unwillkürlich wurde die Erinnerung an das Totenhaus von Verdun mit seinen Gräberfeldern hervorgerufen. Ein ehrfurchtsvoller Schauer vor den Opfern an Menschenleben und deren Verdienst um den Erfolg überwältigte die Soldaten in ihrem schweigsamen Nachdenken. Die Schlacht von Tannenberg war für sie jedoch so etwas wie eine Siegestrophäe, die die Schmach der Niederlage des Ersten Weltkrieges überstrahlte und in der formgewordenen Gestalt des Denkmals mahnend in Ostpreußens Himmel stand. Jeder

Mann im Jugendalter vernimmt in diesen Minuten etwas von der Größe der Vaterlandsliebe in sich. Er möchte seinen Vorfahren gegenüber nicht zurückstehen und auch etwas Heldenhaftes geleistet haben, das ihn berühmt machen würde, das ihn über die anderen hinausheben würde. Strahlend blauer Himmel und erste Sommerhitze machten das Leben als Soldat zu einer Erholung besonderer Art. Die wallenden Teppiche der Ährenfelder und die blaugrünen Weiden und Wiesen, die blassgelben sandigen Feldwege und die breitgeschwungenen, sanften Erhöhungen der weithin überschaubaren Landschaft, mit ihren im Sonnenlicht deutlich herausragenden Dörfern und Gutshöfen, gaben ein Bild von herber Schönheit, mitunter sogar vereinzelt Punkte von Idylle und eigentümlicher Romantik. Der Horizont unwahrscheinlich weit, verschwommen, gänzlich ohne scharfe Konturen. Nur ein Waldkamm oder Baumgruppen waren für den schweifenden Blick Reflektionsflächen, an denen der menschliche Geist in seinem Forscherdrang und in seiner Forderung an die Welt einige Sekunden lang verweilte, bevor er weiter in die unbekannte Ferne ging. Was hinter diesem Horizont lag, war unergründlich, geheimnisumwittert und es war der Phantasie jedes einzelnen Beschauers überlassen, je nach seinem Temperament sich ein Bild von diesem unermesslichen Land zu machen. Es mit den Maßstäben deutschen Denkens ergründen zu wollen, mutete sich da lokalpatriotisch befangen an. Eine andere Welt schien hinter diesem Horizont verborgen zu sein, die dem Durchschnittseuropäer nur durch oberflächliche Kenntnisse bewusst war. In seiner Imagination sah Morgenroth aus einer riesigen Staubwolke eine Herde wilder Steppenpferde hervorstieben. Beim Näherkommen waren Reiter seitlich geduckt am Sattelzeug hängend zu erkennen, was unbemannt daher galoppierende Pferde vortäuschen sollte, die auf die überraschten Deutschen einstürmten. Als verwegenes Reitervolk waren die Kosaken in ihren typischen Uniformen bekannt. Schon die Griechen fürchteten die alten Skythen, die aus den Steppen des Schwarzen Meeres und ostwärts des Kaspischen Meeres kamen und in die Balkanländer einfielen. Diese Ereignisse lagen aber schon so weit zurück, sie sind auch von jüngeren längst wieder überschattet und sie könnten fast schon in das Reich der Legende verwiesen werden. Aber vierzehn, in der Schlacht von Tannenberg, geschah doch etwas Ähnliches, als ob man behaupten könnte, es wiederhole sich alles, nur die Ursachen und Kriegszüge seien immer andere. Das russische Reich drängte schon immer nach einem eisfreien Hafen. Die Schlacht von Tannenberg verhinderte aber einen solchen Versuch und darüber hinaus, für die Existenz des Deutschen Reiches weit wichtiger, die Bedrohung des Überrolltwerdens durch die russische Dampfwalze. Im Jahr 1941 war durch die Vorsorge des nationalsozialistischen Regimes eine solche Gefahr gebannt, der Nichtangriffspakt Deutschland-Sowjetunion war eine Garantie dafür. Diese klare, schwach flimmernde Luft über der Landschaft, ein schwache Brise fächelt die Haare und macht die Mittagshitze zu einem angenehmen Luftbad. Die Zeit scheint stille zu stehen. Die Natur ist in ein Meer der Ruhe getaucht. Der Besucher scheint seinen heimatlichen Verbindungen vollkommen entrückt und lässt sich von dieser jungfräulichen Natur umschmeicheln. Seine Schritte auf dieser Erde kommen dem Kraulen des Felles eines Haustieres gleich, das die Sympathiebezeigung mit Anhänglichkeit und Treue erwidert. Kommt doch heraus aus der Enge eurer Städte! Dieser Boden wartet darauf, dass er von Menschenhand gelockert, gelichtet, gelüftet und umgepflügt wird. Nur so kann er zu wahrem Leben erweckt werden. Der Ertrag eurer Arbeit wir euch bald gut nähren und ihr werdet bald kräftige Wurzeln schlagen. Der Stadtmensch hatte ein Gefühl des Verlorenseins in diesem weiten Land. Er suchte überall nach Menschen, sie waren aber nur sehr spärlich anzutreffen. Wie sollte er hier einen Halt finden, ohne sich einem anderen Menschen mitteilen zu können, einem Artgenossen? Verkümmern und verdorren würde er, wollte man ihn als Großstadtpflanze hier aussetzen. Ein Bauernsohn jedoch war seinem Wesen und seiner Anlage nach anpassungsfähig genug, um hier eine Heimstatt zu gründen. In Gedanken konnte er sich schon ein Areal abstecken, das sein Grundeigentum hätte darstellen können. Eine Wasserleitung wäre zu problematisch wegen der großen Entfernung, ein Brunnen mit Pumpe dürfte am gangbarsten sein. Elektrisches Licht, das wäre schnell gelöst, die Zuleitung käme etwas teuer. Aber es müsste schon sein. Die Weideflächen ideal, sogar ein kleiner See ist vorhanden, zum Fischen hervorragend geeignet, auch ein schöner Sportbereich für Kinder. Siedlungsland ist hier ja auch spottbillig und Unterstützung durch die Regierung hat man wohl auch. Von einem Hof aus schlängelte sich ein Feldweg, der mit einigen großen Birken bestanden war, zu einem fernen Wald, dem ein Moor vorgelagert war. Ein bräunlich-grünlich schimmerndes Schmorloch in der sandigen und sommerlich trockenen Erdkruste, das der Landschaft einen Reiz der versteckt lauernden Gefahr für den Wanderer gab und ihr somit etwas von der als wenig fesselnd empfundenen Monotonie nahm. Der allgemeinen Vorstellung vom mühelosen Überschreiten eines flachen Landes stand die Möglichkeit der Gefahr eines plötzlichen Hinabgezogenwerdens entgegen, was einem jungen Menschen in seinem unbekümmerten Wagemut hätte passieren können. Der Zauber der alpinen Bergwelt in ihrer Mannigfaltigkeit im Hinblick auf heitere Erlebnisse und aber auch großer Gefahrenmomente dagegen gibt jedem Besucher die Vorstellung des „Sich-Verstecken-Könnens". Die bizarre Bodengestalt in ihrer Gedrängtheit der felsigen Bergriesen regt den Menschen zum Emporklimmen und Hinabsteigen, Hinausragen und Wiederuntertauchen an. Gipfelstürme und Grundstille, größtmöglicher Sichtkreis und kleinste Beschränkung und Einengung. In der Ebene, im flachen Land, liegt alles offen vor Augen. Es gibt nichts übermäßig Ausschwingendes, alle Dinge scheinen gleichförmig und hundert Kilometer weiter sind die gleichen Verhältnisse anzutreffen wie am Standort. Alles, was der Himmel gibt, ob Regen oder Sonnenschein, hat Ausdehnung in die Breite. Gleichmäßig intensiv, alles, was das Erdreich hervorbringt, hat gleiches Wachstumsstreben. Nirgendwo ist Krüppelholz zu sehen, das zusammengeflutete Erosionspartikelchen der Felsen durchwurzeln muss, um seine Arterhaltung zu sichern. Nur die Flecken von Ödland bringen dürftigen Pflanzenwuchs hervor, die aber auch noch dem Erdreich eine Decke als lebende Haut geben. Das anhaltend warme Frühsommerwetter bewirkte eine Art von Assimilationsprozess mit diesem Land, der den Soldaten auf die angenehmste Weise zuteilwurde. Sie nahmen die Virtualität dieses herrlichen Sommerklimas in ihre Körper auf, das ihnen als Zehrvorrat für ein künftig düsteres Geschick dienen sollte.

In beharrlichem Zuwarten vergingen die Wochen. Neue Standortwechsel in Richtung Ostgrenze führten durch Dörfer und Gutshöfe. Das Gut Sechserben bot einen imposanten Anblick. Auf einem flachen, kegelförmigen Hügel thronte es wie eine riesige Burganlage über seinen im großen Umkreis liegenden Ländereien. Zwischen Gutsbesitzer und Gutsarbeiter war ein strenger Abstand eingehalten. Der preußische Obrigkeitsstaat schien hier noch musterhaft erhalten, obwohl eine Verwischung der Unterschiede durch den Geist des neuen Deutschland in Erscheinung trat, der sich nach außen augenfällig in den aus Staatsmitteln neu errichteten Gutsarbeiterwohnhäusern mit Wirtschaftsgebäuden auswies. Die strohgedeckten, ärmlichen Katen weitab vom feudalherrschaftlichen Herrenhaus gehörten längst der Vergangenheit an. Stärkung des Kleinbauerntums wurde hier auf diese Weise praktiziert. Mit Vitalität und Zuversicht waren die Menschen ihrem Lebensbereich zugetan. Doch was kümmert einen Soldaten, woher die Fressalien kommen, die ihm täglich in Portionen zugeteilt werden? Ausreichend sind sie zu keiner Zeit, zumindest werden durch das Einerlei Gelüste nach etwas Besserem geweckt. Fette Rinder auf den Weiden, pluderiges Hühnervolk badet genüsslich im Sand, große blecherne Milchkannen stehen gefüllt unter großen schattigen Kastanienbäumen zum Abtransport bereit und in den Küchen der Bauernhäuser hantieren Bauersfrauen mit Brotlaiben, die fast so groß sind wie Mühlensteine. In solch einem Milieu mussten die Landser ihre schmale Ration verzehren. Sie begehrten deshalb, an dem reich gedeckten Tisch mitzuhalten und brachen auf zu Beutezügen, um durch Hausieren noch Eier, Butter oder Speck dazuzukaufen, um auf diese Weise aus der verschwenderischen Fülle einige gute Brocken herauszupicken. Manch einer hat auch unter Missachtung seiner guten Erziehung mal hin und wieder ein Eiernest ausgenommen. Der Empfang auf den Bauernhöfen war immer freundlich und niemals abweisend. Wenngleich täglich mehrere Gruppen auf den Bauernhöfen vorsprachen, so zeigten die Bewohner wohl kaum Überdruss, denn unter den uniformen Soldatenmützen schauten doch jedes Mal andere Gesichter hervor, was besonders für das weibliche Geschlecht hochinteressant war und immer wieder zu sehr amüsanten Gesprächen anreizte. Mit Keckheit erdreisteten sich bald einige Landser Anspielungen und Vergleiche, die in derbe Bauernspäße ausarteten. In der würzigen Landluft kam es dann auch zu Freundschaften und Liebesverhältnissen, die nicht selten in Verlobung und Heirat endeten. Wenn nun in der großen Auswahl von jungen und älteren Mädchen oder auch Frauen eine ausnehmend robuste, blonde Germania mit vor Gesundheit strotzendem Lachen die Feststellungen der Landser abkanzelte, dann sprach sich diese Entdeckung bald herum und dieser Hof war ein Anziehungspunkt für die umherziehenden Landser: „An diesem Busen möcht' ich rasten, wie eine Sau am Futterkasten", sagte ein Landser, der aus der Großstadt stammte und sich von der Ausdrucksweise des rustikalen Wesens so erdrückend überspielt sah, dass er sich herausgefordert fühlte und meinte, auf einen groben Klotz gehöre ein grober Keil, was unumwunden als ketzerisch hätte angesehen werden können, wenn die Person, auf die sich der Scherz bezog, beleidigt gewesen wäre. Zum Gaudium der Umstehenden war sie es aber nicht, sondern sie fühlte sich offensichtlich mit ihren ausladenden Formen in ihren weiblichen Vorzügen bestätigt und anerkannt und auch begehrenswert. Pralle Frauenpersonen galten nun mal auf dem Lande als Symbol der Wohlhabenheit und die Anerkennung durch Außenstehende hebt dann das Bewusstsein noch zusätzlich. Das Ganze erfuhr dann noch eine Steigerung und weitete sich aus zu einem zwerchfellerschütternden Gelächter durch den Umstand, dass der Habitus des Spaßmachers im krassen Gegensatz zu dem des Gegenstandes seines Spaßes stand. Ein schmächtiges Bürschchen, mit gigerlhaften Manieren, das sich seiner Konstitution nach wie ein Spatz zu einem Bären neben einer drallen Bauerndeern ausnahm.

Perlmuttfarbig dekoriertes Porzellangeschirr, goldrandverzierte und mit bunten Ansichtsbildern bemalte Trinkgläser und Aschenbecher, handwerklich gefertigte Kunstgegenstände aus Holz, Metall und Stoff, echte und unechte Schmuckartikel und Bijouterie-Waren füllten die Ausstellungsregale eines Reiseandenkenladens. Ein Blickfang besonderer Art für nach Abwechslung suchende Soldaten, in einer nüchternen, zweckmäßig und überwiegend grau in grau oder auch launenhaft gefällig minimal mit Stahlbau oder ziegelrot durchsetzt geformten Umwelt. Eine kaleidoskopartig bunte Ansammlung von begehrenswerten schönen Dingen, zum intensiven Begutachten und Prüfen, sowie auch zum Kauf anregend, stach wie eine kleine, von dem Kriegsgeschehen noch unberührte Welt, die die Vielseitigkeit der Schaffensfreude der Friedensjahre präsentierte, zwischen der Häusergruppe eines Touristenzieles hervor. Inmitten dieser echten und unechten Gegenstände stolzierte die junge Verkäuferin. Ihre Erscheinung schlug jeden Käufer in Bann, sodass er zunächst den Zweck seines Kommens vergessen konnte. Diese Tochter Ostpreußens war von einer Faszination, wo ein Vergleich mit einem Bernsteinschmuck als zu gering hätte sein können. Tiefblaue Augen, sanftmütig blickend und glänzende, goldblonde Haare gaben ihrem ebenmäßigen Gesicht einen vollendeten Liebreiz und ihr gesamtes Wesen war von gewinnender Anmut. Nicht wenige Landser sahen im Überschwang ihrer Gefühle für diese charmante Verkäuferin in dem von ihr gekauften Artikel zugleich auch ein persönliches Geschenk, das ihnen als Kleinod ihrer Erinnerung in späteren Jahren vor Augen kommen konnte, von dem die Geste der Überreichung zum wiederholten Male ausging.

22. Juni 1941, 3.05 Uhr: Der Angriff auf die Sowjetunion beginnt

Die Truppenverschiebungen gingen weiter in die Grenzzone von Litauen hinein. Das anhaltend schöne Sommerwetter hatte alle Überlandwege vollkommen ausgetrocknet. Die Verkehrsverbindungen verästelten sich zu wenig begangenen Fußgängerpfaden. Nur ein Grenzübergang der Eisenbahn und einige des Straßenverkehrs waren stark frequentiert. Das pulsierende Leben im deutschen Staatsterritorium verebbte an seinen Grenzen. Dieses Faktum war sehr wahrscheinlich umso mehr begründet durch die Selbstabkapselungen der Sowjetunion vom Handel mit Europa nach dem Ersten Weltkrieg. Die Bewohner der einsam liegenden Gehöfte schienen ein Einsiedlerdasein zu führen. Von dem seit August 1939 beschränkt aufgelebten Warenaustausch Deutschlandland-Sowjetunion waren auf den Grenzstationen Tankwagen der Rohölzüge aus der Sowjetunion zu sehen. Täglich verkehrte zur gleichen Zeit das Passagierflugzeug der Lufthansa Berlin-Moskau, das in geringer Höhe dahinzog. Der neue Leutnant des Nachrichtenzuges kam eines Tages von einer Kommandeursbesprechung zurück und sagte: „Der Russe soll ein Meister im Bau von Feldstellungen sein, wurde uns mitgeteilt. Also nun glaube ich es beinahe auch, dass es gegen den Russen gehen soll." Seine Untergebenen nahmen es hin, als würde er gesagt haben: Wenn morgen die Sonne nicht scheint, haben wir bestimmt trübes Wetter. Für die meisten Soldaten war es unvorstellbar, dass diese Prophezeiung hätte wahr werden können, weil bisher alle Anzeichen dagegen sprachen. Das unermesslich große Russland war für sie der Inbegriff von Größe und Macht, es anzugreifen würde einem Selbstmord gleichkommen. Von irgendwelchen Hetztiraden gegen die Sowjetunion vonseiten der deutschen Regierung hatten sie seit 1939 auch nichts mehr vernommen und wer dachte schon über die bisherigen Grenzen hinaus? Das Gerücht von der Durchschleusung von deutschen Truppen durch die Ukraine zum Nahen Osten war deshalb annehmbarer.

Am 21. Juni 1941, abends gegen zweiundzwanzig Uhr, wurde zu einem Appell auf dem Gutshof, der als Unterkunft seit einigen Tagen benützt wurde, aufgerufen. Der Adjutant der AA trat mit einem großen Umschlag zwischen die erwartungsvoll harrenden Landser und sagte mit aufgeregter Stimme: „Der Kradmelder hat soeben eine geheime Kommandosache von der Division gebracht, ich lese sie euch vor. Der Befehl des Führers lautet: ‚Zu langem Schweigen verurteilt … morgen früh um drei Uhr fünf gehen unsere Truppen zum Angriff über … seit einigen Wochen haben schon beidseitige starke Aufklärungsvorstöße stattgefunden …Ich kann den Forderungen der Sowjets auf Gebiete in unserem Einflussbereich, die sie seit Abschluss des Nichtangriffspaktes an uns gestellt haben, nur so begegnen.‘ Wir sind fünfte Welle. Das besagt, dass vor uns vier Wellen drüben hineingehen. Hinter uns soll SS-Polizei nachrücken. Was die mit den Juden macht, das geht uns nichts an. Wir dürfen uns als Wehrmacht da nicht einmischen.“ Die Soldaten waren schweigsam und deprimiert. Einige machten ihrer Enttäuschung Luft, indem sie von einem aussichtslosen Kampf sprachen, der sie die Heimat nicht wieder sehen lassen werde. Der größere Teil ergab sich apathisch seinem Schicksal, dem durch Meuterei keine Wendung hätte gegeben werden können. Die wenigen Stunden bis zur X-Zeit verbrachten die Landser zwischen Wachen und Träumen. Im ersten Morgenlicht des 22. Juni brach der Sturm los. Kanonendonner, Sprengungen, Maschinengewehrfeuer und Bombenexplosionen von deutschen Flugzeuggeschwadern rissen den Schleier des Schweigens auf, der über der Landschaft lag. Der Kampfeslärm war nur mit Unterbrechungen zu hören und war weit weg. Die AA setzte sich gegen zehn Uhr in Marsch. Zögernd, suchend, mal nach Norden strebend, rollte das Gros weit auseinandergezogen der Grenze zu. Auf einer Straße erster Ordnung fädelte sich die AA in den Strom der Fahrzeuge ein und erreichte den Grenzübergang, der schon längst von vorausgehenden Truppen genommen war. Die Bevölkerung stand am Wege Spalier und grüßte und winkte mit nachdenklichen Gesichtern zum Abschied. Französische Gefangene hockten am Straßenrand und sahen mit fragwürdigen Mienen dem Schauspiel zu. Welche Folgen könnte dieser Krieg gegen Russland für sie haben? Hie und da einige zerschossene Häuser waren die ersten stummen Zeugen des begonnenen Kampfes. Bewohner waren nirgends zu sehen, auch kein Vieh auf den Weiden. Wie ausgestorben lagen die menschlichen Behausungen in der Mittagssonne. Die Hauptstraße wurde bald wieder verlassen und die motorisierten Teile der AA rollten auf trockene, sandige Nebenstraßen ein. Zwischen Kiefernwäldern ging es hindurch, an kleinen Flussläufen entlang, bis in der Abenddämmerung die ersten bewohnten litauischen

Gehöfte erreicht waren. Eine Gruppe Bewohner begrüßte die deutschen Soldaten. Jüngere und ältere Männer überreichten Brot, Schinken und Wein als Begrüßungsgeschenk und als Ausdruck ihrer Dankbarkeit über die Befreiung von der sowjetischen Besatzungsmacht. Die Truppen der Roten Armee hatten sich im geordneten Rückmarsch aus dem vordersten Grenzgebiet gelöst. Die AA spähte im leeren Gelände, ohne irgendwo auf den Feind getroffen zu sein. Der Tag war heiß gewesen und die Nacht brachte etwas Abkühlung. Um zweiundzwanzig Uhr war es noch so hell, sodass die Fahrzeuge, Häuser und Menschen aus kurzer Entfernung in ihren Umrissen noch deutlich zu erkennen waren. Am Himmel flackerte aus nördlicher Richtung grünlich-gelbes Polarlicht auf, das in kurzen Abständen Baumgipfel am Horizont konturierte. Die Rast der Truppe wurde zur Erfrischung und zum Essenfassen genutzt. Hartklingendes Deutsch der Literatur machte argwöhnisch aufhorchend, was aber immer noch versöhnlich stimmte, zumal wohl jeder Landser erwartet hatte, beim Betreten des Feindeslandes nur noch fremdländische Laute zu hören. Feindliche Soldaten hatte man auch noch nicht gesehen, sondern nur Zivilisten, und diese waren litauischer Staatsangehörigkeit, also keine Russen. Die Litauer waren ihrerseits einigermaßen erstaunt, dass die Deutschen nicht ihrer Vorstellung entsprechend mit der berühmten Blitzkrieg-Taktik im wild-verwegenen Tempo die Russen jagten. Wie sollte es aber auch möglich sein, wenn man nicht mehr die festen Straßen Frankreichs unter den Rädern hatte? Die AA war in Frankreich zu einem beträchtlichen Teil mit Beutefahrzeugen aller Art aus Fabrikaten verschiedener Länder ausstaffiert worden. Einige bewährten sich auf den Überlandwegen, die zusehend schnell aufgewühlt waren. Vorzüglich, das waren die Wüstenfahrzeuge der Engländer, am Strande von Dünkirchen erbeutet. Die französischen oder belgischen Fahrzeuge waren weniger für diesen Zweck geeignet. Sie waren aber noch zuverlässig genug. Dagegen waren die amerikanischen PKWs regelrechte Asphaltkutschen. Die Federung war zu schwach, sie schlugen bei jedem kleinen Loch auf der Straße durch.

Morgenroth gehörte zum Funktrupp des Unteroffiziers Meyers. Das Funkgerät war in einem französischen Lieferwagen installiert und war als Gegenstelle zur Aufnahme der Funksprüche von den vorgehenden motorisierten Spähtrupps vorgesehen. Dieses Fahrzeug war von der Marke

Citroën, die als solide bekannt war. Es war ein Sechszylinder, sehr robust und von großem Durchhaltevermögen. Beim Anlassen des Motors gab dieser ein Tuckern von sich, stotterte und knallte ein paar Mal, bis er endlich lief. „Er läuft auf sechs Pötten", sagte der Fahrer dann wohlwollend. Die typisch starke Federung bei französischen Fahrzeugen, wie auch bei diesem, hob den Aufbau hinten übermäßig hoch, sodass es eine leichte Neigung nach vorne hatte, besonders wenn die Beladekapazität nicht voll ausgenutzt war. Diese Schräglage machte den Eindruck, als würde es stetig bergab fahren, als wäre es dadurch den anderen Fahrzeugen um einiges voraus, als würde es sich in seine Sache hineinknien wie ein Hundertmeterläufer bei Startstellung. Die Besatzung dieses Wagens zollte ihm deshalb bei jeder Rast Anerkennung für seine vollbrachte halsbrecherische Fahrweise, und wenn sie auch jämmerlich durcheinander geschüttelt worden waren. Er war ein Unikum unter den anderen Wagen, dessen Qualitäten gerade deshalb – ein Spatz in der Hand ist besser als eine Taube auf dem Dach – und trotzdem, in Ermangelung eines im Äußeren Besseren, zu loben waren. Germar gehörte zur Besatzung der mittleren Funkstelle, die auf einem dreiachsigen Fahrzeug untergebracht war und in Verbindung mit dem Divisionsstab stand. Im bulligen englischen Wüsten-Geländewagen saß Paetsche am Steuer, der hier nach Herzenslust seine Fahrkünste beweisen konnte. Im PKW des Führers des Nachrichtenzuges oblag Schröder seiner Aufgabe als „Kalte Mamsell" zum Leibeswohl seines Herrn Leutnants. Die kurze Nachtruhe war gegen drei Uhr morgens beendet. Unruhiger Schlaf und das ungewohnte Biwakieren in einem fremden Land hatten die Spannung noch gesteigert. Im Osten dämmerte der Tag in wolkenloser Helle herauf. Nach dort hatte sich der Gegner zurückgezogen, dorthin strebte die AA. Langsam rollten die ersten Fahrzeuge an. Fernab der Rollbahn in Richtung der Hauptstadt des Landes zuckelte sie in nahezu unwegsames Gelände hinein. Mit Karte, Kompass und Feldstecher versuchten Offiziere und Unteroffiziere sich zu orientieren. Mitten in einem Waldgebiet war ein Zurechtfinden kaum noch möglich. Wildes Umherkurven, Wenden, wieder zurückfahren, einen anderen Weg einschlagen, dieser sich auch als falsch erweisend, wieder den zuerst befahrenen nun doch als den richtigen ansehend, war das Ergebnis der Mühe der Führung, in ihrem Bestreben, zügig vorwärts zu gelangen. Plötzlich hockte am

Wegesrand in einer Waldlichtung ein Rotarmist. Er ergab sich sofort. Die Fahrzeugkolonne hielt an. Das Verhör ergab, dass die Vorhut der motorisierten AA an einer Waldrandstellung der Roten Armee vorbeigefahren war. Verwirrung und Entsetzen, plötzlich war man abgeschnitten und saß schon in Gefangenschaft. Sofort brauste eine starke Gruppe zum angesehenen Punkt zurück. Nun kamen die Rotarmisten aus ihren Verstecken. Es war ein schwer bewaffneter Infanteriezug, der es trotz seiner günstigen Stellung und Bewaffnung nicht gewagt hatte, die deutschen Soldaten aufzuhalten. Er zog es vor, sich zu ergeben. Die Rotarmisten waren ihrem Befehl nicht nachgekommen, die die Deutschen am schnellen Vordringen zu hindern oder aber zumindest einige Stunden aufzuhalten. Sie hatten schon Stunden zuvor Motorenlärm aus der Ferne vernommen. Sie malten sich aus, wie groß die Übermacht sein könnte, die auf sie zukam und wie gering ihre Chance sein könnte, gegen Panzer mit ihren Waffen etwas auszurichten. Zudem ging den Deutschen noch der Ruf voraus, dass sie erprobte Krieger waren, die schon Frankreich besiegt und den Engländern übel zugesetzt hatten. Auf dem Gebiet der Technik waren ihnen die Deutschen als Meister bekannt, ein Deutscher konnte aus einer Konservendose eine Pistole herstellen. Bei der Roten Armee hatten sie eine harte Ausbildung bekommen. Jeder konnte seine Waffe bestens handhaben und pflegte sie vorschriftsmäßig mit der nötigen Sorgfalt, sodass sie zu jeder Zeit voll einsatzfähig sein konnte. Aber die Deutschen hatten doch sehr wahrscheinlich noch bessere Waffen, die den sowjetischen mit Bestimmtheit überlegen waren. Unter diesen Voraussetzungen konnten die Deutschen kaum zurückgeschlagen werden. Würde man sich trotzdem in einen Kampf einlassen, wie sollte man sich dann absetzen und die Brigade wieder erreichen, die schon längst mehr Abstand gewonnen hatte? Die Rotarmisten waren durch ihre Zweifel ziemlich entmutigt, sie wollten ihr Leben nicht sinnlos opfern. Sie warteten deshalb tatenlos ab und ließen die ersten deutschen Fahrzeuge an sich vorbeiziehen. Doch der eine Genosse, der unruhig umherirrte, anstatt in seinem Erdloch als Beobachtungsposten zu bleiben, lief den Deutschen unversehens in die Hände und brachte dadurch unbeabsichtigt ein frühzeitiges Ende eines möglichen ungleichen Kampfes, das nun in Gefangenschaft endete. Die ersten russischen Gefangenen wurden auf Lastwagen verladen und zum Sammellager zurücktransportiert. Jetzt war größte Vorsicht geboten, die erste Feindberührung war geschehen und nun wusste man, dass man mitten drin sitzen konnte und, würden sich andere Feindverbände genauso verhalten, dass man sie kampflos ausheben konnte? Ein größeres Dorf kam in Sicht. An einer Kreuzung vor dem Dorfeingang lagen fünf tote Rotarmisten. Sie trugen Verwundeten-Verbände. In einer Hand hielt jeder einen Zettel, die offensichtlich von deutschen Flugzeugen abgeworfen, sie aufgelesen hatten und auf denen zum Überlaufen auf die deutsche Seite aufgefordert wurde. Ihr Politruk oder ihr Kommissar musste sie dabei erwischt haben und liquidierte sie durch Genickschuss. Ein litauischer Einwohner beschäftigte sich mit ihrer Beerdigung. Es sollte ein Jude sein, wie behauptet wurde. Lähmendes Entsetzen ergriff die Landser bei der ersten Begegnung mit sowjetischen Toten über die Handlungsweise der sowjetischen Führung.

In Litauen ergreifen junge Männer Rotarmisten in Getreidefeldern

Zwischen unübersehbar weit ausgestreckten Roggenfeldern fuhr die Fahrzeugkolonne langsam die Anhöhe hinauf zum Dorfeingang. Aus den Kornfeldern fielen einzelne Gewehrschüsse. Die Spitze der Kolonne hielt jetzt an. Sie wurde von einem Schwarm junger Litauer umringt, die zur Begrüßung gekommen waren. Diese jungen Burschen hatten Karabiner umgehängt und als Kennzeichen für ihre Zugehörigkeit zur Zivilmiliz des Ortes trugen sie am linken Oberarm eine weiße Armbinde. Kurios war, dass sie alle barfuß liefen. Für sie war das aber genauso selbstverständlich und zweckmäßig, wie es für einen deutschen Landser unvorstellbar war, etwas anderes zu tragen als rindslederne Knobelbecher. Bald fiel wieder irgendwo ein Schuss im Kornfeld und die „Barfüßer-Garde" stob mit hochgereckten Köpfen davon, in die Richtung, aus der der Schuss zu hören war. Nach ein paar Minuten kamen sie wieder schwadronierend, laut schnaufend zurück, einen Rotarmisten umkreisend, den sie im Kornfeld aufgegriffen hatten. Der Haufen wälzte sich gestikulierend und eifrig nach allen Richtungen mit den Armen in die Kornfelder weisend, der Dorfmitte zu. Die Fahrzeuge der AA rückten nach und nahmen der Dorfstraße entlang Aufstellung. An einem großen Haus war ein Sammelpunkt eingerichtet, wo die aus ihren Verstecken geholten Rotarmisten unter Bewachung gehalten wurden. Der junge Pfarrer des Ortes trug in einer Liste aus Name und Heimatadresse eines jeden Einzelnen ein, um einer christlichen Menschenpflicht nachzukommen, damit die Gefangenen dem Roten Kreuz gemeldet werden konnten. Außerdem war durch dieses Bemühen eine ordnende Kraft am Werk, die Misshandlungen an den Gefangenen durch jugendliche Eiferer unterband. Die als überaus friedfertig bekannte Landbevölkerung hätte eventuell auch zu Exzessen fähig sein können. Wenn dieser Möglichkeit ein Einhalt geboten war, so doch überzeugend durch die Handlung des jungen Priesters. Als unwägbar versöhnlich empfanden die Landser diese Szene der Menschenbehandlung nach dem Schock, den ihnen kurze Zeit vorher das grauenvolle Bild der erschossenen Rotarmisten eingejagt hatte. Und wiederum andererseits - war es nicht angenehm enttäuschend, dass der Priester des Ortes von den Rotarmisten am Leben gelassen worden war, wo unweigerlich vorauszusetzen war, dass die Atheisten jeden kirch-

lichen Würdenträger kaltstellen? Vielleicht handelte die kommunistische Regierung in Moskau bei der Besetzung Litauens in dem Bewusstsein, im Blickfeld der Weltöffentlichkeit zu stehen und deshalb konnte es für die Sache des Kommunismus nicht gerade förderlich sein, Seelsorger, die ohnehin harmlose Gegner waren, zu liquidieren. Überhaupt, liquidieren, ein Wort, eigens als Definition für eine bestimmte Handlungsweise in der Oktoberrevolution 1917 in Russland erfunden, konnte nur für diese Ereignisse passen. Es passte nie in den deutschen Wortschatz.
Wie unbeschwerlich ein Sommertag doch hätte sein können. Dieser feine Staub der Landstraße, so verlockend einladend, mit nackten Füßen Fußabdrücke zu hinterlassen, und welch eine kindische Freude müsste es machen, nach einem Gewitterregen das strömende Regenwasser abzufangen, Dämme zu bauen, kleine Teilchen anzustauen und dann mit den Füßen darin herumzutappen oder auch Frösche einzusetzen, mit den Händen zu fangen und quaken zu lassen. Die Bevölkerung, ob Männer, Frauen oder Kinder, scheint das Barfußlaufen so richtig zu genießen. So frei können sie hier sein, dass man neidisch werden könnte. Die Landser hatten Zeit, auf Entdeckungsreise zu gehen. Ein Unteroffizier hatte einen Unterhändler ausfindig gemacht. In Begleitung von zwei Landsern ging er nachfragen, um seine Uhr reparieren zu lassen. Der Uhrmacher war zuvorkommend und der Handel war bald abgeschlossen. Die achtjährige Tochter des Uhrmachers machte Anstalten, sich hinter dem Rücken ihres Vaters ängstlich vor den ungewohnten Soldatenuniformen zu verbergen. Sie wurde aber bald zutraulicher, als ein Landser ihr eine Rolle Bonbons zugesteckt hatte. Nach dem Verlassen des Ladens sagte der Unteroffizier: „Das war ein Jude. Handel und teilweise auch Handwerk liegen hier in Litauen vorwiegend in den Händen von Juden." „Das ist mir nicht einmal aufgefallen, dass das ein Jude sein könnte", erwiderte ein Landser. Ein Kradmelder fegte die Dorfstraße entlang, eine riesige Staubwolke hinter sich hochwirbelnd. „Fertigmachen zum Abmarsch!" rief er den links und rechts stehenden Landsern zu. Bei der Ausfahrt aus dem Ort fuhr die Fahrzeugkolonne an einer Gruppe jüdischer Männer vorbei, die damit beschäftigt waren, die staubige Straße mit Wasser zu besprengen, unter Anweisung und aufmunternden Zurufen der sie bewachenden Zivil-Miliz. Die erstaunt dreinblickenden Gesichter der Landser wurden von einigen von ihnen mit verächtlichen Grimassen beantwortet. So, auf

diese Art und Weise, glaubten die Litauer ihre mithilfe der Deutschen neu gewonnene Autorität demonstrieren zu können und einen würdigen Abschied wollte man den Deutschen auch nicht schuldig bleiben. Blumen wurden von den Deutschen zum Empfang und Abschied auch nicht erwartet – diese mochten auch nicht im Überfluss zur Verfügung stehen – aber der Wille zum Beweis eines Herzensbedürfnisses galt hier mehr, wenn auch die Mittel und Wege dazu, die die Degradierung einer Volksgruppe vor Augen führten, befremdlich erschienen und ein Unbehagen in dem neuen Verhältnis hatten aufkommen lassen.

Wie in einem Sog folgten die deutschen Truppen den zurückweichenden roten Truppen. Erste Gefechte mit der russischen Nachhut brachten die ersten Toten und Verwundeten. Die Kornfelder mussten systematisch durchkämmt werden. Unter den gefangenen Rotarmisten war ein Verwundeter, dessen rechte Hand zerschossen war. Eifrig diagnostizierte der Abteilungsarzt: „Ziemlich fortgeschritten, da muss ich etwas unternehmen, die Fahrt zum Hauptverbandsplatz würde zu lange dauern." Dieser Arzt, im Zivilleben praktizierender Kinderarzt, wurde deshalb von den Landsern als Militärarzt nicht ganz für vollwertig genommen. Dass ihn diese abschätzige Bewertung in seinem Diensteifer hätte hemmen können, war unwahrscheinlich und trat auch nach außen nicht in Erscheinung. Sein Gesicht war ständig hochrot, was auf einen zu hohen Blutdruck hätte schließen lassen können. Anregend unterhaltend kam er jedem Besucher seiner ambulanten Praxis entgegen und steigerte sich schnell in Begeisterung für seinen Beruf. In diesem Fall des Rotarmisten ging seine Begeisterung mit ihm durch. Er ließ vom Sanitätsunteroffizier sein chirurgisches Besteck hervorholen und schritt sofort zur Operation. Er geriet förmlich in Ekstase, als er mit Gewandtheit das Skalpell führte. Der Rotarmist, ein Mongole, ließ nur ein erleichtertes Stöhnen vernehmen, als ihm unter ungenügender Betäubung die zerschmetterte Hand abgetrennt wurde. Er hatte diese humane Behandlung durch die Deutschen nicht zu hoffen gewagt. Seine Befürchtung, als Verwundeter von den Deutschen erschossen zu werden, war nun nicht eingetreten und er gab seiner Freude darüber durch ergebenes Aufblicken zu dem Chirurgen und fortwährendes Zähneblecken Ausdruck. Die meisterlich durchgeführte Operation wurde vom Sanitätsunteroffizier gebührend gerühmt und von den zuschauenden Landsern anerkennend diskutiert.

Das Ansehen des Abteilungsarztes hatte sich natürlich seitdem bei seinen Landsern vollends zu seinen Gunsten gewandelt. Für wen konnte es nicht tröstlich sein, einen Arzt mit solchen Fähigkeiten in der Nähe zu wissen, wo es einen jeden täglich erwischen konnte, seine zerschossenen Glieder wieder zusammenflicken lassen zu müssen? Mit vollem Bewusstsein hatte man der Gefahr entgegenzugehen und zum wiederholten Male und unter den gleichen Umständen die gleichen Strapazen und Seelenmartern zu durchstehen. Doch solange die Dinge im Fluss waren und das Wetter heiter und unbeschwerlich war, konnte jeder Tag ein Gewinn sein.

Unteroffizier Meyers, der Führer der Gegenstelle zu den täglich und zu den unterschiedlichsten Tageszeiten vorstoßenden Spähtrupps, stolzierte gravitätisch bei jedem Halt um seinen Citroën herum, um sich von dessen Unversehrtheit zu überzeugen. Pausbäckig, mit zäher Wortfolge und tiefer Bruststimme gab er einen Vorschlag über eine Sicherheitsvorkehrung für den Wagen an den Fahrer, wobei der Faltenwurf seiner Stirn die Form eines Saitensteges einer Violine annahm, was seinem Gesicht, mit einer dem Bug eines Papierschiffchens sehr ähnlichen Mütze obenauf, die Gestalt einer Bassgeige gab. Mit trockenem Humor kommentierte er dann den ruhmvollen Anteil des „Sechspötters" an den bisherigen Erfolgen.

Ein neues Dorf war wieder genommen. Gefreiter Tönnies, Morgenroth und einige andere Landser besichtigten die Kirche. Sie stiefelten ziemlich respektlos auf den Altar zu, weil keine Besucher anwesend waren. Das stand plötzlich der Pfarrer vor ihnen und sagte auf Deutsch: „Nehmt wenigstens eure Mützen vom Kopf." Verblüfft befolgten sie sofort diese Ermahnung. „Die Russen haben doch keinerlei Zerstörungen angerichtet", stellte ein Landser lobend fest. „Ja", sagte der Pfarrer, „nur von außen haben sie mit Steinen die Fensterscheiben eingeworfen. Die halten nichts von unserer Gottesgläubigkeit." Gefreiter Tönnies fragte nun keck bei dem Pfarrer um Erlaubnis, einmal auf der Orgel spielen zu dürfen. Er habe doch zu Hause in seiner Heimatgemeinde als Organist gewirkt. Bereitwillig war der Pfarrer einverstanden und Gefreiter Tönnies saß hurtig bereit. Die anderen wurden angewiesen, mit den Füßen das Gebläse zu bewegen und bald tönte ein „Brandenburgisches Konzert" von Bach durch das Kirchenschiff. Verschiedene andere Stücke vibrierten

noch, vielleicht nicht ganz gekonnt, durch den Raum. Aber dann ging Tönnies Spiellust mit ihm durch. Er ließ Volkslieder erklingen, Schlager und andere geläufige Melodien. Um den erstaunten Pfarrer nun noch mehr zu reizen, spielte er das „Deutschlandlied“, „Die Fahne hoch“ und zum Schluss „Völker, höret die Signale; auf, zum letzten Gefecht!“ Das war für den Pfarrer nun doch Teufelsmusik und mit Entrüstung stellte er den Mechanismus für die Luftzuführung ab. Die deutschen Landser verabschiedeten sich umständlich. Der Pfarrer beachtete es aber nicht, weil er konsterniert war wegen dieser Flegelei, die er von den deutschen Soldaten nicht erwartet hatte.
Gefreiter Tönnies, der zur Besatzung des Funktrupps gehörte, obwohl er kein Funker war, sondern Fernsprecher, fungierte als Koch. Von den Feldern holte er die ersten noch kleinen Frühkartoffeln und brutzelte sie in einer Pfanne. Er war eine vollkommen unsoldatische Figur. Kein Uniformstück stand ihm richtig. Mit dandyhaften Allüren lancierte er sich durch alle Dienstverrichtungen. Ihm fehlte jegliche ernsthafte Einstellung zum Soldatenleben. Seine Meinung von den Dingen war zumeist von einem Nihilismus gekennzeichnet. Schon in Ostpreußen machte er einmal zu Erheiterung der Kameraden einen Imitator. Er hob ein leeres Kochgeschirr schräg an seinen Mund und ahmte die rollende Stimme des Führers nach: „Und wieder rollen die Güterzüge mit Kunsthonig an die Front, um dem deutschen Soldaten das zu geben, was seinem heroischen Rrringen Krraft und Mut gibt.“ Der neue Leutnant das Nachrichtenzuges, dafür bekannt, dass er kein Nazi war, schlich sich hinzu, um genauer hören zu können, musste dann aber so herzhaft darüber lachen, was er krampfhaft zu unterdrücken versuchte, und vergaß dabei Tönnies’ Auftritt zu verbieten, was seine Pflicht gewesen wäre. Selbstredend war, dass eine Verächtlichmachung der Person des Führers, besonders verschärfend, wenn es innerhalb einer Gruppe geschah, verboten war. Possenreisen war für Tönnies das Mittel, um sich dem Kommiss als nicht engagierungswürdig zu beweisen. Vor nach Anstrengung aussehenden Befehlen versuchte er zu kneifen. Gelang es ihm nicht, sodass er dabei sein musste, dann tippelte er von einem Kameraden zum anderen, um ihm etwas von seiner Last aufzuschwatzen. Er hoppelte dann zwischen dem Ganzen herum, wie ein frierender Hund, der seinem Herrn andau-

ernd zwischen die Füße beim Gehen hineinläuft, um seine Flanken an den Hosenbeinen zu wärmen.

Die Landschaft war auf weite Strecken eben, nur weitgeschwungene Bodenwellen gaben etwas Abwechslung. Auf einer riesigen Ebene hatte sich die Fahrzeugkolonne weit auseinandergezogen. Sie hielt an, um der Führung Zeit zu neuem Befehlsempfang zu geben. Einige Landser marschierten zu einem nahegelegenen, einsam liegenden Bauernhaus. Ein alter Bauer ging aufgeregt mit den Armen fuchtelnd der Gruppe entgegen. Es war aber keine Angst, die ihn nach kurzem Stehenbleiben immer wieder schubweise antrieb, sondern seine Absicht, die ersten deutschen Soldaten freundlich zu stimmen und willkommen zu heißen. Als er sich auf zwanzig Meter genähert hatte, machte er plötzlich, offenkundig nun doch ängstlich geworden, kehrt und winkte mit der rechten Hand auf sein Haus zu, das als Aufforderung gelten sollte, ihm zu folgen. Die Haustüre stand offen und auf dem Tisch des kleinen Hauses lag ein riesiger schwarzer Gegenstand, der ohne Zweifel ein Wildschweinkopf sein konnte, sich beim Näherkommen jedoch als Schweineschinken entpuppte. Der Bauer forderte sofort zum Essen auf, trappelte in einen Nebenraum und kam mit seiner Tochter zurück, die einen großen runden Brotlaib in den Händen hielt. Jetzt ergriff ein Landser das große Brotmesser neben dem Schinken, säbelte einige Halb-Pfund-Stücke ab, zerteilte das Brot und im Stehen begannen alle zu schmausen. Um festzustellen, ob sein Schinken für gut befunden würde, beobachtete der Bauer die Mienen der Landser reihum und als er ungenierliches Kauen auf beiden Backen sah, hopste er um den Tisch herum, klatschte dazu in die Hände und sagte: „Wonderful, Germans have breakfast in my house." Deutsch konnte er sonach nicht und sogleich antwortete ein Landser in Englisch. Es stellte sich heraus, dass der Alte etliche Jahre in Amerika als Farmer gelebt hatte und in seinen alten Tagen wieder in seine Heimat zurückgekehrt war. Die Tochter stand an der Wand und sah der Gesellschaft etwas schüchtern zu. Sie taute dann aber mehr und mehr auf und lachte übermütig mit. Fehlen lassen wollte der Bauer bei dem Mahl auch nichts und so deutete er gewichtig mit dem Zeigefinger und geheimnisumwitterten Augenaufschlag an, dass er noch eine Überraschung bereithabe. Vor sich hin singend schob er durch die Tür in den Nebenraum und kam nach einer Minute mit dem Ruf: „Whisky on the table!" und eine Flasche

Schnaps in der rechten Hand schwenkend zurück. Nun ging die Flasche reihum. Unter Prosit-Rufen und „Er lebe hoch!“, lachend und grölend vor Ergötzen, wurde begonnen, die Flasche zu leeren. Doch der selbstgebrannte Schnaps war so stark, dass er den Trinkern den Rachen ätzte und ihnen das Wasser in die Augen trieb. Grunzend und röchelnd wurde die Flasche zur Neige gebracht. „Teufel ja, das blanke Gift“, sagte einer und setzte unter Todesverachtung noch einmal an. Als ein Landser sich der Tochter des Alten liebkosend näherte, ermunterte er ihn, sie zu küssen. Das sollte als Dreingabe nicht fehlen und er wäre beleidigt gewesen, hätte man ihm diese Ehre nicht auch noch erwiesen. Das Fest musste abgebrochen werden, als von den Fahrzeugen her zum Aufbruch geblasen wurde. Herzliches Händeschütteln mit den rauen Händen des Alten und mit den Zarten der Tochter, das sie mit einem Kichern begleitete, musste dafür entschädigen, dass der angeschnittene Schinken zurückgelassen werden musste. „Weltverloren steht die Stoßtruppe der deutschen Wehrmacht in der Prärie!“ rief ein Landser aus, ironisch auf die teilweise behelfsmäßige Ausrüstung anspielend. „Dieses menschenleere Gebiet kann auch seine Reize haben.“ „Zum Beispiel dieser Bärenschinken.“ „Das war nun doch ein echter Schweineschinken. Litauen hat ja schließlich eine gute Viehzucht.“ „Und der Schnaps haut den stärksten Neger um, da ist ja ein deutscher Schnaps ein Selterswasser dagegen.“ „Über die Prärie rauscht ein Lied durch die Nacht“, sang Tönnies mit schwerer Schlagseite. Unteroffizier Meyers empfing die Gruppe mit einem breiten Schmunzeln und sagte: „Aufgesessen ihr Speckjäger, aber ich möchte keine Seekranken sehen. Habt ihr mit der Wurst nach dem Schinken geworfen?“ „Das grenzte an Völlerei. Einen riesigen Bärenschinken haben wir vertilgt und eine ganze Flasche Schnaps darauf gegossen. Der war bestimmt hundertprozentig, dass uns die Luft wegblieb und das alles von zarter Hand gereicht.“ „Voll sind wir wie tausend Mann, wir sind hochachtungsvoll!“ „Los, das wüste Schiff besteigen!“ „Wüstenschiff, wenn ich bitten darf.“ „Heiliger Bimbam, mein Schießprügel ist total verstaubt.“ „Den Mündungsschoner solltest du auch einmal abnehmen, damit du schießen kannst, wenn du auf einen bösen Feind triffst, andernfalls bekommst du einen Rohrkrepierer.“ „Vielen Dank für den Hinweis, hatte mich noch nicht voll und ganz auf die Wirklichkeit eingestellt.“
Die Tete der Kolonne zog an. Stundenlang ging es durch die flachwellige

Landschaft. Hinter einem kleinen Ort gerieten die Stabsfahrzeuge mit denen des Nachrichtenzuges auf der Einmündung des Weges in einen Wald auf einen russischen Nachhut-Trupp. Nur durch blitzschnelles Wenden und Zurückfahren entgingen sie der Falle, in der sie vollständig hätten vernichtet werden können. Jetzt musste erst durch Spähtrupps erkundet werden, wie stark der Waldrand besetzt war. Doch bald wurde gemeldet, dass sich der Russe zurückgezogen habe und die Fahrt konnte weitergehen. Dörfer und Seen tauchten am Horizont auf, wo eine Rast eingelegt werden sollte. Am anderen Tag waren keine Anzeichen dafür vorhanden, dass es zu einem Weitermarsch in früher Morgenstunde kommen könnte. Dadurch verblieb Zeit, den nächstliegenden See zu erkunden und zu einem Bad zu schreiten. Die einzigartige gebleichte Sauberkeit des Sandes und das am flachen Ufer schwache Schwappen des im Sonnenlicht reflektierenden Seewassers schienen durch den durchschimmernden Sandgrund die Klarheit von Quellwasser zu haben. Verlockend einladend, ein Bad im Adamskostüm zu nehmen. Die Natur war hier von einer Unberührtheit, als ob sie noch nie von eines Menschen Fuß betreten worden wäre. Das Wasser rann in Perlen über die Haut und war so duftig erfrischend, als wäre es soeben von Birkenbäumen abgezapft worden. Die weißen planschenden und schwimmenden Menschenkörper gaben einen belebenden Kontrast auf der Wasseroberfläche, ein Schöpfungsakt erwachenden Lebens im schlummernden Element, verbunden mit dem Lärm ausgelassener Lebensfreude. Hier war der jungfräuliche Boden, den das Menschengeschlecht auf der Suche nach neuen Weidegründen finden will, die es in den Zeitläufen seiner Menschheitsgeschichte periodisch immer wieder aus seiner staatengebundenen Sesshaftigkeit herausreißt, um in die minder besiedelten Räume einzudringen. In den Ostseeländern sahen die Landesbewohner lebenshungriges, junges Volk mit gönnerhaften Mienen und in ihrem Herzen mochten sie die Hoffnung hegen, dass doch eine Anzahl dieser jungen Leute Lust und Liebe zu ihrem Land verspürte, es besiedeln wollte, es als ihre Wahlheimat erwählen würde, was eine gemeinnützige Bereicherung des öffentlichen Lebens bringen konnte. Nur dort wird der schönste Lohn für die Mühe in einem vollbrachten Leben zuteil, wo junge Familien das Erbe der Alten nicht nur verbrauchen, sondern es auch mehren und Neuland zur Befriedigung ihres größeren Bedarfs gewinnen müssen. Wenn auch die fruchtbarsten Landstriche Litauens seit Jahrhunderten besiedelt waren, so war aber doch noch ausreichend guter Grund und Boden vorhanden, um darauf jungen Menschen einen angemessenen Lebenserwerb zu sichern. Der Urzustand dieses Territoriums war durch die verhältnismäßig niedrige Einwohnerzahl nur leicht angeschürft, es bedurfte einer erweiterten Urbarmachung. Die Natur hätte die kleinen Gebiete kultivierten Bodens den Menschen kurzer Zeit wieder entreißen können, wenn nicht der zähe, bodenständige Menschenschlag die Kraft aufgebracht hätte, das Errungene zu halten. Das Individuum Mensch galt in diesem Lande als kostbarster Besitz im Kampfe mit der Natur. Aber ausschließlich nur der aufgrund seiner Geburt zum Stamme dieses Staates gehörende Bürger wurde für prädestiniert angesehen, diesen Forderungen gerecht werden zu können. Andere Volksgruppen oder Minderheiten wurden argwöhnischer als Aufkäufer oder Händler bezeichnet, die sich an den Produkten des Landes bereichern wollten. Nur deutsche Siedler hätte man gerne gesehen, weil sie nicht nur strebsam und erfolgversprechend waren, sondern auch durch ihren technischen Fortschritt neue Arbeitsmethoden mitbrachten. Das ihnen eigene Sendungsbewusstsein: „Am deutschen Wesen soll die Welt genesen“, wurde jedoch als Arroganz empfunden und als nachteilig für ein gedeihliches Zusammenleben angesehen.

Begegnung in einer Stadt mit Menschen, die sich nicht mehr bedroht fühlen

Der Zug ging weiter nach Osten. Von den Wochentagen wussten die Landser nicht mehr, ob es Sonntag oder Montag war. Doch sie erwähnten den Sonntag, wenn sie durch die festtägliche Kleidung der Bevölkerung daran erinnert wurden. So wurden sie durch eine junge Litauerin auf das Angenehmste an den Sonntag erinnert, als diese in schlichter, ungekünstelter Schönheit in bunter Bauerntracht an einer Wegkreuzung stand. Der Wochenrhythmus ging vollends unter, der Krieg forderte Aktivität, solange Tag am Himmel war. In den Nächten war das Vorwärtsdringen durch die Hülle der Dunkelheit nicht möglich. Der Straßenzustand war für gummibereifte Fahrzeuge zu schlecht und mit Beleuchtung zu fahren würde ein frühzeitiges Erkennen durch den Feind verursacht haben. Die Spanne der wenigen Nachtstunden zwang zum Überholen der Fahrzeuge, der Waffen und Geräte. Nebenher bot sich dann hin und wieder die Gelegenheit, stehenden Fußes oder liegend eine Mütze voll Schlaf zu nehmen. Wenn die Truppe auf harten Widerstand gestoßen war, der erst durch sorgfältige Vorbereitung gebrochen werden konnte, verblieb Zeit, länger an einem Platz zu verharren. Die Zelte konnten aufgeschlagen werden, das Nachtlager wurde durch trockene Gräser weich gepolstert und fröhliche Stimmung kam auf, in der Hoffnung auf einen ausgedehnten Schlaf. Diese wurde allerdings bald getrübt, denn die Moskitos schwirrten in Scharen auf die Schläfer ein. Die Zelte mussten erst mit dürrem Gesträuch ausgeräuchert werden, um die lästigen Blutsauger zu verscheuchen. Aber trotzdem waren noch einige am Werk, die durch das über den Kopf gezogene Moskitonetz stachen.

Im Morgengrauen ging es wieder auf zur Weiterfahrt. Maschinengewehrfeuer war weiter rechts voraus zu hören. Eine Nachbareinheit hatte dort Feindberührung. Die AA schien mehr nordostwärts abzudrehen. Nach stundenlanger Fahrt kam auf einer Anhöhe die Masse gleichförmiger Häuser einer kleinen Stadt zum Vorschein. Der Kommandant an der Spitze der Kolonne hielt an. Auf der Straße von der Stadt her bewegte sich eine bunte Menschenmasse in einem langen Zug. Die Ferngläser wurden an die Augen genommen. „Ein Haufen Leute, die Fahnen voraustragen", wurde lachend die Fahrzeugkolonne entlang gerufen. „Hier werden wir mit Pauken und Trompeten empfangen!" „Oder es könnte auch eine Finte sein, um uns in einen Hinterhalt zu locken!" Jetzt stieg der Kommandeur aus und lief der Menschenmenge entgegen. Einige Offiziere und Wachtmeister folgten ihm zögernd und abwägend. Das Geraune und Singen der Zivilisten schwoll beim Näherkommen an, die mitgeführten Hakenkreuze wurden heftig geschwungen, Hochrufe waren zu hören. Das Singen schlug sogleich in Jammern und Wehklagen um. Die Besatzungen der stehenden Fahrzeuge konnten nun nicht mehr wahrnehmen, was geschah, und welchen Zweck dieser außergewöhnliche Empfang hätte haben sollen, war schwer zu begreifen. Die Spitze der Kolonne wurde bald zum Anfahren aufgefordert und zog dann langsam durch das Spalier der sich demutsvoll verbeugenden Menschen, in deren Augen Angst, Zweifel und Hoffnung standen. Der Mittelpunkt des Städtchens wurde bald erreicht. An der linken Straßenseite wurde zur Rast befohlen. Aus welchem Anlass die sonderbare Begrüßung stattfand, wurde nun von Mund zu Mund erzählt. Die Ältesten und offensichtlich die Anführer der Zivilisten, hatten sich nieder in den Staub der Straße geworfen und die Stiefel des Kommandeurs geküsst. Sie berichteten, dass sie froh seien, dass die Ukrainer sich zurückgezogen hätten und die Deutschen die Stadt ohne Kampf hätten nehmen können. Sie seien von den Ukrainern sehr rüde behandelt worden. Ihre größte Furcht sei gewesen, bei Beginn von Kampfhandlungen von diesen erschossen zu werden. Da aber die Ukrainer es vorgezogen hätten, die Stadt kampflos zu räumen, könnten sie die Deutschen als ihre Retter absehen und nun vertrauensvoll Gnade von ihnen erhoffen. Ein auf und abgehender Strom von Neugierigen flanierte nun die Straße entlang. Den Landsern fiel allgemein auf, dass die überwiegende Anzahl der Männer sehr korrekt gekleidet war. Sie führten Handkörbe mit sich, die man landläufig als „Henkelmänner" bezeichnet. In diesen befanden sich Weinflaschen, Brot, Wurst und Schinken. Viele Landser bildeten sich deshalb ein, diese Dinge sollten zum Verkauf angeboten werden, und da es ihnen auf ihren bisherigen Märschen noch niemals passiert war, ein Angebot von solchen Ausmaßen vor Augen bekommen zu haben, hatten sie Zweifel an der Richtigkeit ihrer Vermutung. Nach einigem Zögern getrauten sich die Männer aus ihrer Zurückhaltung hervor und boten ihre vollen Körbe als Gabe zur Begrüßung den deutschen Landsern an. Die Vorgesetzten waren zuerst bedacht worden und erfuhren natürlich bald mehr über diesen Brauch in dieser Stadt. Offiziere und Unteroffiziere gaben nun den Landsern bekannt, dass es sich bei den Spendengebern um Juden aus Deutschland handele, die es als Dankesbezeigung sehen wollten, dass der Verlauf des Einmarsches der deutschen Truppen für sie keine Gefahr für ihr Leben gebracht hätte. Die eine Frage bewege sie jedoch in großer Sorge: was die Deutschen mit den Juden machen würden? „Wir haben keinen Befehl, euch irgendwas anzutun", erhielten sie einmütig als Antwort. Die Landser waren über diese Tatsachen der Lebenssorgen dieser Menschen vollkommen perplex. Sie hielten es für ehrenwidrig, dass jemals irgendjemand ein Ansinnen in ähnlicher Form an sie stellen könnte, das eine Bedrohung von unbewaffneten Zivilisten hätte darstellen können. Nichts anderes als der uniformierte, bewaffnete Feind konnte ihr Gegner sein und selbst dabei wollte man die humanen Postulate beachtet wissen, wie zum Beispiel Gefangennahme oder Verwundetenhilfe, bei ihnen selbst wie auch beim Gegner. Am nächsten Morgen rückte die AA ab. Das Städtchen stand auch weiterhin unter autoritärer Verwaltung der Litauer, seiner Einwohner. Dieses Recht durfte nirgends angetastet werden. Requisitionen mussten gegen Quittung getätigt werden und die Landser mussten Käufe für den eigenen Bedarf mit deutschem Geld bezahlen. Für die gewünschten Lebensmittel wurden von der Führung der AA sogenannte Richtpreise angegeben, was für ein Ei, ein Huhn und so weiter, zu zahlen sei.

Erster Aufklärungsvorstoß und schmähliche Niederlage durch den Gegner

Die Hauptstadt Litauens war gefallen. Ein erster, bedeutender deutscher Sieg, der im Termin vorausgesagt worden war. Noch waren die roten Truppen im Rückmarsch, in Bewegung. Eine Entscheidungsschlacht stand also noch aus. Die AA durchstreifte jetzt auch Gelände, wo bereits vorher andere deutsche Truppen feindlichen Widerstand gebrochen hatten. Kleine Nester von Bauerndörfern wurden durchfahren, einsam liegende Gutshöfe wurden durchsucht. Männer, Frauen und Kinder säumten neugierig die Fahrbahn. Die Besiedelung wurde merklich spärlicher im Bereich der litauischen Grenze, zwischen Litauen und Weißrussland. Auffallend gut gehegte Kiefernforste bedeckten große Landflächen. Fischgratförmige Einkerbungen an den Stämmen in Hüfthöhe vermittelten die Art der Gewinnung von Kiefernharz. Im gleichmäßig schön gewachsenen Kieferndom ventilierte der herbe, aromatisch erfrischende Duft des ausgeflossenen Saftes der Bäume. Zum Rasten war aber hier keine Zeit zu verlieren. Nicht mehr als beim Durchfahren die Lungen von diesem erquickenden Ozon sich vollpumpen, war erlaubt.
In der Stoßrichtung der AA lag eine Seeenge. Diese zu umgehen wäre zu zeitraubend gewesen und hätte in die Abschnitte der Nachbareinheiten geführt. Also lautete der Befehl, diesen Engpass zu nehmen. Der direkte Weg ist immer der kürzeste. Ein schwerer motorisierter Spähtrupp wurde ausgesandt. Er rollte die teilweise im dichten Buschwerk verlaufende Uferstraße an dem schmalen See entlang. Vom Feind war keine Spur zu vernehmen. So fuhr man unbekümmert bis zur Durchfahrt zwischen den Seen vor. Jedoch in diese blindlings wie in eine Sackgasse hineinzufahren wäre zu riskant gewesen." Anhalten und beobachten!" „Könnt ihr was erkennen?" „Nichts zu sehen. Das Ufer da drüben gibt dem Russen eine gute Tarnung!" „Wenn es besetzt wäre, hätten sie doch längst schon geschossen." Da krachte der erste Schuss und zerfetzte den hintersten Wagen, den Funkwagen. Eine russische Pak (Panzerabwehrkanone) hatte einen Volltreffer anbringen können. Sogleich legten noch zwei Maschinengewehre (MGs) los und durchsiebten die anderen vier Fahrzeuge des Spähtrupps. Die Besatzungen sprangen in den Straßengraben, rechtzeitig genug, um dem Kugelhagel nicht ihre volle Körpergröße zu bie-

ten. Die rasant aufklatschende Pak-Granate hatte die Landser förmlich von ihren Sitzen geschleudert und die bereits Abgesessenen, neben den Fahrzeugen Stehenden, warfen sich reflexartig zu Boden. Nur dadurch, dass das Maschinengewehrfeuer einige Sekunden nach dem Pak-Schuss einsetzte, war noch Zeit zum Deckungnehmen. Die Landser erwarteten jetzt das Herannahen einer Gruppe Rotarmisten, die die überlebenden „faschistischen Eindringlinge“ gefangen nahmen und bei Widerstand vernichten hätten wollen. Sie krochen deshalb in eine günstigere Kampfposition. Aber stundenlanges Warten auf einen solchen Nachstoß ließ diese Gegenmaßnahme vermissen. Der Führer des Spähtrupps hatte zwei Melder zurückgeschickt, um dem Kommandeur einen Lagebericht zu geben. Erst bei Anbruch der Dunkelheit wagten sich die Männer wieder an ihre Fahrzeuge. Aus dem Funkwagen konnte nur noch ein Toter, Gefreiter Schneider, geborgen werden. Er hatte damals in Ostpreußen bei der Verlesung des Führerbefehls in dunkler Vorahnung geäußert: „Da komme ich nicht mehr heim.“ Ob das Verhaftetsein mit der gewissenhaften Erfüllung seines Auftrages, das Funkgerät zu bedienen, was zwangsläufig die erforderliche, direkte persönliche Teilnahme am Kampfgeschehen ausschließen musste, ihm zum Verhängnis wurde, gehörte zu den Imponderabilien bei dem Versuch, für die Ursache des Ereignisses eine Erklärung zu finden. Unerfahrenheit im Verhalten bei einem Spähtrupp-Unternehmen konnte es alleine nicht sein. Trauer um seinen Tod konnte auch die Herzen junger Menschen erfassen, vielleicht auch umso mehr, weil er ein kleiner, lebhafter, immer zu einem Scherz aufgelegter Leidensgenosse war. Vielleicht eine infantile Trauer, wie bei dem Verlust eines Spielgefährten. Physische Größe konnte schon ein Vorzug sein in diesem Kampf, wo Muskelkraft, verbunden mit vollendeter sportlicher Wendigkeit, die übermäßigen Anforderungen an den menschlichen Körper leichter erfüllen lassen konnte. Die kleinen Soldaten bewegten sich zwischen den Großen wie Schutzsuchende. Für sie waren die Großen Inbegriff von Stärke und Erfolg, an die man größere Erwartungen stellen konnte. Gewohnt von der Ausbildung in der Kaserne her, als Kleine hinter den Großen zu laufen, war es ihnen in Fleisch und Blut übergegangen, in ihrem Windschatten zu marschieren. Für einen Trupp kleiner Landser war es sehr beruhigend, einige überragend Große zwischen sich zu wissen. Sie waren eine Art Schutzschild, zu denen man aufblicken konnte. Sie sahen die Sonne früher aufgehen, sie erspähten den Feind zuerst, und wenn sie diesem zuerst als Zielscheibe dienten, so konnte das gerade recht sein. Das langsamere Reaktionsvermögen der Großen wurde sehr oft als Mut missdeutet, das schnelle der Kleinen als Feigheit, was eigentlich mehr Tapferkeit erforderte, als die Großen durchzustehen hatten. Feigheit war nicht alleine das Vorrecht der Kleinen und den Mut hatten die Großen auch nicht ausschließlich für sich alleine gepachtet.

Unendliche Weite, die rote Armee weicht zurück!

Unauffällig war die Grenze nach Russland überschritten worden. Die Landschaft war in ihrer Struktur ohne Unterschied. Lediglich die Bauweise der Häuser war anders. Das Blockhaus war schon häufiger anzutreffen. Aus rohen Fichtenstämmen aufeinander gefügte Wände, das Dach mit Schindeln bedeckt, die Fußböden aus Holz, das Haus in seiner Gesamtheit aus Holz, nur die Öfen aus Lehm. Die kleineren Häuser bestanden nur aus einem einzigen Raum, offensichtlich für bescheidenste Ansprüche gedacht. Lehmfußböden, wie sie teils die litauischen Bauernhäuser hatten, galten hier als unkomfortabel. Der unerschöpfliche Holzreichtum war die billigste Rohstoffquelle für Baumaterial jeder Art. Für einen deutschen Soldaten konnte diese Wohnkultur nicht gerade Ausdruck eines gehobenen Lebensstandards sein. Die Fugen zwischen den Stämmen waren zweckdienlich mit Moos ausgestopft und dieses Dichtungsmaterial war, wie sich bald herausstellte, Brutstätte und Versteck für Wanzen, die nachts in Legionen anrückten, um die im bleiernen Schlaf liegenden Landser auszusaugen. Mancherorts hatten die Bewohner dann offensichtlich etwas Abhilfe zu schaffen versucht, indem sie die Wände mit Zeitungen von Ausgaben der „Prawda" tapeziert hatten, wodurch der Raum dann etwas an chemischer Sauberkeit gewann. Hausgeräte waren nicht zahlreich vorhanden. In ihrer Form waren sie sehr einfach, aber vollauf den Ansprüchen genügend. In den Formen der Töpferwaren herrschten nur einige bestimmte Stilelemente vor, die in jedem Haus vorzufinden waren. Porzellangeschirr war nirgends vorzufinden. Es gehörte hier noch nicht zu den Gütern des täglichen Gebrauchs, sondern war noch ein Luxusgegenstand, wie vielleicht in Deutschland vor etwa achtzig Jahren. Ebenso war in den Ackergeräten eine Einheitlichkeit der primitiven Bauform überall feststellbar. Das Nebeneinander verschiedene Gebrauchstypen schien hier nicht erforderlich zu sein.
Sogar eine Normung des Denkens trat bei allen Russen deutlich hervor und dieses ständig genährt durch die einzige große Zeitung, die „Prawda". Die Menschen waren zum größten Teil fast uniform gekleidet, ausschließlich der Jüngeren, die billige, fabrikmäßig gefertigte Kleidung trugen. An heißen Sommertagen Schuhe zu tragen war auch hier nicht üblich. Die deutschen Landser glaubten überall Senk- oder Plattfüße zu

beobachten, die entgegen den ihnen gegebenen ärztlichen Ratschlägen durch Barfußlaufen hätten verhindert werden können. Junge Männer im wehrfähigen Alter waren nirgends zu sehen. Sie hatten mit der abziehenden Roten Armee gehen müssen. Mit scheuer Zurückhaltung wurden die ersten deutschen Landser von der russischen Bevölkerung empfangen. Als Erste wagten sich einige alte Männer hervor, dann folgten alte Frauen und bald auch junge Mütter, die ihre Kinder bei sich führten. Als die Einwohner überzeugt waren, dass ihnen nicht das durch die deutschen Soldaten geschieht, was ihnen die sowjetische Propaganda seit Wochen eingebläut hatte, wurden sie zutraulich und ihre anfänglichen Zweifel verflogen vollends. Jetzt ließen sich die älteren Männer und auch Frauen angelegen sein, die berühmte russische Gastlichkeit obwalten zu lassen. Die jüngeren Familienmitglieder waren dabei wohl von Gewissensbissen gepeinigt, denn es waren ja schließlich Feinde, die man so freundlich bewirtete. Auch war es nicht gerne gesehen, so zu verfahren, wo doch die lieben Nachbarn bei kommunistischen Parteifunktionären denunzieren konnten. Aber der Anbruch einer neuen Zeit konnte solche Bedenken in den Hintergrund drängen, denn die Regierungsgewalt lag jetzt bei der deutschen Armee und ein freundlicher Empfang konnte auch Soldaten nur wohlgesonnen stimmen. Zwischen den jungen Mädchen traten jedoch einige hervor, die in der Dorfgemeinschaft als Gesinnungshüterinnen auftraten und die allgemein dargebrachte freundliche Haltung der älteren Einwohner verurteilten und diese deshalb rüffelten und an die Richtlinien Stalins ermahnten. Diese enthielten genaue Anweisungen, wie sich ein Sowjetbürger zu verhalten habe gegenüber „faschistischen Schweinen, die in unseren Sowjetgarten eingedrungen sind." Die russische Bevölkerung war jedoch den deutschen Soldaten gegenüber nicht feindselig eingestellt, sie war eher freundlich gesonnen. Sie bewunderten sie wie Boten aus einer schöneren Welt.

Der Widerstand der Roten Armee schien stellenweise härter zu werden, andernorts war wieder keine Abwehr, wo starke Verbände standen. Irgendein wichtiges Material fehlte, Benzin für Panzer oder Munition. Dieser Mangel zwang natürlich zur Aufgabe. Für die Teile der AA, die den Auftrag hatten, einen Panzerverband zu binden, war es ein Glück, dass diesem die Munition fehlte. Die Riegelstellung, die die AA bezogen hatte, war vorzüglich. Aber wie schmählich wäre sie zusammengewalzt

worden, wenn der russische Panzerverband in der Lage gewesen wäre, den Ausbruchsversuch aus dem Kessel zu unternehmen. Die Landser erschauderten, als ihnen bekannt wurde, welcher Übermacht sie hätten trotzen sollen, fanden es dann aber irgendwie verzeihlich, als sie vom Munitionsmangel der Russen hörten. Zügig ging es weiter. Der Begriff ‚ein Kilometer Entfernung' verlor seinen herkömmlichen Wert. Er konnte, gemessen an den zurückgelegten Strecken, nur noch ein Katzensprung sein. Auf der Rollbahn in Richtung Osten kam die AA an einem Schlachtfeld vorbei, wo kurz zuvor deutsche Panzer eine rote Panzerabwehreinheit niedergekämpft hatten. „Die Pak-Geschütze müssen die Russen von den Deutschen erbeutet haben und haben sie schleunigst nach ihrer Farbe angestrichen, ebenso die Kochgeschirre, die da herumliegen, alles khakifarbig." „Das kann nicht stimmen. Weißt du denn nicht, dass unsere bis zum letzten Tag noch Waffen und Gerät an den Russen geliefert haben? Das sind Geschütze aus deutscher Lieferung." „Da sind wir also schon mit eigenen Waffen beschossen worden." „So könnte man sagen. Aber wir können den Spieß jetzt wieder umdrehen, denn die deutsche Munition passt in die erbeuteten Geschütze. Ein Vorteil, den man vielleicht sogar bei den Waffenlieferungen bedacht hat. Es gibt nichts, was es nicht gibt."
Die unbefestigte Landstraße war von den Rädern der Fahrzeuge zermahlen. Fußtiefe und ebenso breite Mulden der Radspuren, die durch Quadratmetergroße, ausgetrocknete Regenwasserlöcher führten, gaben das Bild eines wüst zerfurchten Landstreifens, der unaufhörlich über Erhöhungen und Bodensenken fortlief. Die Radfahrer der Schwadronen schaukelten rechts und links dieses Streifens auf ihren schwer beladenen Drahteseln, auf einem teilweise noch unzerstörten Fußgängerpfad, entlang. Langgestreckte Straßendörfer lagen im Abstand von circa zehn bis zwanzig Kilometer an diesem zerwühlten Landweg, die sich in ihrer Anlage und dem Baustil der Häuser wie ein Ei dem anderen glichen. Wasserleitungen und elektrisches Licht gab es nicht. Brunnen mit Handwinden dienten zur Trinkwasserversorgung. In einigen Häusern waren nicht handbetriebene Getreidemühlen vorzufinden, die aus zwei übereinandergelegten, einen halben Meter im Durchmesser großen Mühlsteinen bestanden, wobei der obere mittels einer in der Zimmerdecke eingehängten und am äußeren oberen Rand des Steines befestigten Holzstan-

ge bewegt werden konnte. Im Zentrum des Steines war ein faustgroßes Loch zur Aufnahme der Roggenkörner. Das Mahlgut stäubte durch ein Auslassloch am unteren Mahlstein. Die Urform der Getreidemühle aus grauer Vorzeit versetzte die Bevölkerung nun wieder in die Lage sich selbst zu behelfen, als die Versorgung mit Mehl durch die Kriegsereignisse ausblieb. Für viele Landser war das Vorhandensein einer solchen Mühle ein Beweis für die Rückständigkeit im „Arbeiterparadies". Jedoch andere, die beruflich Umgang mit Nahrungsmitteln hatten, erkannten die Nützlichkeit eines solchen Gerätes und erprobten es. Alte Frauen der Bevölkerung gaben Unterweisungen über die Handhabung und die Landser drehten eifrig den Stein, bis sich einige Pfund groben Mehls angesammelt hatten. Unter anerkennender Begutachtung durch die zuschauenden Landser musste diese Errungenschaft einer Prüfung standhalten und das Roggenmehl ging dann sofort den Weg alles Irdischen, in diesem Falle als Fladen in der Pfanne ausgebacken und heiß verzehrt. Die Großmütter waren sehr beglückt, dass wider Erwarten ihrem schon als überflüssig angesehenen guten alten Stück nochmals so viel Anerkennung und Ehre entgegengebracht wurden.
Das im Umgang mit dem Russischen zuerst verstehbare Wort „xopoWo" (karascho), zu Deutsch ‚gut', wurde als Verständigungswort übermäßig viel gebraucht, manchmal auch unpassend. Der Kontakt mit der Bevölkerung war immer nur für die Dauer einer kurzen Zeitspanne. Die AA war ununterbrochen in Bewegung. Die Requisition von Lebensmitteln jeder Art war erlaubt, weil der Nachschub für die Truppe meist ausblieb oder ungenügend war. Das zeitmäßig am schnellsten zubereitete Mahl war das von einem Huhn, zugleich am schmackhaftesten und deshalb bevorzugt. Da der Viehbestand der meisten Wohnhäuser neben einer Kuh auch eine Herde Hühner von circa zehn bis zwölf Stück aufwies, winkte überall reiche Beute. Ein dunkelhaariger, korpulenter Landser, offensichtlich von Beruf Metzger und deshalb von den anderen Landsern, die des Schlachtens und Zubereitens von Geflügel unkundig waren, dazu animiert, veranstaltete ein Massenschlachten unter einer Herde Hühnervolk, das er mit Körnerfutter angelockt hatte. In Wassereimern wurden dann auf offenem Feuer jeweils drei Stück gar gekocht oder auch im Backofen, trotz seines im Äußeren wenig einladenden Eindrucks, auf eine köstlich mundende Art gebacken. Trotz warnender Hinweise der

Hauseigentümer ging dabei manch ein Haus in Flammen auf, das als Folge der übermäßig langen Anheizung des Lehmofens entstand, wodurch dessen Holzunterbau in Brand geriet. „Wenn das gegen die Wanzen nicht gut ist, dass weiß ich nicht, was besser ist“, sang ein Landser, der ein gebratenes Huhn in seinen Händen hielt und mit den Zähnen das halbgare Fleisch gierig abriss und das Skelett dann in hohem Bogen in das brennende Haus warf, aus dem er wegen der Flammen hatte flüchten müssen. Das anfängliche Jammern und Wehklagen der russischen Frauen über den Verlust ihres Hauses erfuhr durch die Worte der Schicksalsergebenheit „Nitschewo, Woina!“, was so viel heißen sollte wie „Macht nichts, es ist Krieg!“, bald eine Besänftigung. Sie empfanden darin keinen Grund zur Hoffnungslosigkeit, denn der helle Sommerhimmel spendete überreichlich Hitze und dieser Zustand ließ die Menschen nicht verzagen und bis zum Winter war es noch eine lange Zeit. Bis dahin hatte man wieder einen Unterschlupf.

Die Wegnahme des Geflügels durch die Deutschen war auch nicht besonders tragisch, denn man hatte Plünderungen größten Ausmaßes befürchtet. Der Griff nach den Hühnern war dagegen eine Bagatelle, und schließlich stand noch die Ernte auf den Feldern, sodass man eine Hungersnot nicht zu befürchten hatte. Inmitten dieser weiten Kornfelder konnte man auch nebenher Ähren ausdreschen, ohne von den militärischen Aufsichtspersonen bemerkt zu werden. Ob die Deutschen die gesamte Ernte beschlagnahmen würden, konnte man nicht wissen, und würde es doch geschehen, dann würde man bei den Erntearbeiten handvollweise Körner verschwinden lassen können und einen Vorrat für den Winter anlegen.

Der Feind zog sich von Tag zu Tag weiter zurück. Im ungestümen Vordringen überschnitten sich manchmal die Frontabschnitte der Einheiten, und die Stoßtrupps beschossen sich im Übereifer gegenseitig. Diese häufig wiederkehrenden Debakel in der Kampfführung führten zu einer Verdammung durch die Landser, denn diese zusätzliche Gefährdung durch die eigenen Truppen hätte bei einiger Sorgfalt des Divisionskommandos vermieden werden können. Dieser Auffassung waren sie wiederholt, wenn bei einem nochmaligen Zusammenstoß der Feind sich als Freund herausstellte. Den Heldentod durch Freundeskugel zu sterben war eine Schande und zudem noch unrühmlich wie ein Jagdunfall.

Vor Wilikije-Luki, nordöstlich von Smolensk, kam der Vormarsch zum Stehen. Durch die die Stadt umgebenden Sumpfgebiete konnte keine geschlossene Frontlinie gebildet werden. Die AA bezog deshalb eine Igelstellung. Aus dieser Igelstellung heraus wurden täglich Stoßtrupps unternommen. Paetsche war ziemlich aufgebracht, als er an der mittleren Funkstelle einen Funkspruch des Divisionskommandos aufgenommen hatte. Auf Anfrage Rittmeister von O.s, ob für den heutigen Tag irgendwelche Unternehmungen vorgesehen seien, hatte der General der Division geantwortet: „Wieder Stoßtrupps, der Feind muss beschäftigt werden." In dieser lakonischen Antwort war alles enthalten, was man unter dem militärischen Grundsatz verstand: „Der Angriff ist die beste Verteidigung", oder auch die Schlussfolgerung: "Irgendetwas tun ist besser als gar nichts tun." Aber der Feind handelte auch in diesem Sinn, wenn auch auf eine bisher ungekannte Art, die er als einzige Möglichkeit sah, den deutschen Angreifer zusätzlich zu bekämpfen. Zahlenmäßig kleine Stoßtrupps von Rotarmisten schlichen sich in der Dunkelheit an die deutschen Igelstellungen heran und machten die Vorposten mit Messern nieder. Als einige dieser heimtückischen Überfälle von der Nachbareinheit her bekannt wurden, gab die Führung der AA Anweisung zu erhöhter Wachsamkeit. Diese lautlosen Überfälle gaben dem bisher als allen Gefahren entrückenden Schutz der Dunkelheit den Charakter einer täglich wiederkehrenden Ohmnachtstellung, die die Abwehrkraft lähmte. Für den Feind war es ein zusätzliches Kampfmittel, das vorerst nur er für sich nutzen konnte.

Befehl vom Führungsoffizier des taktischen Einsatzkommandos der Division (Ia), einen Stoßtrupp auf ein Dorf zu unternehmen

Gleißendes Morgenlicht erhellte das Zeltlager auf dem Hochplateau, als sich der Kopf eines Landsers durch einen Zeltschlitz schob, um sich als Überlebender bestätigt zu finden. Die „Drei-Mann-Zelte" bekamen Leben. Wirbelnde Püffe und Knüffe brachten die Zeltwände ins Wabbeln, die Eingangsplanen wurden aufgeschlagen und die Landser krochen auf allen Vieren in die kühle Morgenluft. Rekelnd und gähnend wurden die ersten Gehversuche gemacht und zögernd wurden forschende Erkundungsblicke den flach abfallenden Hang hinunter in die riesige sumpfige Talniederung riskiert. Wissbegierig erkundigten sich einige nach dem Verlauf der vergangenen Nacht, und wenn dicht bei der AA nichts vorgefallen sei, so sei doch drüben bei der Nachbareinheit eine „Nacht der langen Messer" gewesen. Zwei Vorposten waren niedergemacht worden. Ob die kommende Nacht die AA nochmals verschonen würde, war ungewiss, eher musste mit folgerichtiger Wahrscheinlichkeit angenommen werden, dass der Iwan auch hier den Versuch machen würde. „Der kalte Stahl im Nacken des Hochpostens", sagte ein Landser mit Galgenhumor, wodurch sich einige nachdenkliche Gesichter zu einem bitteren Lächeln aufhellten. Aber bald interessierte man sich mehr für die zu erwartenden Unternehmungen des beginnenden Tages, und als darüber nichts Bestimmtes gesagt werden konnte, wandte man sich der Morgentoilette zu. Die Landser lagen anschließend vor ihren Zelten und rekelten sich in den wärmenden Strahlen der Morgensonne. Aus östlicher Richtung war eine Stunde nach Tagesanbruch ein langsam anschwellendes Brummen zu vernehmen. Die Köpfe richteten sich automatisch himmelwärts und aus zugerufenen, anfangs missdeuteten Vermutungen summierte sich schnell die Feststellung, dass es ein russisches Bombengeschwader sei, das direkt auf die Igelstellung der AA anzufliegen schien. Der Kommandeur beobachtete angestrengt mit dem Feldstecher und sagte im barschen Ton: „Tut doch das dumme, weiße Gesicht weg", wenngleich er sich bald für überzeugt hielt, dass der Bomberverband nicht das Hochplateau, auf dem die AA lag, zum Angriffsziel haben könnte. Er fürchtete aber ein Täuschungsmanöver der Russen und wollte nicht durch neugieriges Gaffen die Gefahr auf seine Stellung lenken. Doch als die Flugzeugwolke in

einigen Tausend Metern Höhe nach Westen weiterzog, schien es gewiss zu sein, dass das Ziel nur Königsberg in Ostpreußen sein konnte.
Vibrierende Erwartung breitete sich aus, als ein Funkspruch des I a empfangen wurde. Der Adjutant der AA gab sofort Befehl an Leutnant Hahn, Führer des ersten Zuges der ersten Schwadron, mit seinem Zug einen Stoßtrupp auf ein Dorf zu unternehmen und es als Stützpunkt zu halten, bis weitere Befehle über Funk gegeben würden. Der Aufbruch erfolgte unverzüglich. Ein Tornister-Funk-Trupp, dem auch Morgenroth angehörte, war unterstellt worden. Leutnant Hahn war ein Offizier, „bei dem das Kriegsglück ist". In vielen erfolgreichen Einsätzen hatte er diese Behauptung über seine Persönlichkeit gerechtfertigt. Morgenroth befand sich in bester körperlicher Verfassung. Die Euphorie seiner Unternehmungslust in dieser frühen Morgenstunde bestärkte ihn in seiner Zuversicht, und er sah es als ein gutes Omen an, als er von der Führung des Stoßtrupps durch Leutnant Hahn vom Führer des Nachrichtenzugs erfuhr. Er war geradezu neugierig, diesen Mann aus nächster Nähe zu erleben. Der Nimbus eines heldenhaften Kämpfers, der von Leutnant Hahn ausging, nahm Morgenroth sogleich gefangen, als dieser die ersten Anweisungen zum Abmarsch gab. Ruhig, sachlich, ausgewogen und korrekt erklärte er den Auftrag und gab detaillierte Verhaltenshinweise.
Morgenroth schnallte das zwanzig Kilogramm schwere Funkgerät auf seinen Rücken, sein Kamerad trug den gleichschweren Zubehörkasten, der die Energiequelle, die Batterien, enthielt. Die Patronentaschen voll aufmunitioniert, das Gewehr um den Hals gehängt, als Ausgleichsgewicht zu der Last auf seinem Rücken. Gasmaske und Brotbeutel baumelten bei jedem Schritt auf sein Gesäß. In leicht nach vorn gebeugter Schräglage des Oberkörpers war das Gehen eine unaufhörliche Folge von Balanceakten.
Morgenroth war stetig bemüht, in dem querfeldein strebenden Haufen mitzuhalten. Der Schweiß brach ihm aus allen Poren hervor. Die Lufttemperatur stieg mehr und mehr an. Einzelne Gehöfte, die an der Marschroute lagen, konnten nicht umgangen werden. Ein Spähtrupp von drei Mann ging voraus, um zu erkunden, ob sie feindbesetzt seien. Nach etwa dreißig Minuten kam ein Mann zurück und meldete, dass alle Häuser und die Umgebung menschenleer seien. Sechs Kilometer mochten schon zurückgelegt worden sein, als ein Gehöft tief versteckt unter ho-

hen Bäumen zwischen Roggenfeldern auftauchte. Die mit Abstand vorausbefohlene Spitze des Stoßtrupps schob sich langsam hinan, gab bald Zeichen, dass das Gros nachrücken könne. Zivilisten guckten neugierig aus der Haustür des Wohnhauses und verschwanden bald wieder. Leutnant Hahn ging mit einigen Landsern in den Wohnraum, wo ein Bursche von ungefähr sechzehn Jahren und ein etwa gleichaltriges Mädchen anzutreffen waren. Die Mutter der beiden kam dann auch etwas verschüchtert zum Vorschein. Er wollte nun von dem Jungen eine Auskunft haben und deutete auf seine Karte. Er hielt es für selbstverständlich, dass er bereitwillig eine brauchbare Erklärung über die Bewegungen der Rotarmisten in diesem Gebiet in den letzten Tagen erhalten würde. Der Bursche weigerte sich aber hartnäckig. Perplex wegen seiner Verstocktheit, schimpfte Leutnant Hahn mit ihm und versuchte ihn einzuschüchtern. Als er einsah, dass er mit Drohungen auch nichts erreichen konnte, gab er es auf und befahl zum Weitermarsch. Drastische Maßnahmen lagen ihm nicht und Auskünfte von Zivilisten hielt er ohnehin für recht fragwürdig. Er hielt mehr von dem, was er selbst zu dieser Zeit und Stunde mit eigenen Sinnen wahrnahm und stellte seine Entschlüsse darauf ein. Die sowjetische Instruktion der Bevölkerung hatte hier in dem Falle der Weigerung des Jungen schon ihre Wirkung gezeigt. Die Einstellung zu den Deutschen hatte sich gewandelt, was besonders bei den Jüngeren deutlich in Erscheinung trat.

Der Weitermarsch ging ohne Zögern voran. Die Sonne brannte unerbittlich vom Himmel. Morgenroth war schweißüberströmt. Wie weit würde es nun noch gehen, dachte er. Wenn es doch bald zur Feindberührung käme, dann würde doch zumindest mal die Schlepperei mit dem Funkgerät aufhören. Paetsche wurde ja kürzlich bei einem Unternehmen ein Funkgerät auf seinem Rücken zerschossen. Ein Grund, sich seiner zu entledigen. Aber entscheidend ist dabei der Grad der Zerstörung, und Zeugen muss man dann auch haben, denn es wird ja immer ein toller Wirbel veranstaltet, wenn etwas ausfällt. Ein Mann, tot oder verwundet, das ist nicht so schlimm, wenn nur das Gerät erhalten bleibt.

Noch ging es immer weiter bergab auf die Sumpfniederung zu. Plötzlich brachten zwei Landser einen Rotarmisten auf, einen jungen, robusten Kerl, der sich ohne Widerstand ergeben hatte. Es war ein mongolischer Typ. Das Verhör ergab, dass er sich verirrt habe. Da er nun nicht ins Sammellager zurückgeschickt werden konnte, musste er mit dem Stoßtrupp gehen. Er musterte seine neue Umgebung aus seinen Schlitzaugen. Mit katzenartigen Sprüngen pendelte er zwischen dem Haufen Landser bald seitwärts, bald bis zur Mitte, dann aber zum Ende der Kolonne, offensichtlich rein intuitiv die Spannung wahrnehmend, die die Landser in Verfolgung ihres Kampfauftrages beherrschte und vor einem plötzlichen Überfall durch Rotarmisten schien er einen Horror zu haben. Dass sich die Deutschen, denen er sich ergeben hatte, auch noch in Richtung auf seinen Herkunftspunkt bewegten, war für ihn eine große Enttäuschung und deshalb zögerte er mitunter und trug sich mit dem Gedanken, sich seitwärts in die Büsche zu schlagen, um abermals zu entwischen und nicht nochmals in die Hände seines Politruks (niedrigster Funktionärsgrad der Kommunistischen-Partei-Schulungsorganisation) zu fallen. Er wurde aber bald Morgenroth zugeteilt, um diesen zu entlasten, und er musste nun das Funkgerät tragen. Seine körperliche Konstitution war gut und es machte ihm so gut wie gar nichts aus, sich jetzt als Lastenträger nützlich erweisen zu können. Für den Stoßtrupp war auch ein Vorteil darin zu sehen, dass er in seiner Fluchtmöglichkeit behindert war, denn nichts war mehr zu fürchten, wenn er nach erfolgreichem Überwechseln dem Gegner die Stärke und Bewaffnung des deutschen Stoßtrupps hätte verraten können. Eine Einheit, zehn Kilometer weit von dem Gros der Truppe losgelöst, völlig alleine auf sich gestellt, im unbekannten Gelände irrend, konnte sehr leicht abgefangen und völlig vernichtet werden. Diese Gefahr noch durch einen Rotarmisten zu erhöhen, der einen so urplötzlich vor die Füße getölpelt kam, und der, anderen Sinnes geworden, wieder hätte auskneifen können, sprach nicht für Leutnant Hahns Weitblick und Umsicht.

Morgenroth fühlte sich jetzt freier für vordringliche Aufgaben wie spähen und sichern, nachdem ihm die Sisyphusarbeit des Lastentragens abgenommen war. Der Mongole folgte ihm wie ein angekoppelter Anhänger. In geduckter Gangart hielt er so dicht hinter Morgenroth auf, dass ihm durch Morgenroths Körper das Sichtfeld zum Feind immer verdeckt blieb, um die Gefahr, der er entgegen ging, auf diese Weise vor sich selbst zu ignorieren. Er schnäuzte sich und spuckte übermäßig nach bäuerlicher Landessitte. Schweißgebadet konnte er kaum noch aus den

Augen sehen. Gelegentlich nahm er einige Schlucke Kaffee aus Morgenroths Feldflasche, die er gemütlich schlürfte.

Einige Kilometer links voraus kam ein zerschossenes und abgebranntes Dorf in Sicht. Leutnant Hahn führte darauf zu, und da es frei und offen lag und somit weithin einzusehen war, zog er es nach einigen Minuten Rast vor, schleunigst genau denselben Weg wieder zurückzugehen und im bedeckten Gelände zu verschwinden. Ohne Zweifel war damit zu rechnen, dass der Feind die Bewegungsrichtung des Stoßtrupps längst schon vorher erkannt haben konnte. Durch dieses Täuschungsmanöver konnte der Iwan nun zu der Annahme verleitet werden, das Ziel des Stoßtrupps sei das als Kampfstellung günstig gelegene Dorf gewesen, die Besetzung des Ortes sei aber durch den Rückzug unterlassen worden.

Die Marschrichtung wechselte nun wieder nach Karte und Kompass feindwärts, immer in Bedeckung des Buschgeländes, offensichtlich um das ursprüngliche Ziel jetzt anzusteuern. Dieses mühselig besiedelte Land ist durch die Kriegszerstörungen umso schwerer betroffen, als die Kargheit des Bodens eigentlich doch recht anspruchslose Siedler erfordert haben mag, dachte Morgenroth. Schwerlich werden sich hier wieder Menschen reinbringen lassen, in diese ländliche Abgeschiedenheit. Es widerstrebt einem überhaupt, hier in dieser stiefmütterlich beschiedenen Natur, irgendein menschliches Lebewesen als Feind zu betrachten. Hier kann doch jeder Mensch nur ein willkommenes Glied mehr sein in der menschlichen Gemeinschaft, die in ihrem Daseinskampf versucht, der Natur Herr zu werden. Aber die Kriegsfurie verschont auch dieses eroberungswürdige Land nicht, weil es an der Peripherie einer strategisch wichtigen Stadt liegt.

Eine Lichtung gab den Blick frei über die weite sumpfige Ebene, die mit aufgelockertem Strauchwerk bestanden war. In etwa zwei Kilometern Entfernung ragte eine lang gezogene Erhöhung wie ein Brotlaib auf einer Tischplatte heraus. Leutnant Hahn gab zu verstehen, dass oben darauf das Ziel liege. Er gab Anweisungen zu einer neuen Entfaltung, zu einer zweckentsprechenden Gefechtsordnung. In Viereckform, von circa hundert Metern Seitenlänge, eine Spitze voraus, vergleichbar mit dem Fortbewegungsrhythmus einer Pflanzenraupe, bewegte sich dieser vielgliedrige Organismus auf den Brotlaib zu. Die Spitze vorstrecken, die

Masse nachziehen und schrumpfen, die Spitze vorstrecken, schrumpfen und so weiter.

Das von einem niedrigen Laubwaldgürtel umgrenzte Dorf verhielt sich bislang friedfertig. Die im Sonnenglast schimmernden Dächer schienen von ihren Bewohnern wegen ihrer Feuerempfindlichkeit ängstlich gehütet. Über tiefe Wassergräben hinweg, an Trampelpfaden entlang, näherte sich der Stoßtrupp dem Fuße des Buckels. Bäume und Sträucher verdeckten die Sicht zum Dorf. Grabesstille herrschte. Konnte man schon in einer Falle stecken? Der Stoßtrupp hatte sich wie eine verängstigte Hammelherde zusammengedrängt. Alle Blicke waren auf die greifbar nahegelegene Häuserreihe gerichtet. Leutnant Hahn gab im Flüsterton einem Unteroffizier Befehl, mit einem Maschinengewehr die Sicherung nach hinten zu übernehmen. Widerwillig befolgte er diesen, als müsse ausgerechnet das Los auf ihn fallen, als wolle man ihn ausstoßen aus dem schützenden Körper der Nussschale. Missmutig schlich sich seine Gruppe circa zwanzig Meter gegen Feindsicht gedeckt vom Dorfe abwärts. Dann suchte Leutnant Hahn mit dem Fernglas den vordersten markanten Punkt des Buckels ab. „Ihr zwei geht jetzt mal auf die vorgelagerte Scheune zu und stellt fest, ob da irgendwo jemand postiert ist. Ein Mann geht vor, der andere steht schussbereit. Aber nicht weitergehen, falls ihr dort nichts vorfindet, sondern sofort zurückkommen“, befahl er jetzt, „und versuchen, einen gefangen zu nehmen!“ Unter Todesverachtung schlichen sich die zwei Landser aus dem schützenden Buschwerk hervor, nicht ohne noch einmal vorher Leutnant Hahn einen scheidenden Blick zuzuwerfen! Hastiges Schlucken und Atmen, wehmütiges Verlassenheitsgefühl im Herzen bemächtigte sich ihrer. Sie krochen zögernd den steilen Hang empor, von Meter zu Meter mehr und intensiver horchend und spähend, die Maschinenpistolen schussbereit in Brusthöhe haltend. Die Scheune stand bald groß über ihnen. Der eine nahm sein Fernglas an die Augen und suchte die Umgebung flüchtig ab. Da aber nichts zu sehen war, horchten sie einige Minuten besonders intensiv, ob vielleicht Stimmen aus den angrenzenden Häusern zu vernehmen seien.

Die Bauernkaten schienen in der flimmernden Mittagshitze zu knistern. Hühnergackern oder Hundebellen war auch nicht zu hören und menschliche Lebensäußerungen ebenso. Nun umschlichen sie die Scheune im gleichbleibenden Abstand von etwa hundert Metern mit dem Fernglas, immer mehr besonders auffällige Merkmale ausleuchtend. „Man kann keine Schießscharten in der Scheune erkennen", sagte der eine zum anderen. „Ich gehe jetzt mal zur Scheune vor, du nimmst sie sofort unter Feuer, falls du etwas bemerken solltest", sagte der eine. „Ist klar". Fünf Minuten mochten vergangen sein, als er sich in voller Größe vor der Scheune aufreckte und mit Achselzucken andeutete, dass ihre Annahme bestätigt sei. „Das besagt eigentlich noch nicht alles", erklärte er nun dem anderen, als er zurückgekommen war, „die können sich auch abwartend verhalten. Aber weiter sollten wir nicht vorgehen, also gehen wir wieder zurück."

Bei ihrer Rückkehr stellten sie fest, dass Leutnant Hahn schon eine weitere Aktion vorbereitet hatte. Er nahm ihre Meldung mit Anerkennung entgegen und gab dem Granatwerfer-Trupp Zeichen, einen Schuss aus dem mitgeführten leichten Granatwerfer (5 cm Kaliber) abzufeuern. Das Geschoss fluppte aus dem Rohr und einige Sekunden später ging eine Kate in Flammen auf. Der Mongole wurde von Angst geschüttelt und klammerte sich an Morgenroths rechten Arm. Als sich nach diesem Faustschlag auf das Wespennest keine Reaktion zeigte, schickte Leutnant Hahn einen Trupp von zwölf Mann los. Wie erwartet kam kein Abwehrfeuer aus dem Dorf. Das Gros konnte nun nachrücken. In Reihe tastete sich der Stoßtrupp an der rechten Straßenseite von Haus zu Haus. Vorgehen auf beiden Seiten der Dorfstraße hätte bei Feindbesetzung eine Beschießung der eigenen Leute zur Folge gehabt. Es bestätigte sich aber mehr und mehr, dass das Dorf wie leergefegt war. In diese beruhigende Gewissheit peitschte urplötzlich ein Pistolenschuss, der sich zur Beruhigung aller sehr schnell als aus einer entsicherten Pistole eines Landsers abgegebener herausstellte. Wie angenehm lieblich doch ein solcher Schuss in den Ohren klingen kann! Gnädiges Schicksal. Der Feind war es nicht, der da geschossen hat. Er hat sich zurückgezogen, er gibt keine Antwort.

Prachtkerle sind das, die Iwans! Das ist einfach ein herrliches, ein wundervolles Dorf! Bleiben sollte man hier können, Siesta halten können. Diese schmutzigen grauen Katen, eigentlich ein natürliches schönes Grau. Strohbedeckt die Dächer, ein guter Schutz gegen die Sommerhitze. „Das Schwein, ist es außen auch nicht fein … doch drinnen sitzt der

Speck!“ Frei nach Wilhelm Busch. Da drinnen stehen sie, die Steinkrüge, mit Sauermilch gefüllt und obenauf ein köstlicher Rahm. Wahrhaft kulinarische Genüsse! Amphoren sind es, die man als Siegestrophäen auf den Häuptern die Dorfstraße entlang tragen sollte, zu einer großen Siegesfeier, zu einem großen gemeinsamen Festmahl. Die Kühle des Kruges in beiden Händen spüren, erster Zug und Schluck, du herrliche Beute dieser schönen Häuser, köstliche Früchte dieser Sumpfgebiete!
Morgenroth war einige Sekunden lang von jubilierenden Gefühlen überwältigt. Das Schlurren der Landserstiefel im Straßenstaub und das aufschreckende Klirren einer nervös bewegten Waffe gemahnten ihn wieder an die grausame Wirklichkeit. Verhalten atmend wurden mit vor Angst starren Augen die Zwischenräume der Häuser abgesucht. Weiter … keine Gestalt zu sehen, dort drüben … nichts, an dem Brunnen … zwei Kübel, auch nichts. Das wird der Iwan beabsichtigen: In die Mitte des Dorfes kommen lassen, dann von allen Seiten befeuern, sofort flachlegen und den Kopf in den Staub. Scheint doch nichts zu sein hier! Jetzt forscher vorwärts! Entweder ihr zeigt euch und das Massaker geht los, oder ihr seid gar nicht da! Jetzt wäre doch der Zeitpunkt da, dass ihr eure Überlegenheit ausnutzen könntet, die denkbar günstigste Gelegenheit für euch, jetzt könntet ihr uns schmählich vernichten! Ihr habt uns im Sack, jetzt oder nie! Wir brennen darauf, dass ihr es jetzt tut, das hält man ja unmöglich noch länger aus, dieses Warten, dieses Hinhalten! Es muss jetzt geschehen! Ent- oder weder!
Kein Lebenszeichen, nur gähnende Leere. „Der Iwan hat das Dorf rechtzeitig verlassen. Wir müssen uns aber trotzdem noch absichern, damit er uns den Rückzug nicht abschneidet“, stellte Leutnant Hahn fest. Er gab nun einen Funkspruch zum Kommandeur der AA durch. Die Antwort lautete: “Auftrag erfüllt, Rückmarsch antreten!“ Der Beobachtungsradius wurde jetzt um einhundertachtzig Grad gedreht, auf den Anmarschweg gerichtet, auf die Igelstellung der AA zu, die morgens verlassen worden war. Der Stoßtrupp löste sich wieder vorsichtig aus dem Dorf. An der bewussten Scheune hielt Leutnant Hahn inne, schob eine Leiter auf das Dach und beobachtete über den Dachfirst hinweg das dem Dorfe seitlich im Sumpf vorgelagerte Dorf. Er gab bald bekannt, dass dieses besetzt sei, den Bewegungen auf der Dorfstraße nach zu urteilen. Sogleich spielten schon einige blaue Bohnen aus einer Maschinenpistole herüber.

„Ab, zurück, darauf können wir uns nicht einlassen. Unser Auftrag ist erfüllt. Aber wir müssen jetzt mit größter Vorsicht zurückgehen, denn es ist damit zu rechnen, dass der Iwan versucht uns abzufangen." Leutnant Hahn ließ sich vom Dach fallen. Die Maschinengewehr-Garben fetzten das Scheunendach an verschiedenen Stellen auf. Die Landser drängten jetzt ungestüm auf den Rückweg. Leutnant Hahn bestimmte nach Karte und Kompass eine andere Marschrichtung, die von der Anmarschroute um einige Grad abwich. Nur nicht aus Bequemlichkeit den bekannten Weg nehmen!

Aber ehe sich der Stoßtrupp kaum auf Gewehrschussweite (circa fünfhundert Meter) vom Brotlaib gelöst hatte, belferten drei leichte Paks los, begleitet von dem pfeifenden Kugelregen aus MPs und MGs. Rückantwort war schier unmöglich, dafür war der Stoßtrupp zu exponiert, er lag wie auf einem Präsentierteller. Als einzige Rettung konnte nur ein in fünfzig Meter Entfernung ungefähr längs zum Brotlaib verlaufender Wassergraben sein. Dieser sollte in Einzelsprüngen erreicht werden. Jeder kleine Strauch oder Grasbüschel bot nur wenig Deckung gegen Feindeinsicht. Schützenlöcher graben, um dadurch sicheren Kugelschutz zu erhalten, das wäre zu langwierig gewesen und hätte Einkesselung durch den Feind herbeiführen können. Die seitwärts angrenzenden, etwas größeren Sträucher versprachen einen besseren Schutz gegen Feindeinsicht. Leutnant Hahn dirigierte nun jeden allein in diese Sträuchergruppe hinein, soweit er einen entdecken konnte. Der leichte Granatwerfer streute die Stellungen des Feindes ab, mitunter durch ein leichtes Maschinengewehr unterstützt, das kurze Feuerstöße wahllos irgendwo hineinkleckerte. Bei jedem Granatwerfereinschlag sprangen einige Landser auf und rasten in die nächstgelegenen Sträucher, um sogleich im nächsten Sprung mehr in die Mitte der Sträuchergruppe zu gelangen. Bald hatte der Iwan erkannt, was da vor sich ging und beharkte jetzt schon zwischen den Granatwerfereinschlägen diese Auffangstellung des Stoßtrupps. Eine Gruppe Landser wurde nun nervös und preschte wie aufgescheuchte Hasen ziel- und planlos über die freie Plane in das weniger unter Beschuss liegende Strauchwerk hinein. Zwei Verwundete waren das Ergebnis dieses Leichtsinns. Obwohl zu Anfang des Absetzmanövers zwei Landser den Sprung zum Wassergraben gewagt und diesen unversehrt erreicht hatten, schien es jetzt offenkundig, dass die als bessere Deckung sich anbietende

Sträuchergruppe nur noch für wenige Minuten als solche dienen konnte. Der Iwan lenkte sein Feuer mehr und mehr darauf, wenn er auch keine festen Ziele ausmachen konnte. Er bestrich sie immer mehr verstärkend zwischen den Granatwerfereinschlägen. Bis zum Wassergraben waren jedoch noch fünfzehn Meter freies Feld zu überwinden. Die Landser waren jetzt nicht mehr zu halten und wollten jeder für sich ausbrechen, um den rettenden Wassergraben zu erreichen.

Leutnant Hahn gab Befehl, eine letzte Salve leichter Granatwerfer abzufeuern, um im Schutze der eintretenden Feuerpause, die der Iwan zwangsläufig während der Einschläge einlegen musste, im geschlossenen Sprung das freie Feld bis zum Wassergraben zu überqueren. Die Abschüsse waren kaum verhallt, als die Landser hochschnellten, aus dem Strauchwerk hervorstießen und über das offene Gelände rasten, wie von Geisterhänden fortgerissen, um den Wassergraben Hals über Kopf in Besitz zu nehmen. Die von Leutnant Hahn bedachte Feuerpause war in diesen wenigen Sekunden des Sprunges eingetreten. Sie wurde aber sogleich durch ein wild einsetzendes Feuer aus allen Rohren abgelöst. Doch jetzt gab das dem Feind zugewandte Ufer des Grabens genügend Schutz, wenn auch nur die Köpfe aus dem Wasser ragen durften, denn hier und da patschten doch einige Geschosse über die Wasseroberfläche. Immer wieder fand der Feind ein Ziel, wenn ein Kopf eines Landsers zu weit aus dem Wasser ragte.

Bei einigen Landsern überwog jetzt die Furcht vor dem Ertrinken. Die mit Wasser vollgelaufenen Ohren konnten den Gefechtslärm nicht mehr wahrnehmen. In Rückenlage strampelten die Landser im Wassergraben entlang, die Köpfe dicht am Ufer entlang schiebend, nur das Gesicht zum Luftholen über die Wasseroberfläche haltend. Die Wassertiefe betrug etwa einen Meter, wodurch eine ausreichende Tragfähigkeit des Wassers gegeben war. Das mit Wasserpflanzen überreichlich bewachsene Grabenbett machte jedoch jedes Eingreifen der Hände und die Abstoßversuche mit den Beinen zu einer glitschigen, rutschigen und wenig vorwärtsgelangenden Angelegenheit. Rücksichtsloses Anrempeln mit weniger gewandten Kameraden ließ Flüche und Verwünschungen hörbar werden. Diejenigen, die von Fluchtpanik betroffen waren, versuchten die langsamer Vorwärtskommenden zu überholen. Das weiche und bisher klare Grabenwasser war jetzt durch den aufgewühlten Schlamm schmutzig und trüb und auf der schwach strömenden Oberfläche zogen blattgroße Blutflecken der Verwundeten vorbei. Das Feuer des Feindes hielt mitunter für zehn bis zwanzig Sekunden trügerisch inne, bis es wieder losratterte, wenn ein Landserkopf unbeabsichtigt herausfordernd über dem Uferrand auftauchte.

In circa dreißig Meter Entfernung floss Wasser des Grabens auf eine Distanz von zwei Metern ungefähr drei Meter breit, und eine schützende Uferböschung war nicht zu erkennen. „Da vorne ist wahrscheinlich eine Furt, eine Durchfahrt für Panjewagen“, sagte Leutnant Hahn, indem er gleichzeitig seine Arme waagrecht spreizte, als wolle er den Zug wie mit einem Prellbock stoppen. „Mal anhalten, nicht weitergehen, da kommen wir so nicht durch!“ Er nahm seinen Stahlhelm vom Tragegurt seiner Maschinenpistolen-Munitionstasche, hob ihn über die Wasseroberfläche, verstopfte die seitlich angebrachten Luftlöcher mit Gras und ließ ihn wie ein kleines Boot grabenwärts schwimmen. Einige Male am linken und rechten Ufer anstoßend und vom Iwan mit einigen Schüssen bedacht, gelangte er bald in die Furt, wo er erbarmungslos vom gegnerischen Feuer durchlöchert wurde und unterging. „Jetzt ist er auf Grund gelaufen“, gurgelte ein Landser über den Wasserspiegel. „So opfere ich ihn gerne, wenn ich meinen Kopf nicht darin gehabt hatte“, warf Leutnant Hahn ein, „aber so viel wissen wir jetzt, dass die Durchfahrt tiefer sein muss, als der Stahlhelm groß ist. Dort könnte eine Tiefe von circa vierzig bis fünfzig Metern sein. Die würde uns genügen, um ganz untergetaucht auf dem Bachgrund durchzukriechen, das wäre die einzige Möglichkeit“. „Auf zwei Meter Länge wird ja ein jeder die Luft anhalten können“, entgegnete ein Landser. „Also, ich mache den Versuch, und ihr folgt mir dann sofort nach“, gab Leutnant Hahn zähneklappernd zu verstehen.

Er paddelte unter Ausführung einiger Tauchversuche an die Durchfahrt vor, verschwand bald ganz im Wasser, und nach ungefähr fünfzehn Sekunden kam etwa drei Meter hinter der Durchfahrt am linken, dem Dorf zugewandten Ufer, der demolierte Stahlhelm hoch und anschließend sein Gesicht. Der Grabenlauf, der sich unmittelbar vor dem Brotlaib parallel zu ihnen verhielt, machte an dieser Stelle eine geringfügige Abwärtsschwenkung, wodurch dem Feind eine teilweise Einsicht auf die Wasseroberfläche in Längsrichtung des Grabens gegeben sein konnte. Durch die allerdings größer gewordene Entfernung vom Brotlaib zum

Wassergraben schien vorerst daraus kein unüberwindbares Hindernis entstanden zu sein. Es war größte Eile geboten, die Durchfahrt hinter sich zu bringen. „Möglichst bis auf meine Höhe untergetaucht bleiben!“, girrte Leutnant Hahn zu den Wartenden zurück. Schon mehr von Fluchtpanik gepackt, unternahmen die Landser jetzt einzeln den Durchschlupf. Leutnant Hahn hielt beständig seinen Stahlhelm hoch und gab Zeichen zum Start.
Jeder Landser fixierte nun noch den Stahlhelm, bevor er tief Luft holte und untertauchte. Er erfasste ihn mit den Augen als das Ergebnis eines Beispiels dafür, wie es ihm ergehen könnte, wenn er mit seiner Luft nicht auskommen würde und frühzeitig auftauchen müsste. Das Schicksal des Stahlhelms war Mahnung genug.
Innerhalb weniger Minuten waren aber alle ohne Zwischenfall durchgeschleust, bis auf den Vorletzten, dessen Gasmaskenbüchse über den Wasserspiegel geragt hatte und einen Durchschuss abbekam.
Leutnant Hahn schleuderte in einer Art Anwandlung von Siegesfreude seinen Stahlhelm über die nun wieder vorhandene Uferböschung, dem der Iwan nun noch einmal seine Schießkünste zuteilwerden ließ. „An dem können sie noch einmal ihre Wut auslassen“, gab er triumphierend von sich. „Da vorne gelangen wir in einen Buschwald, ich glaube, dort können wir den Graben verlassen!“ Ein Unteroffizier und vier Mann waren, vielleicht allzu voreilig, aus dem Graben hochgeklommen und hopsten triefend wie gebadete Hunde hinter die nächstgelegenen Sträucher. Der Iwan hatte bald begriffen, welchen Weg der von ihm gescheuchte Haufen zu nehmen beabsichtigte und hämmerte mit allen Waffen auf den Buschwald ein. Durch den jetzt größer gewordenen Abstand war der das Dorf umlaufende Laubwald keine Schussfeldverdeckung mehr für ihn. Er konnte jetzt frei von erhöhter Position aus von oben hineinwirken.
Die Pak-Granaten surrten durch die Zweige und fetzten Baumgiebel wirr umeinander. Dazwischen surrten und pufferten die Querschläger dieser Geschosse, die die Größe von Tannenzapfen hatten. Regelwidrig, zumindest entgegen der in der Einbildung halbwegs berechenbaren Flugbahn, das Inferno heimtückisch noch vergrößernd, als würden sie von einer übersinnlichen Macht gesteuert, endeten sie ihre Flugbahn mit einem erstickenden „Pfapf“ im weichen Sumpfboden, ohne zu explodieren. Schräg einfallender Kugelregen der MPs hagelte durch das Blatt-

werk, Querschläger von Geschossen der Karabinerschützen sirrten metallisch aufklingend in allen Richtungen davon, irgendwo aufschlagend und nochmals scheinbar kraftlos abspringend. Zwischendurch das helle „Plätsch“, höhnisch wie von Zündplättchenpistolen abgefeuert, von Gewehrkugeln, die beim Aufschlag auseinanderbarsten und zerfetzte Blätter der Sträucher umherwirbelten. Unvorstellbar, von solch einem Ding verwundet zu werden, reißt faustgroße Löcher, dachte Morgenroth und sah sich nach seinem Gefangenen um, der, bar jeden Fünkchens Selbstbehauptungswillens, nur noch auf Morgenroth blickte. Wenn dieser noch lebte, würde er auch noch leben, würde er jetzt getroffen, würde er auch mit ihm untergehen.

Morgenroth hob seinen rechten Zeigefinger über die Wasseroberfläche und gab ihm zu verstehen, wenn er, Morgenroth, aussteige, solle er ihm folgen. „Da, Panotschka“ (ja, Herrchen) sagte er mit wimmernder Stimme und seine Lippen bibberten. Er schlotterte vor Angst und Kälte an allen Gliedern. Das Funkgerät hatte er brav mitgeschleift. Er deutete an, dass er es an seinen Füßen stehen habe, und zeigte einen Trageriemen. Ob man es nicht stehen lassen und schnell fortlaufen solle, wollte er als Idee zur besseren Fluchtmöglichkeit vorbringen. Morgenroth machte eine schiebende Armbewegung aus dem Wasser und er begriff sofort: aufs Ufer schieben und mitnehmen. Leutnant Hahn zog nach circa fünfzig Metern grabenwärts und rief: „Nicht zusammendrängen, jetzt einzeln dem Unteroffizier Holzapfel folgen!“ Zwei Landser stemmten sich sofort am feindabwärts gelegenen Ufer hoch, lagen aber sofort im gezielten MG-Feuer, das jedoch über sie hinwegging. Der eine ließ sich ins Wasser zurückfallen und tauchte unter, der andere aber robbte hinter einen über dem Sumpfboden kopfhoch aufgewachsenen Wurzelballen eines Strauches, der etwa die Größe einer umgestülpten Kesselpauke haben mochte, hinter dem er einigermaßen Deckung gegen das auf ihn gezielte Feuer finden konnte.

„Drinnen bleiben!“ schrie er mit sich überschlagender Stimme. MG-Garben tänzelten jetzt schon in Längsrichtung des Grabens. „Ganz dicht am linken Ufer halten die Köpfe, und mir untergetaucht folgen“, prustete Leutnant Hahn wie eine Dampfpfeife über das Wasser. Überstürzt setzte sich der Stoßtrupp in Bewegung.

Als Morgenroth nach etwa fünf Metern wieder auftauchte und seinen

Kopf in vertikale Lage gebracht hatte, sah er ungefähr fünfzehn Meter vor sich einen Baumgiebel quer über den etwa 1,20 Meter breiten Graben, an beiden Enden auf den Ufern aufgestützt, liegen. Der Mongole hauchte: „Bystra, bystra!“ (schnell, schnell) und Morgenroth zog mit am Funkgerät. Der übergeworfene Giebel sprang wie eine rettende Mauer vor ihnen auf. „Untergetaucht bleiben!“, brüllte Leutnant Hahn durch die Zweige. Er hatte das Baumstück vom linken Ufer in den Graben gezogen und über sich in diese Lage praktiziert, um eine Sichtblende aufzubauen. Er dirigierte nun seine Wasserratten hinter diese Deckung. „Köpfe dicht am linken Ufer halten, mit den Händen Buchten ins Ufer graben und den Kappes reinklemmen, gibt einigermaßen Kugelschutz“, wetterte er jetzt aufgeregt gegen die grünlich-gelben, wie mit Fischaugen glotzenden Gesichter. „Kohlrübe runter, die schießen doch auch da durch“, fauchte er mit zusammengebissenen Zähnen und schlug mit seiner rechten Faust auf einen Landserkopf ein, der sich in der Mitte des Grabens provozierend im Kreise drehte, als wolle er zum Iwan sagen: „Was wollt ihr denn noch? Nichts könnt ihr uns mehr!“

Ungefähr zwölf Meter weiter hatte ein Unteroffizier eine zweite Sichtblende aufgebaut, die allerdings weniger zweckmäßig zu sein schien, aber immerhin zumindest das Gefühl gab, eine zu haben. „Jetzt die Käppis mit Grad tarnen. Nach einigen Minuten gehen wir einzeln los“, gab Leutnant Hahn zu verstehen. „Das linke Ufer kann er nicht Grabeninnenseits bestreichen. Er kann nur oben entlang schießen. Diese winzige Chance müssen wir nutzen. Außerdem muss der Iwan in die Sonne sehen, die Schatten der Sträucher werden von Minute zu Minute länger, in diesen Schatten werden wir ihm entwischen.“ „Ich breche jetzt auf, keine Sekunde bleibe ich mehr länger, ich verrecke doch elendig hier in dem kalten Wasser, los, kommst du mit?“, polterte ein Landser los, seinen Kopf zu seinem nächsten Nachbarn gewandt, um dadurch die Feststellung Leutnant Hahns laut vernehmlich ad absurdum zu führen. “Ich gebe euch den Befehl hier zu bleiben und abzuwarten, genauso wie wir auch“, sprach Leutnant Hahn mit ruhiger Stimme, wobei er seine Mundwinkel etwas herabzog und die Augen leicht zukniff. Unabdingbar war dieser Befehl. Die Worte hallten in dieser Gasse des Todes wie das Grollen eines erzürnten Vaters, der entschlossen ist, seinem Verlangen mit allen Mitteln Nachdruck zu verleihen, die Strafe sofort auf dem Fuße folgen zu lassen. Aber mit Worten der Vernunft ist in einer lebensbedrohenden Situation keine verstandesgemäße Befolgung zu erwarten. Jeder steht für sich allein. Weg, flüchten, warten und ruhen ist schon aufgeben, Untergang.

Der rebellierende Landser machte Anstalten, auf das rechte Ufer zu zu paddeln. „Bleib!", schrie ein Unteroffizier, „wir riskieren unsere Knochen nicht auch noch, wenn sie dir in den Arsch geschossen haben!" „Ganz egal, so oder so krepieren!", maulte er resignierend, fixierte das gegenüberliegende Ufer neben der Sichtblende an, tauchte unter, stieß durch, zog sich zähe am Ufer hoch, richtete sich oben halb auf, eine MG-Garbe schwirrte auf ihn ein, riss ihn nach links, er wollte sich mit dem linken Arm stützen und kippte rückwärts in den Graben. „Teufel noch mal", knirschte Leutnant Hahn, „dieser Idiot!" Er schnellte auf ihn zu, ergriff ihn am Kragen im Genick, schwamm unter Wasser mit ihm zurück ans linke Ufer und hielt seinen Kopf über Wasser. „Lebst du noch?" Keine Antwort, kein Lebenszeichen.

Der Sanitäter kam pflichteifrig aufgetaucht. „Mehrere Brusteinschüsse, er war sofort tot. Ich nehme ihn mit und sorge für seinen ordnungsgemäßen Abgang." Er zog sich wieder in seine Bucht zurück, den Toten hinter sich herziehend. „Wir können nur über das linke Ufer nach draußen gelangen", stellte Leutnant Hahn jetzt resümierend fest. „Eine andere Wahl gibt es wohl kaum", pflichtete der einige Zeit vorher zum Ausbruch animierte Landser bei. „Der Iwan muss jetzt beim Schießen direkt in die Sonne sehen und die Schatten der Sträucher werden auch länger und reichen bald über den Bach hinweg. In wenigen Minuten ist es soweit. Jetzt noch die paar Minuten durchhalten!", sprach Leutnant Hahn aufmunternd auf seine Untergebenen ein.

Das Feuer lag jetzt ausschließlich nur noch rechts vom Graben im Buschwald. Es war vielleicht nur noch Störungsfeuer. Aber erwiesen war, dass jede Regung im Graben unter gezieltes Feuer genommen wurde.

Morgenroth starrte vor sich hin. Eine jede Kugel trifft ja nicht, dachte er, weit ab vom Schuss, so leicht dahingesagt, als würden die Chancen dabei eins zu hunderttausend für dich stehen. Aber jetzt, wo dein Leben keinen Pfifferling mehr wert ist, hört sich das an wie eine Verhöhnung, eine Verdummung. Geht doch hin, ihr seid noch jung, ihr schafft das schon, ihr schafft das mit einer Hand. Der Feind muss beschäftigt werden, der beschäftigt uns, dass uns das Wasser bis zum Halse steht. Wenn wir nicht abgeschossen werden, dann saufen wir hier doch jämmerlich ab. Ob es jemals hier einen Ausweg geben wird? Aber den Gefallen werde ich euch nicht tun, mein Leben hier auszuhauchen, nun gerade nicht, euch zum Trotz, ihr Lackaffen. Ihr könnt gut befehlen, vom grünen Tisch aus. Ihr solltet mal in solch ein Massaker hineingeraten, dann würde euch eure Tünche abweichen, das ist mein sehnlichster Wunsch. Nur um einer bloßen Theorie Willen Menschen zu opfern, welch ein Wahnsinn! Beschäftigungstheorie nennen sie das! „Insofern, als bei den östlichen Völkern ein Menschenleben wenig gilt …", stand kürzlich in einem Befehl zu lesen. Die typisch deutsche Gefühlsduselei, alles nachzuäffen, im Guten wie im Bösen, das ist nun ihre Behandlung des „Menschenmaterials", diese Philosophaster, diese Erbärmlichen. Noch dazu mit sehnsuchtsvollen Gesängen die Massen einlullen, „wenn die blauen Bohnen fliegen, wenn da fließt das rote Blut, deiner werde ich gedenken, Mädel, denn ich bin dir gar zu gut".

Henriette, ein Ritter wollte ich sein, ein Troubadour, ein Minnesänger. Ein Don Quichote bin ich, der gegen Windmühlen kämpft, der Ritter von der traurigen Gestalt, mit seinem Diener Sancho Pansa. Dieser Wüstensohn aus den trockenen Steppen Asiens hat noch nie in seinem Leben so viel Wasser an seinem Körper erlebt, ist aber anhänglich wie ein Hund. Ich bin jetzt auch nicht mehr als er, auch nur ein Mensch, der sich freut, dass er noch auf seinen zwei Beinen stehen kann. Gemeinsame Not macht alle gleich, verwischt die Unterschiede vollkommen. Fürwahr, ein beglückender Trost, einen Menschen neben sich zu haben, der noch ein Quäntchen Willen hat zu leben, aus diesem nassen Pfuhl hinauszugelangen, aufs trockene Land, mehr ist in ihm nicht mehr drin. Trockenes, dürres Gras unter den Füßen spüren, einen Schritt nach dem anderen, einfach herrlich, und laufen, laufen, laufen … bis der Schweiß aus allen Poren bricht. Er läuft in Strömen über das Gesicht, man leckt ihn mit der Zunge, salzig schmeckt's und mit Staub vermischt, das ist das wahre Leben! Hier das kann nur unser Untergang sein. Links, zwei, drei, vier, ein Lied: „Domm, domm, domm, domm, … neben den Straßen blühen im Rasen Blumen am Wegesrand, wenn auch zu Hause ein Mägdelein weint, draußen im Felde da wartet der Feind …". Der wartet nicht, in den Sumpf hat er uns gejagt und lässt und nicht wieder raus, … ziehen in der Sonnen, müde durch Heide und Sand … laufen, laufen, immer weiter laufen, von hier fort, nur fort, immer weiter fort … müde durch Heide und Sand … Jetzt Rast machen am Wegesrand, ausruhen, … Blumen am Wegesrand, … sie sind ein Gruß von dir, Brigitte, Henriette … gelbe Nasenspitze vom Blütenstaub, ha, ha, ha, ha, ha. Henriette, dein Ritter ist ins Wasser gefallen, er kann nicht mehr auf die Insel, eine traurige Gestalt, die bis zum Halse im Wasser steht und unter starkem Beschuss liegt. Verdammt noch mal, dieses mörderische „plätsch, plätsch", als würden die Russen direkt zwischen uns auf den Bäumen hocken. Möglich ist alles, dass sie von dieser Seite schon ran sind. Henriette, könntest du eine Nixe sein, unter Wasser den Garben entlang schwimmen und mich mitnehmen, fortschwimmen, weit fort, hinaus aufs weite Meer und dann auf unsere Insel, heraus aus dem nassen und kalten Element. Den Gefallen tue ich euch nicht, dass ihr mich hier auslöscht, dafür bin ich zu gut abgesichert. Dieses Loch, diese Bucht im Ufer, es ist technisch gar nicht möglich, da hinein zutreffen. Steilfeuerwaffen, die würden uns hochjagen, aber Pak-Geschosse und das andere Kleinzeug haben doch bis jetzt wenig erreicht. Belfert ihr doch weiter und macht euch selber Mut. Mein ergebener Diener, mein Sancho Pansa, er sieht recht kläglich und verlassen drein.

„Rote Armee, viel, viel Munition", sagte der Mongole mit geweitetem Blick, als wollte er nun wieder bei denjenigen sein, die nicht im Wasser hocken, sondern oben auf dem Brotlaib, auf dem Trockenen und ihre Hände an den heißen MG-Läufen wärmen können. Morgenroth deutete mit gewichtigem Aufschlag an: bald vorbei, wir gehen bald raus. Unteroffizier Holzapfel mit seinen Leuten ist längst in Sicherheit. Hätten wir auch tun sollen, einfach durch, auf und davon, aber dieser Funkkasten ist ein Ballast. Wirfst du ihn weg, sitzt der Haufen ohne Verbindung da. Jetzt kann er auch nichts mehr nutzen. Wasserdicht ist der Deckel ja, macht ihm nichts aus im Wasser zu liegen. Hilfe können die von oben auch nicht bringen, wissen vielleicht längst schon Bescheid. Fallschirmjäger müssten uns jetzt hier raushauen. Das wär' eine Sache! Die stehen ja nun mal nicht zur Verfügung. Bist du Gottes Sohn, so hilf dir selbst! Mein Gott, diese verdammten Knallerbsen! Die sind doch eine Niedertracht, so etwas im Kriege zu verwenden. Die reißen faustgroße Löcher, glatte Durchschüsse gibt es da nicht. Die sollte man euch auch aufs Fell brennen können, damit ihr am eigenen Leibe verspürt, dass ihr nicht ungestraft Schindluder treiben dürft. Alle äußeren Umstände sprechen hier in diesem Lande doch gegen uns. In die Erden musst du um dich zu decken und da kannst du dann noch absaufen, über dir dann noch die Baumkrepierer, als hätte sich hier die Natur auch noch gegen uns verschworen. Für was riskiert man eigentlich hier sein Leben? Schon kein Gefühl mehr in den Fingern, die Füße wie abgestorben, Zähneklappern ohne Unterlass, nein, wenn ich jemals wieder hier herauskommen sollte, dann weiß ich, was ich zu tun habe. Ich schwöre jeglichen gehobenen Ansprüchen an das Leben ab. Ewig dankbar will ich dem Schöpfer sein für jeden Atemzug, den ich in seiner wärmenden Sonne holen darf. Der heißeste Fels in der größten Mittagshitze soll schon für mich als wertvollstes Produkt dieser Erde gelten. Ach, wie herrlich könnte das sein, wenn man sich jetzt mit dieser klatschnassen Uniform an den heißen Felsen klammern könnte, dass der Wasserdampf nur so aufzischen würde. Zu Wasserdampf sollte man sich verflüchtigen können, aus diesem nassen Element aufsteigen, hoch zu den Wolken emporschweben und mit ihnen um die Welt segeln, diesen verfluchten Sumpflöchern entfliehen.

„Ich habe die Vermutung, dass uns der Iwan von der linken Seite nachsetzt. Durch den Sperrriegel können wir nicht, dass weiß er", sagte Leutnant Hahn zu dem links von ihm stehenden Unteroffizier. „Die Männer sind auch schon halbe Wasserleichen, wir müssen bald hier raus, koste es, was es wolle", entgegnete dieser. „Da mach ich nicht mehr mit, leckt mich doch am Arsch, jetzt hau ich ab!", schrie ein Landser hysterisch auf und versuchte auf die rechte Grabenseite zu zu kraulen. „Zurück!", brüllte Leutnant Hahn, riss seine Maschinenpistole (MP) hoch und ratschte eine Garbe dicht vor dessen Kopf ins Wasser. Der diesem Ausbrecher Nächststehende packte ihn jetzt blitzschnell am linken Arm, hebelte ihn im Polizeigriff nach hinten über dessen Rücken, sodass er nicht mehr weiter konnte. Als er ihn wieder los ließ, klammerte sich der Ausbrecher wie ein Ertrinkender an seinen Retter, schlang seine Arme um dessen Hals und wandte sich an ihm hoch, als wolle er auf einen Baum klettern, wodurch er mit dem Oberkörper weit aus dem Wasser ragte und begann ein lautes Schluchzen, dass alle in höchste Erregung versetzte. „Verdammt nochmal, der hat durchgedreht", hastete Leutnant

Hahn hustend und spuckend aus sich heraus. „Der ist nicht mehr zu halten“, knurrte er weiter hilflos vor sich hin.
Mit vor Entsetzen starrenden Augen sah er, wie sich der wahnsinnig Gebärdende jetzt mit den Fingern in das linke Ufer krallte, sich kraftvoll immer höher zog, sich immer höher wandte, dann erlahmt einige Sekunden lang auf der Böschung verharrte, um sich dann mühselig und schlaff unter Keuchen und nicht verstehbares Stammeln weiter nach draußen zu ziehen. Sein Retter machte den Versuch, ihn an den Füßen wieder zurück in den Graben zu ziehen. „Lass ihn!“, rief Leutnant Hahn ihm zu, „der hat einen Dusel, der Iwan schießt nicht. Also los, jetzt auch raus, aber einzeln, nicht alle auf einmal!“ Fanfarenhell rief er es den anderen zu. Die Vordersten gingen sofort in einer kleinen Gruppe los. Auch sie erhielten kein Feuer, was für die anderen ein Anreiz war, unverzüglich zu folgen. Ein Fluchtchaos begann sich zu entwickeln. „Nicht zu weit nach links abgehen, im Busch am linken Ufer entlang gehen!“, rief Leutnant Hahn mit gedämpfter Stimme in Fluchtrichtung. „Knobelbecher nicht ausziehen, Beine nur hochheben und Wasser auslaufen lassen, ihr kriegt sie sonst nicht wieder an“, sagte der Leutnant Hahn als Zugführer-Stellvertreter beigeordnete Unteroffizier zu zwei Landsern, die sich gegenseitig die verquollenen Knobelbecher von den Beinen ziehen wollten. „Schnell weiter, keine Zeit verlieren!“ Ziellos hasteten die triefnassen Gestalten grabenwärts, bis die vordersten, die eine Verschnaufpause hielten, eingeholt waren. Die letzte Gruppe mit Leutnant Hahn holte auf. „Los weiter, weiter hinten sammeln wir uns“, keuchte Leutnant Hahn. „Ihr mit dem Toten haltet euch mehr in der Mitte des Haufens auf, müsst euch mit dem Tragen mal ablösen“, sagte er zu dem Sanitäter. Sie entfernten sich in kurzen Laufstrecken mehr und mehr dem Feuerbereich. Der Explosionslärm wurde schwächer, er hörte sich schon wie eine ferne Knallerei an, die ihnen nicht mehr gelten konnte.
„Der Iwan drückt immer noch auf die Tube, er wird erstaunt sein, dass er keinen von uns vorfindet“, gab ein Landser in aufkommender, übermütiger Laune eines seinen Häschern Entschlüpften zum Besten. „Er spart nicht mit Munition, der haut immer noch auf den leeren Sack“, konterte ein anderer. „Mal auf den Baum klettern und da drüben hineinsehen“, brummelte Leutnant Hahn mit aufwärts gerichtetem Blick und ergriff die untersten Zweige eines hochgewachsenen, schlanken Laub-

gestrüpps. Nach zwei Minuten ließ er sich herabgleiten und sagte: „Man sieht nichts, ist unwahrscheinlich, dass er uns auf dieser Seite nachsetzt, das Sumpfgelände ist dafür zu unübersichtlich."
Eine große Anzahl Landser reagierte nicht mehr auf die Vorgänge, die jetzt geschahen, sie waren nur noch darauf aus, Abstand zu gewinnen, auf die morgens verlassene Anhöhe wieder hinaufzugelangen. Die nachhängende Gruppe mit Leutnant Hahn beeilte sich zu folgen, um keine Verzettelung aufkommen zu lassen. Sie orientierte sich nach den von Zeit zu Zeit hörbaren Zurufen aus der vorausstrebenden Gruppe. Langsam wich dabei die Erstarrung aus allen Gliedern. Die Monturen waren jedoch zu massig, als dass sich eine Austrocknung in dem lauen Abendwind hätte vollziehen können. Fröstelnd und zähneklappernd watschelten die Landser auf dem glücklich wiedergewonnenen Boden, wie einem Herdentrieb folgend, mühsam vorwärts. Leutnant Hahn setzte zu Riesenschritten an und wirkte dadurch wie ein Zugpferd. Für den Mongolen war es unfassbar, dass das Funkgerät mitgenommen werden musste. Es war für ihn so widersinnig, als hätte man einen großen Stein mitschleppen wollen. Hechelnd, spuckend und in Minutenabständen die Nase schnäuzend, stampfte er mit seinen kurzen, formgerecht gebogenen Reiterbeinen, die er sich von Jugendtagen an auf dem Rücken eines Panjepferdes angepasst zu haben schien, mechanisch wie eine Laufmaschine, wie ein Roboter, in dessen Bauch die Antriebsmaschine läuft und die Beine taktmäßig vorwärts reißt, auf dem weichen Sumpfgrund entlang.
Gehorchen musst du als Gefangener, deine ganze Kraft zeigen, so wollen sie es haben, und wenn du es genau so machst, wie sie es verlangen, dann werden sie dich loben und dich auch schön vollstopfen mit Kartoffeln, Brot und Fleisch und auch Schnaps. Die Fritzen tragen weiße Hemden im Krieg, jeder hat ein schönes Taschenmesser. Ihre kurzen Zigaretten haben sie in bunten Pappschächtelchen, die sie mit einem silbernen Feuerzeug anzünden. Jedermann hat eine schöne Armbanduhr, geben eine ab, wenn man gut gearbeitet hat. Ich kann viel und gut arbeiten. Komplizierte Maschinen führen sie überall mit hin, sie machen nichts ohne Apparat. Mit diesem Radio geben sie sich gegenseitig Bescheid, wo sie kämpfen und wenn sie Munition brauchen. Reiten wie wir können sie aber nicht, haben alle gerade Beine, würden vom Pferd abgestreift in diesem Buschgelände, könnten sich gar nicht richtig halten auf einem

Pferd mit ihren langen Beinen, kein richtiger Schenkeldruck. Nur nicht schlappmachen, würde keinen guten Eindruck machen, ach, ich schaff' das schon, auch ohne Politruk, der gleich erschießen will, wenn du keinen Mut zeigst.

Morgenroth übernahm das Funkgerät, als er sah, dass sein Gefangener abbaute. Abwehrend gab er zu verstehen, dass er weitertragen wolle. Doch Morgenroth gab nicht nach und liegend wurde es umgewechselt. Der Mongole trug aber immer noch in Gedanken mit, als wäre das Gerät ein Stück von ihm, das eigentlich nur ihm gehören konnte. Er vollzog jede Schwankung und Drehung Morgenroths nach und war immer auf dem Sprung, ihn abzufangen, wenn er stürzen würde, wie ein Artist seinen Partner. Das sollte nun doch nicht offenkundig werden, dass er die Anforderung, die man an ihn gestellt hatte, nicht erfüllen konnte. Einem ungeschriebenen Gesetz gehorchend, dass im Falle der Ermüdung des einen der andere für ihn einspringt, hatte Morgenroth nicht zuletzt auch unter Berücksichtigung der bevorstehenden, im Vergleich zu den überstandenen, jetzt kleineren Strapazen, so gehandelt.

Die Gruppe eilte der weit vorausgeeilten überstürzt nach. Keiner nahm mehr Rücksicht auf den anderen. Morgenroth und der Mongole bildeten bald den Schluss der Gruppe. Mit ängstlich suchenden Blicken beobachtete der Mongole das Buschwerk. Er trippelte Morgenroth ungeduldig voraus, als könne er ihm dadurch schnellere Beine machen. „Kruzitürken, was hauen die denn so schnell ab, der Iwan kassiert uns noch, wenn wir so weit abgehängt sind?", fluchte Morgenroth. Plötzlich stand ein Landser am rechten Ufer des Baches und winkte und rief mit unterdrückter Stimme: „Hier 'rüber, die anderen sind schon weiter!" Sogleich war er im Busch verschwunden. Mit einem Satz setzte der Mongole über den Graben. Morgenroth löste den Kasten von seiner Schulter, warf ihn ans jenseitige Ufer, sprang hinterdrein, der Mongole schlüpfte in die Tragriemen, Morgenroth zog ihn mit einer Hand hoch und weiter ging es jetzt im Gelände rechts des Baches. Sie liefen geradezu leichten Fußes durch das Grün des Gehölzes wie durch einen schützenden Tunnel.

Das Gesichtsfeld war nur auf den Schrittbereich der Füße begrenzt, um keinen Fehltritt zu tun. Sie schoben, ganz Ohr, weil nur so Verbindung zu den Vorgeeilten möglich war, durch eine homogene Masse aus Gras, Geäst und Laub. Des Feindes Terrain, das wie das Plasma eines lebenden

Wesens zu ihm gehört, ist bestrebt, jeden Fremdkörper, der eingedrungen ist, zu bekämpfen und zu verschlingen. Jeden Augenblick können sie aus dem Busch „Stoi!" (Halt!) rufen.

Der Mongole quälte sich wie von Furien gehetzt vorwärts, immer den ihm fremden Lauten folgend. Im Geiste sah er sich schon auf einem deutschen Gut bei einem Mahl in der Küche des Hauses. Kein Schießen mehr, nur das Brüllen von Kühen und Wiehern von Pferden wollte er hören.

Die Schießerei war schon einige Zeit verstummt, als sie eine Lichtung erreichten und auf die anderen des Stoßtrupps trafen. Die Landser hatten sich im Gras gelagert und hielten Nachschau über ihre verlorenen und weggeworfenen Sachen. „Ein MG zur Sicherung dort raus und eins dort raus", sagte Leutnant Hahn, mit der rechten Hand entsprechend deutend. „Wo habt ihr eigentlich eure Munitionskästen?", fragte er mit ironischem Unterton. „Zurückgelassen im Bach, war nicht anders möglich", gab ein Landser zurück. „Ein paar sind ja noch da, die werden uns hoffentlich genügen", stellte Leutnant Hahn befriedigend fest und hockte sich nieder, die Arme um seine angezogenen Knie schlingend. „Euer Funkgerät habt ihr auch mitgekriegt?" sagte er zu Morgenroth gewandt, ungläubig den Kopf schüttelnd. „Der Mongole hat treu und brav durchgehalten, er hat eine Pferdenatur, auf dem könnte man Holz hacken, der ist einfach unverwüstlich", explizierte Morgenroth im Unterton von Besitzerstolz. „Diese Burschen sind zähe wie die Panjepferde. Er hat ja auch typische Reiterbeine, die sind im Sattel geboren. Die mongolischen Reiterstämme haben ja bekanntlich rohes Fleisch unter dem Sattel gar geritten, sozusagen im eigenen Saft geschmort." „Das war dann Hackfleisch à la Tartar." „Seine Fresswerkzeuge sind homodont, die haben Vorrang im Gesicht. Der Akt des Essens ist hier die höchste Lustbefriedigung." „Seine Zähne sind ebenmäßig, wie an einer Perlenschnur aufgereiht. Das ist ein Vorzug, mit dem ihn die Natur ausgestattet hat, Schönheit der Form und Höchstmaß der Nützlichkeit fallen hier zusammen, was man als Glücksfall bezeichnen kann. Sie werden es als solches gar nicht empfinden, denn es wird bei diesen Naturvölkern nichts Besonderes darstellen, dass es so ist, eben weil ein jeder damit ausgestattet ist." „Künstliche Gebisse sind ihnen wahrscheinlich vollkommen fremd. Das ist nun allgemein bekannt, dass die sogenannten westlichen Kulturvölker den Makel des frühzeitigen Zahnverfalls tragen, der überwiegend eine Folge der Ernährungsweise sein soll. Die gekochten Speisen geben den Zähnen zu wenig Beschäftigung. Diese Naturburschen verzehren doch vorwiegend harte, rohe Lebensmittel. Bei Gefangenen hat man ja schon als Verpflegung, anstatt Brot, Säckchen mit Maiskörnern und getrocknetem Fleisch vorgefunden. Das macht denen gar nichts aus, die Körner zu beißen."

Der Boden, auf dem sich die Landser gelagert hatten, war trocken und noch warm von der tagsüber eingefangenen Sonnenhitze. „Jetzt sollte man sich im heißen Sand einbuddeln können, dann wären die nassen Klamotten schnell trocken", sinnierte ein Landser. „Erst die eine Hälfte die Feldblusen ausziehen und auswringen, wenn ihr damit fertig seid, macht die andere Hälfte, sagen wir mal die von hier bis zu dem Unteroffizier da vorne, genau dasselbe. Stiefel und Hosen aber nicht ausziehen, könnt ihr später im Zelt machen!", befahl Leutnant Hahn. Apathisch befolgten die Landser diese Anweisung. Ein Teil von ihnen hielt sich für zu sehr ermattet und befolgte sie nicht. Morgenroth lag auf dem Bauch und hatte seinen Kopf auf seine Ellenbogen gestützt. Bedächtig sog er den Duft des Grasbodens Zug für Zug genießend ein und kam dabei in ein leichtes Grübeln. Kristallklar der Geruchssinn, das also ist der Duft des Bodens, der kaum von eines Menschen Fuß betreten worden ist. Man nennt ihn zuweilen auch „Heilige Mutter Erde". Lebend habe ich sie wieder, diesem Höllenspektakel entronnen, vielleicht nur von den stampfenden Hufen des apokalyptischen Reiters zur Seite geschleudert. „Mütterchen Russland", das alles verzeihende, erbarmungsvolle. Letzter Trost und Hoffnung für die Tragik des Menschenschicksals in diesem Land. Ein Gebiet, unermesslich riesengroß, das eine Überfülle an Erwerbsmöglichkeiten bietet, weil zu einem beträchtlichen Teil noch unerschlossen, das Lebensraum für weitere dreihundert Millionen hat, das aber auch grausam und erbarmungslos sein kann.

„Wo ist Wachtmeister Berger?", fragte Leutnant Hahn über die Köpfe hinweg. „Der fehlt noch", antworteten die Landser von der Gruppe, die unter Nichtbeachtung der nächstliegenden Deckungsmöglichkeiten über offenes Gelände geflüchtet waren und dadurch zwei Verwundete zu beklagen hatten. „Er sagte zu uns: ‚Komm mit mir, ich unterlaufe jetzt den toten Schusswinkel seitwärts nach hinten zum Iwan. Das ist doch der Wahnsinn, was Leutnant Hahn da macht, so wie ich will, kommen wir doch schneller von hier weg.'" „Dann ist er wahrscheinlich verwundet oder gefangen genommen. Jetzt einen Trupp loszuschicken und ihn zu suchen, das geht schlecht, denn es wird schon dunkel. Da können wir nur hoffen, dass der Iwan ihn gefunden hat", stellte Leutnant Hahn endgültig fest. „Der findet auch wieder zurück, wenn er sich verirrt hätte, hat ja Kompass und Karte bei sich." „Und was macht unser junger Spund, der nicht mehr mitmachen wollte?", fragte Leutnant Hahn vorsichtig mit einem verzeihenden Lächeln auf den Lippen. „Hier ist er", sagte ein Landser, seinen Kopf richtungweisend dorthin bewegend, wo sich der Gesuchte gelagert hatte. „Du hast noch die Eierschalen hinter den Ohren, beim nächsten Mal wirst du schon viel ruhiger sein. Immer ruhig Blut bewahren, wenn es turbulent zugeht, sonst wirst du ein Opfer deiner eigenen Zappeligkeit." Einige Landser schauten befremdlich auf den jungen Rekruten, der ungerührt auf dem Boden hockte und auf einem Grashalm kaute. Seine Uniform hing unschicklich verzogen am Leib, das Koppelzeug war verrutscht, das Seitengewehr hing ihm auf dem Gesäß, und die Gasmaskenbüchse baumelte an seiner rechten Bauchseite. Bei diesem Anblick war dieses Häuflein Mensch vergleichbar mit einem jungen Pferd, das versucht hatte, sich aus dem ungewohnten Geschirr zu befreien, das ihm auferlegt worden war. Geistesabwesend starrte er fortwährend auf einen Fleck und atmete schwer und tief. Was um ihn herum geschah, schien ihm gleichgültig zu sein. „Und doch hat er eine Nase für den richtigen Zeitpunkt zum Ausbruch gehabt, war vielleicht unsere Rettung", setzte Leutnant Hahn fort. Etliche Landser wendeten jetzt ihre Köpfe zu Leutnant Hahn und sahen ihn verwundert an und blickten anschließend auf ihren absonderlichen Kameraden, den sie jetzt von einem anderen Standpunkt aus betrachteten. „Auch du trägst den Marschallstab im Tornister, du steigst langsam in den Augen deiner Vorgesetzten, Jupp, hast du das soeben mitgekriegt?", sagte einer der ihm am nächsten liegenden Landser und hängte eine Lachsalve an, die den trotzigen Knaben zu einer freundlichen Miene anregen sollte. Der Angesprochene wälzte sich grunzend und mit einem leichten Anflug von „In-sich-hinein-grinsen" im Gesicht auf die andere Seite, schob sein Käppi in die Stirn, biss den Grashalm entzwei und spuckte ihn aus, hüstelte seinen Kehlkopf zum Sprechen frei, legte das Kinn an die Brust und von unten herauf blickend sagte er: „Ich hab' aber heute keine Lust, auch noch eine Beförderung zum nächsthöheren Dienstgrad mitzumachen“, und lachte verstohlen in sich hinein. „Für heute bist du bedient. Ja, das war aber auch ein Himmelfahrtskommando. Da sind wir dem Iwan soeben noch mal durch die Lappen gegangen.“ „Ein jeder muss seine Feuertaufe erst einmal bestehen. Hat man sie überstanden, sehen die Dinge schon anders aus“, philosophierte Leutnant Hahn belehrend. „Das war aber heute mit Feuer und Wasser zugleich getauft. Da bist du doch von den Socken, wie's da mal wieder rundging. Ich hab sogar jetzt noch Schlamm in den Löffeln hängen.“ „Die werden dann umso sauberer sein, wenn du dich auch mal wieder ordentlich wäschst.“ „Mann, einen Kohldampf hab' ich, ich könnte jetzt verrostete Nägel verputzen“, brummelte ein Landser laut vor sich hin. Seine Umgebung reagierte genießerisch schmunzelnd darauf, als hätte jemand „Essen fassen“ gerufen und gab sich der schönen Täuschung hin, in dem sie ihr Hungergefühl durch mehrmaliges Schlucken zu befriedigen versuchte. „Frisst Alteisen und scheißt fertige Lokomotiven!“, knallte jetzt ein stiernackiger Landser über die Köpfe hinweg, der gewohnt war alles „en gros“ zu nehmen und federte aus seiner Bauchhöhle im Basston einige „Ha, ha, ha“ nach. Alle anderen platzten ein vielstimmiges, prustendes und lippenflatterndes Gelächter hinterdrein, gleichsam die Absurdität dieser Vorstellung wieder ausblasend, was bei einigen von einem ungläubigen Kopfschütteln begleitet war. „Ja, diesmal konnten wir nichts an Land ziehen, kein einziges Ei zu finden, kein Huhn. Ich vermisse direkt etwas, wenn ich nicht alle paar Tage ein Huhn habe.“ „Du kannst ja gar kein Huhn schlachten, musst doch immer abwarten, bis du etwas abkriegst.“ „Das werde ich auch nie lernen. Aber du kannst doch nicht leugnen, dass ich dir immer schöne Exemplare in die Hand treibe.“ „Wie zum Beispiel diesen alten Gockel mit seiner tiefen Stimme, die sich anhörte, als würde ein alter Metzgerhund bellen.“ „Eine Jagd war das, bis wir den hatten! Er hatte sich unter ein Haus geflüchtet. Wie den jetzt vorkriegen? Mit langen Stangen haben wir dann drunter herumgestochert, bis wir ihn dann endlich hatten.“ „Und dann habe ich ihn stundenlang gekocht, bis er halbwegs gar wurde. Blaues Fleisch hatte er, und zäh wie Leder war's. War halt schon ein uralter Vertreter seiner Rasse.“ „Kürzlich sah ich einmal einen Gockel ohne Kopf noch laufen, das hatte ich auch noch nicht gesehen“, setzte Leutnant Hahn hinzu. Die Landser schrieben es Leutnant Hahns andersartigem Lebensbereich zu, aus dem er kam, dass er daran etwas Besonderes fand. Sie sahen in ihm den Sohn aus gutem Hause, der sich noch nie in seinem Leben um die notwendigsten Dinge zu sorgen brauchte. Im Kriege wirkte sich diese Tatsache als ein Mangel aus und wurde auch als solcher angesehen. Den Offizieren und Soldaten aus diesem Wohlbehütetsein des Elternhauses sah man sofort an, dass sie immer und überall einer gewissen Hilflosigkeit ausgeliefert waren. Aber Leutnant Hahn zeigte achtungsgebietende Fähigkeiten als Offizier und Vorgesetzter, weshalb man das bei ihm als unerheblich empfand.

„Wie schön ruhig es hier sein kann, beinahe eine richtige Feierabendstimmung. ‚Abend wird es wieder, über Wald und Feld', dieses Lied könnte ich jetzt anstimmen. „‚Über Wald und Sumpf', wäre dann wahrheitsgetreu, würde sich dann aber nur auf dumpf reimen", brachte ein Landser pathetisch hervor. „Ein Gesang zur Balalaika wäre gar nicht so übel jetzt. Aber wer von uns hier könnte schon die Laute schlagen? Wir sollten uns zu diesem edlen Zwecke einen Dorfbewohner engagieren. Die sind aber alle rechtzeitig stiften gegangen. Ist überhaupt eine Seltenheit, dass man hier Menschen antrifft."

„Auf, weiter geht's!", Leutnant Hahn gab den ausgestellten Sicherheitstrupps noch Zeichen, dass sie langsam zu folgen hätten. Einigermaßen erholt marschierte der Stoßtrupp schnellen Schrittes hügelan. Die überstandene Episode war jetzt nur noch eine mehr in einer Reihe von vielen. Die Menschenkörper waren fast bis zur Erschöpfung ausgepowert, als das noch irgendeiner hätte nachdenken wollen und sie verlangsamten ihr Marschtempo bald. Lahm und müde schleiften sie sich vorwärts. Die Ausgangsstellung hatte magische Anziehungskraft und ihr Durchhaltungswille wurde dadurch bestärkt. Das Hungergefühl war durch die übergroße Müdigkeit vollkommen überdeckt. Nur noch liegen und schlafen hatten sie im Sinn. Der Kommandeur der AA kam ihnen aufgeregt entgegen, als sie in die Stellung hineinwankten. Leutnant Hahn erstattete in knappen Sätzen Bericht. Eine kleine Anzahl Landser umringte den Kommandeur und sie verschafften ihrer Wut durch lautes Fluchen Luft. Zunächst ignorierte er die Schimpfkanonade, dann wies er sie zurecht und befahl ihnen, dass sie sich schlafen legen sollten. Die Mehrzahl hatte sich bald in die Zelle verkrochen und verfiel einem totähnlichen Schlaf. Nur einer renommierte noch laut und siegesbewusst seinen am Stoßtrupp nicht beteiligt gewesenen Kameraden gegenüber.

„Hurräh!“ Nachtangriff vom Iwan. Der Kavallerie-Geschützzug schießt drei Granaten in das Nachtlager der eigenen Truppe

Graue, verwitterte Blockhäuser umstanden regellos den Dorfplatz, über den die AA einzog und sich zu einem großen Teil in die Behausungen verteilte, bevor nähere Anweisungen über weitere Kampfmaßnahmen befohlen wurden. Pralle Mittagsglut strömte gemildert von den Holzwänden der Häuser wider. Die dunklen Löcher der Hauseingänge anzusteuern und die muffige Kühle des Hausinneren aufzusuchen war das instinktmäßige Bestreben der staubbedeckten Landser. Rohgezimmert die Haustüren, die Klinke ebenfalls aus Holz, ungehobelt zusammengefügt, erfüllte dieses an einem Hause täglich am meisten benutzte Teil in der ländlichen Lebensgemeinschaft vollkommen seinen Zweck. Das einzige Zugeständnis an Technik und Zivilisation schienen die Fensterscheiben zu sein. Nach Millimetern zu rechnen, das war hier reiner Hohn, wo sich die Menschen nicht in die Vertikale zusammendrängen mussten. Mit Axt und Säge konnte den Ansprüchen an die Wohnkultur in jeder Hinsicht Genüge getan werden. Ein Bettgestell aus Holz, mit Ölfarbe gestrichen, mit prall gefüllten Federkissen aufgemacht, gehörte zu den Luxusgegenständen, das als Paradestück das Wohnzimmer zierte. Diese Bettstatt, die von ihren Eigentümern nie zu seinem ursprünglichen Zweck benutzt wurde und nur als Wohlstandssymbol diente, war in dieser Phase des Zeitgeschehens das Überflüssigste, was in dem Verlangen eines Menschen stehen konnte. Die Bewohner des Ortes waren geflüchtet. Die wie Abklopfgeräusche sich anhörenden, auf Holzfußböden polternden, hastigen Schritte der Landser in der Leere dieser von Menschenhand aufgetürmten Holzkästen gaben den Eindruck, in leeren Schneckenhäusern umeinander zu klappern. Die Echos der laut gesprochenen Worte hallten von den Hauswänden auf die Straße zurück, als würden sie keine Resonanz mit den akustischen Gegebenheiten finden können. Leblos, wie tote Augen guckten die Fenster starr drein.

Waffenklirren und Motorenlärm der Fahrzeuge, die Befehlen zur Sicherung des Ortes nachgingen, klangen wie ein Konzert der Kriegsinstrumente in einem Holzbudenviertel, das durch wenige Kanonenschläge wie ein Kartenhaus hätte zusammenfallen können. Stahlharte Maschinen wie Eisenspeere in weichem Holzkörper auf leichtem Boden eindringend.

Kein sorgenvolles Stöhnen von den Lippen verständnislos blickender Mütter, kein ängstliches Entschlüpfen von sich eigene Machtlosigkeit eingestehenden Männern, keine neugierig durcheinanderlaufenden Kinderscharen, die bunte, noch nie gesehene Dinge von den fremden Soldaten betteln wollen und diese in unbewachten Augenblicken wagemutig stehlen würden. Abgezogen wie eine Wolke war mit der überstürzten Flucht der Einwohner die lärmende Geschäftigkeit der ländlichen Tagesabläufe. Die Verlassenheit der Ortschaft gab der nach kurzer Zeit einsetzenden Ruhe etwas Trügerisches. Wie ein Köder schien dieser Ort vom Feind zur Einnahme angeboten. Mit fragenden Blicken versuchte einer vom anderen dessen Ansicht über die neue Lage vom Gesicht abzulesen, Furcht oder Unbesorgtheit zu entdecken. Jedoch, weshalb sollte einem bange sein, wenn der Feind vor einiger Zeit gewichen war? Die Gunst des Augenblicks galt es zu nutzen. Jeden Moment konnte ein neuer Befehl ergehen, einen Spähtrupp nach Punkt so und so machen, und deshalb wäre die begonnene Gründung eines Stammsitzes, das Abstecken eines eigenen Reviers wieder aufzugeben.
Im Schatten dieses Baumes schlage ich meine Zelte auf. Zwischen die Gabelung der dicken Wurzeln legst du dein müdes Haupt. Der Raum, den mein Körper belegt, das ist mein Platz, hier liege ich, und nun sollte mal einer kommen und sagen: „Da wollte ich mich doch hinlegen, das ist mein Platz, den hatte ich schon vor dir ausgesucht und belegt.“ Der „Furor teutonicus“ würde in mir erwachen, wie ein weidwunder Stier würde ich aufspringen und ihn zermalmen. Russland ist riesengroß, aber ausgerechnet dieses Fleckchen Erde will er mir streitig machen, diese blasierten Portokassenjünglinge! Ein riesiges, weißes Wolkengebilde am hellblauen Himmel. Die Augen umstreifen es, lassen seine unermessliche Größe erahnen. Ein Gesicht ist in dem quellenden Wolkenberg zu erkennen, mit übergroßem Vollbart. Kurios, eine täuschende Ähnlichkeit mit dem Gesicht des Kartenspielers auf dem rauchgeschwärzten Genrebild daheim im „Gasthaus zur Sonne“. Sogar der generöse Ausdruck und in der linken Hand die fächerartig aufgesteckten Karten, am rechten Schultergelenk angelehnt, um dem Spielpartner kein leichtes Spiel mit ihm zu geben. Er ist es wieder! An einem gleichen Sommertag vor ungefähr zehn Jahren sah ich ein Wolkengesicht am Himmel und stellte mir vor, das könnte der liebe Gott sein. Im Alter von zehn Jahren ist der Mensch ein

Genie, er weiß noch nichts von seiner zukünftigen Größe, aber er glaubt an das Unendliche. Der da oben hält die Trümpfe in seiner Hand.
Morgenroth döste noch eine geraume Weile und schlief ein. Zwei sich balgende Landser schreckten ihn wieder auf. Er zwang sich dazu, diese Störung in Kauf zu nehmen, und schlief wie ein Hase mit offenen Augen. Die hin und her springenden Umrisse der beiden Gestalten schienen aber nicht vor seinen Augen verschwinden zu wollen, und deshalb war er willens aufzuspringen, um sie zu verscheuchen. Jedoch die Müdigkeit seiner Glieder hielt ihn zurück, und so führte er es nur in Gedanken aus. Lediglich ein im Halbschlaf ausgestoßener Fluch war seine einzige Reaktion. Diese bewirkte ein sofortiges Verschwinden der beiden.
Nach circa dreißig Minuten wurde er durch Getrappel auf der Straße aus seinem festen Schlaf gerissen. Im Augenblick des Erwachens wusste er nicht, wo er sei. Er versuchte, den Grund für den Anlass der unter einem großen Baumstamm zusammenströmenden Landser zu erraten. Wie elektrisiert sprang er auf, lehnte sich einige Sekunden lang mit seiner rechten Schulter an den Baumstamm und entschloss sich, ihnen nachzutun. Im niedergewälzten Gras lag noch sein Gewehr. Er raffte es auf, ein unerlässliches Requisit, dessen stählernes Rohr wie eine Standarte hinter seiner rechten Schulter etwa handbreit diese senkrecht überragte. Ohne diese äußerlich sichtbare Ergänzung seines Ichs wäre er als Soldat unvollständig gewesen. Zudem zählte in der Kampfeinheit primär die Waffe, dann erst ihr Träger. Morgenroth warf noch einen Blick auf seine verlassene Kuhle und stakste den anderen schlaftrunken nach. Geschlafen habe ich wie ein Wachhund, dachte er, immer auf dem Sprung sein, sonst bist du verloren, wachst in Gefangenschaft wieder auf. Dicht gedrängt umstanden circa fünfzig Offiziere und Mannschaften den Kommandeur der AA. Neugierig lauschten sie seinen Worten, als er von einem Blatt Papier einen Armeebefehl vorlas. Darin war ein Befehl Stalins an die „Rote Armee“ zitiert, der im Wesentlichen besagte: „Die faschistischen Truppen kämpfen nur bei Tage, nachts begeben sie sich zur Ruhe in Städten und Dörfern und schlafen. Die Soldaten der Roten Armee erhalten den Befehl, sie nachts zu überfallen und zu vernichten.“ Diese Absicht Stalins konnte keine bloße Phrase sein, denn Überfälle der angekündigten Art hatten schon bei der Nachbareinheit stattgefunden.
Im profillosen Gesicht des Kommandeurs zeigte sich Ratlosigkeit. Die

randlosen Gläser seiner mit vergoldeten Haltebügeln versehenen Brille gaben seinem Gesicht den Ausdruck eines blöde glotzenden Fisches, der von einem Angler aufs trockene Land geschleudert worden ist. Sein Adjutant schlussfolgerte impulsiv: „Da gibt es nur eines: Stellungswechsel machen! Tagsüber hat uns der Iwan in diesem Ort beobachtet, also werden wir nachts woanders kampieren, dann stößt er ins Leere, wenn er uns angreifen will.“ Der Kommandeur atmete erleichtert auf, als sein Adjutant diese kristallklare Entscheidung getroffen hatte. Entweichen, das war seinem innersten Wesen gemäß. Jedoch der Entschluss seines Adjutanten schien ihm äußerst kühn, wenn er auch seinem inneren Drang gelegen kam. Seine Bedenken, ob diese eigenmächtige Handlung mit dem Befehl der Division, die angewiesene Stellung zu halten, vereinbar sei, zerstreuten sich aber wieder schnell, insofern auch, als der Adjutant bereits Befehl zum Stellungswechsel gegeben hatte. Die deutsche militärische Grundregel, jede Entscheidung eine Nacht zu überschlafen, konnte hier wieder besserer Einsicht nicht gelten. Zudem war es kein ohnmächtiges Verharren gegenüber der drohenden Gefahr, es war ein elastisches Zurückweichen und damit auch ein Aufladen der Abwehrkräfte.

Der Adjutant, Oberleutnant Mielke, hatte mit korrekter, bühnenhochdeutsch gesprochener Stimme den Befehl gegeben, die keinen Widerspruch duldete. Jeder Einzelne spürte unbewusst die Ultima Ratio in der jetzigen Situation. Das markante Profil seines Gesichts zeugte von Intelligenz. Eine leicht gebogene Nase, resolut blickende Augen, Züge der Entschlossenheit um den Mund, hätten leicht dazu verführen können, Oberleutnant Mielke symbolisch auf den Schild zu erheben und ihn „Adlerauge“ zu nennen. Wenn Gelegenheit vorhanden gewesen wäre, hätte man ihn vielleicht auch von einer jovialen Seite kennengelernt. Jedoch boten die Ereignisse keine Zeit dazu. Was von ihm ausging und das Vertrauen und Bewusstsein der Landser positiv beeinflusste, waren sein Weitblick, seine Sachlichkeit, sein taktisches Geschick und sein gutes Einvernehmen mit dem Ia der Division. Alle Qualitäten eines preußischen Offiziers waren in ihm vereinigt. Einschränkend könnte dabei allerdings empfunden werden, dass „preußisch“ doch mehr geografisch einengend sein könnte, im Geiste des neuen Deutschlands, erweitert, „Großdeutschland“ wäre angemessener gewesen. Pluspunkt bei der Bewertung seiner Persönlichkeit als Offizier war noch zusätzlich die Tatsache, dass Oberleutnant Mielke sich aus dem Unteroffiziersstand hochgedient hatte. Ergo eine Beförderung, die vorwiegend aufgrund von Leistung und Eignung erfolgte, die dem neuen Typ des Volksoffiziers entsprach. Der Kommandeur der AA war ein krasses Gegenstück zu ihm. Ohne Oberleutnant Mielke wäre er in allen Situationen vollkommen hilflos gewesen. Diesen Missstand musste Oberleutnant Mielke folgsam hinnehmen, denn er durfte nicht die Ablösung seines Vorgesetzten von seiner übergeordneten Dienststelle fordern. Ein solches Verlangen hätte dem militärischen Gehorsamsprinzip widersprochen. Solange die AA gemäß der Vorstellung des Divisionskommandos in ihrer Gesamtheit erfolgreich operierte, wäre auch kein Grund gewesen, diesem stattzugeben. Einsichtsvoll fügte er sich und versuchte aus der Not eine Tugend zu machen, indem er das tat, was er für richtig hielt, dabei a priori die Ansicht seines Kommandeurs nicht in allen Dingen für falsch empfindend, denn die AA war auf Gedeih und Verderb auf sich alleine gestellt. Nur durch stetes Lavieren bei den Kampfhandlungen konnte ein gewisses Vertrauen auf die eigene Stärke der AA geschaffen werden. Nicht zuletzt handelte er also auch aus reinem Selbsterhaltungstrieb. Übertriebener Ehrgeiz beeinflusste niemals seine Entschlüsse. Die Unfähigkeit seines Vorgesetzten in der Führung der Truppe entfachte in ihm die Unruhe eines Alleinverantwortlichen. In jeder Sekunde war er mobil, um im schnellen Griff der Situation Herr zu werden.

Auf der Generalstabskarte suchte Oberleutnant Mielke die neue Stellung aus. Pro forma holte er die Zustimmung des Kommandeurs ein, derer er im Vorhinein sicher war. Diese von ihm wieder beachtete Respektierung seines Vorgesetzten war nichts mehr als eine Geste. Für den Kommandeur selbst war es ein Strohhalm, an den er sich klammerte, um seinen Selbstbehauptungswillen zu retten.

In der Dämmerung löste sich die AA aus dem Dorf. In größeren Gruppen strebte sie einem sanft ansteigenden Höhenrücken zu. Nach ungefähr einer Stunde war eine teilweise abgebrannte Kolchose (verstaatlichtes Gut) erreicht. Es wurde „Halt“ befohlen, das Gelände erkundet, und die Einigelung begann. Eine starke Abschirmung wurde hügelan aufgebaut, die vom Standort aus als „nach hinten“ angesehen wurde. Eine Pak wurde zur Sicherung des Ortseinganges auf den Weg platziert. MGs bildeten

seitwärts anschließend den Sicherungsring. In der Mitte des Igels hatten verstreut die Fahrzeuge Aufstellung genommen. Hier waren die Landser auf Nachtruhe eingestellt und bereiteten das Lager. Jetzt hatte man eine neue Stellung und in der Dunkelheit konnte man sicher sein, dass man nicht gefunden würde. Morgenroth breitete innerhalb der Brandstätte einer Scheune eine Schütte Stroh. Er und noch fünf andere Landser des Nachrichtenzugs legten sich darauf zum Schlaf nieder. Noch einige Sekunden erdenfernes Entschweben in den sternenklaren Himmel und ein Gefühl der Geborgenheit im sternenfunkelnden Mitternachtshimmel umfing sie. Unrhythmisches Gliederzucken und tiefe Atemzüge zeigten an, dass sie in einen erlösenden Schlaf gefallen waren.
Nach einer Viertelstunde urplötzlich ein vielstimmiges „Urräh" aus hundert Russenkehlen. Morgenroth riss es hoch in Sitzstellung. Er wollte brüllen wie ein aufgeschrecktes Kind, aber Angst lähmte ihm den Atem. Die anderen rappelten sich ebenfalls hoch und tappten hilflos und verwirrt in der Dunkelheit gegeneinander. MG-Feuer flackerte jetzt auf und alle starrten in die Richtung, aus der der Lärm kam. Hysterisch geschriene Befehle brachten den Haufen in wilde Bewegung. „Auf, auf, raus, der Russe greift an!" „Wo denn, wo sollen wir jetzt hin?" Drei Granaten schlugen neben der aufgescheuchten Gruppe ein. Handgranaten explodierten. „Aufpassen, dass ihr euch in der Dunkelheit nicht gegenseitig erschießt", flüsterte ein Unteroffizier. Weiße Leuchtkugeln erhellten die Szene gespensterhaft. Zwischen den Roggenfeldern war jedoch nichts zu erkennen. Nach etwa zehn Minuten hörten das mörderische Geschrei und die Schießerei auf, und der Spuk schien beendet zu sein. Nur noch unablässiges Aufschreien von Verwundeten schreckten die mimosenhaft empfindlichen, aus dem Schlaf gerissenen Landserseelen, wie ein herzbeklemmendes Klagelied über dem nächtlichen Höllenspektakel. Fröstelnde Kühle trieb die Landser wieder auf das Strohlager unter die wärmende Decke. Die erlittene Niederlage war zugleich eine Kriegserfahrung mehr: immer nach allen Seiten auf der Hut sein, von wo die Gefahr kommen konnte, ließ sich nicht im Voraus berechnen. Reiner Glücksfall, nicht anwesend zu sein, wo der Zusammenprall stattfindet. Drei Granaten dazwischen gefeuert, den Feind pulverisieren! Sie waren das Werk der „Leichten Kavallerie". Gut gemeint. Gleich mit schwerem Geschütz auffahren, gleich eine harte Sprache sprechen!

Der Kavallerie-Geschützzug, der außerhalb des Igels, vielleicht ohne besondere taktische Erwägungen hangabwärts in einer Schlucht in Stellung gegangen war, hatte, um nicht tatenlos sein zu wollen, im Übereifer drei Granaten hineingeschickt. Als sie aus den Rohren waren, sah man das Unsinnige ein und rang verzweifelt die Hände. Es war nur noch zu hoffen, dass sie kein Unheil anrichteten. Wachtmeister Crusius' Stellvertreter, ein rothaariger, langer Schlaks, nahm die Gelegenheit wahr, einmal nicht prophylaktisch schießen zu müssen. Die Landser innerhalb des Igels hatten sich mechanisch leicht geduckt, als die Splitter verrauscht waren. Sie hielten sie für dazugehörig. Ihre Aufmerksamkeit war mehr auf das „Urräh"-Geschrei gerichtet. Als einer nach kurzer Zeit die Nachricht überbrachte, dass der Kavallerie-Geschützzug auf diese Weise in den Kampf eingreife, fürchteten sie zunächst, die aufgrund einer Fehleinschätzung beabsichtigte Hilfe könne nicht schnell genug durch die schwierige Benachrichtigungsmöglichkeit in der Nacht verhindert werden. Als aber den ersten drei Einschlägen keine weiteren mehr folgten, atmeten sie erleichtert auf.

Et oriente lux. Kalte Helligkeit am östlichen Horizont kündigte einen neuen Tag an. Riesig weite, grausame Natur, menschenverschlingend, lebewesenfeindlich! Fertigmachen zum Weitermarsch. Zwei Tote und neun Verwundete waren das Fazit der vergangenen Nacht. Die Pak hatte der Iwan erbeutet und mitgenommen. Das Bravourstück, das sich der Kavallerie-Geschützzug geleistet hatte, stimmte irgendwie bedrückend, weil es wie ein Naturereignis unabwendbar schien. Verzeihlich war es im Endeffekt aber wiederum nun auch deshalb, weil es keinen Schaden angerichtet hatte und eventuell den Feind von erweiterten Angriffen abgehalten haben könnte. Holzkohlenschwarzes Balkenwerk der abgebrannten Scheune glänzte in den ersten Sonnenstrahlen. Erloschene Glut, die in den zurückgelassenen, wirr umherliegenden Resten wie in Lettern einen Nekrolog auf den gestrigen Tag geschrieben hatte. Das Bild der Verwüstung rief eine grässliche Erinnerung wach an die verkohlten Menschenkörper, die in und neben dem von deutschen Flugzeugen zerschossenen Lazarettzug der Roten Armee in einer Stadt in Litauen lag, auf ein Viertel ihrer ursprünglichen Körpergröße zusammengeschrumpft. Wahnwitzig genug, diesen Zug nicht mit dem Roten Kreuz zu kennzeichnen und

noch Fliegerabwehrgeschütze obenauf zu montieren, um damit auf die deutschen Angreifer zu schießen.
Schauererregende Nachbildungen, diese verkohlten Balkenreste, von verbrannten Menschenleibern im deformierten fortgeschrittenen Stadium der Verwesung. Nur hinaus, diesen Ort der Niederlage fliehen, der das Odium des Todes trägt! Hinaus ins freie Feld, wo im ersten Tageslicht der Erdfloh springt und dir beweist, dass die Erde lebt! Funkelnden Morgentau trinken meine Hände, befreit vom stumpfen Staub der Nacht!

Vom Iwan erbeutete Pak-Kanone soll ihm wieder entrissen werden

Die Landschaft war schon von der Sonne hell erleuchtet, als sich die Mannschaften der motorisierten Teile der AA zu einem Appell zusammendrängten. Weit drüben bei dem Dorfe sei der Iwan mit der erbeuteten Pak an einer Straße entlangziehend gesichtet worden, die es ihm wieder zu entreißen gelte, verkündete der Führer des Pak-Zuges, ein Wachtmeister, mit beschwörender Stimme. Er erwartete begeisterten Beifall. Aber die Landser reagierten mit Gleichgültigkeit, denn eine Kampfführung dieser Art war ihnen neu. Nun wollte er dazu ermuntern, dass sich einige Freiwillige melden sollten, damit er für sein Unternehmen stark genug sei. Jedoch kein einziger meldete sich. Sie sahen sich gegenseitig nur fragend an. Dieser Wachtmeister, das war doch der „Gipskopf", der im Quartier in Ostpreußen einen äußerst strengen Kasernenhofdienst aufzuziehen versuchte. Als er einmal als „Offizier vom Dienst" den Schlafsaal betrat und Zapfenstreich gebot, schrien seine Mannen: „Gipskopf raus!" Er war aber klug genug, diese Meuterei zu überhören und verschwand wieder ohne seinen pedantischen Diensteifer zur Geltung zu bringen. Der seinem Äußeren entsprechend treffend gegebene Spitzname schien vollauf rechtens zu sein. Sein kahlgeschorener Schädel mit einer wenige Zentimeter hohen, hellblonden Bürstenplatte obenauf, saß auf dem stiernackigen Hals wie eine umgekehrte Pyramide. Dazu war sein Gang steif und aufrecht, als hätte er ein Lineal verschluckt. In der Sommerhitze nahm seine Haut keine Bräune an, sodass er zu allem noch blass blieb wie eine Kalkwand. Dieser krasse Gegensatz zu einem kohlenstaubgeschwärzten Bergmann konnte niemals bei seiner Mannschaft ein Gefühl der Verbundenheit als Folge von gleichen Berufsinteressen wecken, die gemeinhin mit der Feststellung „Gleiche Brüder, gleiche Kappen" apostrophiert wird. Diese Männer waren Bergleute aus dem Ruhrgebiet und bestimmten den Geist im Pak-Zug. Stämmige, mittelgroße Männer, die tief Untertage vor Kohle harte Arbeit zu leisten verstanden, ließen keinen gelten, der etwa im Tagebau nach billigem Gips schürfte. Weiß war für sie nicht der Inbegriff der Reinheit, sondern der Leere. Sie gebärdeten sich wie reißende Wölfe, wenn sie aus der Dunkelhaft entlassen wurden und nach oben ans Tageslicht kamen. In der erdrückenden Masse der

Erde wühlten sie nach Kohle. Sie sind zu diesem Zwecke abgerichtet worden. Die Menschheit muss in die Tiefe der Erde gehen, um ihre Lebensbedürfnisse befriedigen zu können.
Sichtlich enttäuscht brach der Wachtmeister doch mit einigen von ihnen auf. Mit einem vollbesetzten Lastwagen brausten sie auf das nächstgelegene Dorf zu. Tolldreist und unbekümmert suchten sie den Ort ab, mit dem Eifer eines Bestohlenen, der sein Eigentum wieder auffinden will. Mit dem Mute eines Verzweifelten hetzte der Gipskopf den Fahrer des LKWs vorwärts.
Diese Scharte wollte er wieder auswetzen, der Verlust eines Geschützes war für ihn eine Blamage ohnegleichen, die seinem bisherigen korrekten Verhalten einen Schaden zufügte und zugleich sein Selbstvertrauen in seine Unfehlbarkeit auf das Tiefste erschüttert hatte. Eine Art Selbstbestrafung wollte er durch dieses Unternehmen an sich durchführen, durch demonstratives Aussetzen in Todesgefahr wollte er sich geißeln, denn nur durch eine ruhmvolle Tat glaubte er sein öffentliches Ansehen wieder heben zu können, selbst wenn er dabei fallen würde. Bestärkt durch die Anerkennung seines freiwilligen Entschlusses vonseiten der Führung der AA, blickte er hypnotisch auf seine Bergleute, die ihm ohne Widerspruch gehorchten. Sie vermissten ihr Geschütz ungleich mehr als er, denn sie konnten es in Gedanken nicht mehr auf ihn richten, auf ihren Feind Nummer eins. Die vielen Übungsschüsse, die sie damit schon abgefeuert hatte, sie hatten ihm gegolten. Die hölzerne Panzerattrappe, die bei jedem Treffer mehr und mehr zersplitterte und eigentlich nie vollends demoliert werden konnte, sondern in ihren Umrissen immer noch erkennbar war, war der Popanz, den sie vertretungsweise für ihren Gipskopf schlugen. Schon deshalb hätte es eines besonderen Befehls gar nicht bedurft, nicht zu reden von dem optischen Eindruck, dass der Zugwagen ohne sein imposantes Anhängsel, das er durch den aufwirbelnden Staub geheimnisvoll zu verbergen schien, nicht mehr die Wege entlang mahlen sollte. Dick mit Straßenstaub bedeckte Gesichter hüteten es unentwegt mit Argusaugen, die über der hinteren Ladeklappe der Zugmaschine schaukelten. Gummibereift tänzelte es halsbrecherisch durch die größten Schlaglöcher, als würde es Freudensprünge machen. Jetzt sollte das alles nicht mehr sein? Gesehen hatte man es, es existiert also noch. Im Handzug gingen sie mit ihm! Ha, das könnte dem Iwan so passen.

Niemals lassen wir das zu, und wenn ihr damit auf uns schießen würdet, wir werden es euren Klauen entreißen! Wer weiß, ob ihr überhaupt damit schießen könntet, es würde sich einfach weigern zu funktionieren! Nur wir beherrschen das Laden aus dem Effeff. Entfernung einkurbeln, „Feuer!" Hei, wie elastisch es den Tannenzapfen ausspuckt, schmettert drüben rein, dass es nur so kracht! Und sollte die Zieleinrichtung ausfallen, dann wird dem Rohr entlang gepeilt. Nein, ein Bergmann lässt sich sein Werkzeug nicht von Dilettanten aus der Hand nehmen. Dieser hochqualifizierte Pressluftbohrer wirkt in seiner Kompaktheit wie eine Ramm-Maschine, frisst sich hinein ins Gedinge! Der Tod des Richtkanoniers verpflichtet schon zu diesem Einsatz, ohne es mit einem Wort zu erwähnen.

Stumme Zeugen waren die Häuser, die am Wege standen, der hinten hineinführte, wo sich der Iwan verborgen hielt. Die Spur des Geschützes war streckenweise sehr deutlich zu erkennen. Ihr unbedenklich zu folgen, das brannte Gipskopf geradezu unter den Fingernägeln. Aber die Vorsicht gebot, sich nicht zu stark zu exponieren, um nicht irgendwo in einen Hinterhalt hineinzugeraten. Aufkommende Häusergruppen und Ortschaften mussten genau abgesucht werden. Unbekümmert hineinfahren und sich dann abriegeln lassen, so sollte man nicht mit ihm spielen. Mit zunehmender Entfernung vom Gros der Truppe schwand bald mehr und mehr die Überzeugung über das Gelingen des riskanten Vorstoßes. Gleichzeitig ging ein Sinken des Angriffsgeistes unter der Mannschaft mit einher, bis ein großes Dorf immer größer im Blickfeld aufwuchs und zum Anhalten zwang. Vor ihnen schien ein Labyrinth zu liegen. Aufgeregtes Treiben war im Glas auszumachen. Zweifellos war hier etwas nicht ganz geheuer. Ein friedfertiges Empfangskomitee konnte sich unmöglich so benehmen. Unergründlich war es außerdem, ob nicht zwischen aufgeregt durcheinanderlaufenden Zivilisten Soldatenröcke mit einher schwenkten. Im Zick-Zack-Kurs rückten sie näher an den Ort hinan, drehten dann um, und als sich keine Reaktion zeigte, drehten sie weit nach links auf eine kleine Anhöhe, um einen anderen Blickwinkel zu erhalten. „Das ist mir im höchsten Grade verdächtig", stellte Gipskopf zögernd fest. „Die würden uns schön zur Sau machen, wenn wir jetzt geradewegs da reinfahren würden", räusperte sich der Sprecher der Mannschaft, schon mehr aufbegehrend. Gipskopf gab aber noch nicht auf. Er dirigierte den Wagen nochmals in entgegengesetzte Richtung, um nichts unversucht gelassen zu haben. Hoch aufrecht stand er neben dem Fahrer und beobachtete angestrengt. „Ist unwahrscheinlich, dass wir es rausholen können, wenn man nicht weiß, wo sie damit stecken“, sagte er jetzt mit einem schwachen Kopfschütteln. Murrend gemahnten die Bergleute an eine sofortige Umkehr.

Der zu Beginn des Unternehmens so mächtig vorherrschende Angriffsgeist war jetzt vollends dahingeschwunden. Dumpfe Ahnung über vielerlei Möglichkeiten von Gefahren, die jetzt über sie hereinbrechen könnten, bemächtigte sich ihrer. Maschinengewehre, Pak-Volltreffer, Umzingelung durch plötzlich aufspringende Iwans, Feuer von hinten, Granatwerferbeschuss durchzog ihre Fantasie. Diese Ruhe schien heimtückisch. Hoffnungsvoll griffen sie die Anzeichen eines Gesinnungswandels bei ihrem Gipskopf auf. Seine Exaltiertheit, die sie vorher schon immer verflucht hatten, schien plötzlich einer maßvollen Einsicht gewichen zu sein. Sekunde um Sekunde verharrte er aber noch, als wolle er zum Trotz provozieren, als wolle er diesen schmalen Grat gehen, nur um des Prinzips willen. „Jetzt noch ein Stück vorfahren“, sagte er mit gequetschter Stimme. Die Bergleute nahmen nicht mehr wahr, sie waren vollkommen verkrampft. Gleich wird es ihn umreißen, ein Scharfschütze! Nichts, Ruhe, würgendes Schlucken. „Umkehren!“ In Gedanken rissen die Bergleute das Steuer mit herum. Mit Vollgas voraus und ab durch die Mitte! Der LKW prasselte wie rücksichtslos an einem Seil fortgerissen über die Unebenheiten des Geländes. In souveräner Fahrweise jagte der Chauffeur sein Gefährt in kurzer Zeit über eine große Strecke. Die Verkrampfung wurde nun förmlich herausgeschüttelt. Jetzt fühlten sich die Bergleute erleichtert. Aber nun stieg wegen ihrer Handlungsweise ein Unbehagen in ihnen auf und sie glaubten, eine Unterlassungssünde begangen zu haben.

In ihrer Vorstellung machten sie deshalb im halsbrecherischen Tempo kehrt und donnerten über eine Anhöhe hinweg, mit dem unbeugsamen Willen, alles auf eine Karte zu setzen, um dennoch zu reüssieren. Ihr Geschütz käme in Sicht, der Iwan würde damit auf sie feuern, mit Karacho würden sie auf ihn zu brausen und mit „Hurra“ das Geschütz ihm entreißen, an den LKW hängen und damit heimwärts rasen. Überschäumender Siegestaumel würde die Rückfahrt zu einem Festzug machen.

Von Weitem würde man erkennen, dass sie im Igel Stielaugen machen mit ihren Feldstechern und sich freudig zurufen: „Sie haben's wieder!" Durch ein Spalier der Bewunderer würde man dann im Triumph einziehen. Im respektvollen Abstand würden die Kameraden das zurückgeholte Geschütz mit seiner Mannschaft umlagern. Zögernd würde man es inspizieren, den fremdartigen Geruch wahrnehmen, der ihm anhaftet. Als einen mysteriösen Vorgang würde man das Husarenstückchen allerdings empfinden. In Zukunft würde man der Mannschaft des Pak-Zuges auch mit einem gewissen Maß an Furcht begegnen.
Auf einem flach in die Igelstellung einfallenden Geländestreifen rollte die Fuhre der Rückkehrer mit gedrosseltem Motor verstohlen zwischen die verdutzt blickenden Gestalten. Gipskopf lief gemessenen Schrittes und mit gesenktem Blick zum Zelt des Kommandeurs. Rittmeister von O. war es unverständlich, dass Gipskopf wegen des Misserfolges bedrückt war, dass er es geradezu unehrenhaft empfand, das freiwillig gegebene Versprechen nicht erfüllen zu können. Er dankte ihm deshalb mit ausgesuchter Höflichkeit für seinen Einsatz und versuchte umständlich, ihm eine seelische Stütze zu geben. Er abstrahierte den ursprünglichen Hauptzweck des Unternehmens und zog daraus die Schlussfolgerung, dass sogar gleichzeitig die nächste anstehende Aufgabe für die AA vorweggenommen und erledigt wurde, nämlich die Aufklärung der rund um den Igel liegenden Ortschaften. Dieses geflissentliche Bemühen um eine Äquivalenz für seine ruhmlose Heimkehr bewirkte in Gipskopfs Herzen ein Gefühl von väterlicher Nachsicht, die sein Kommandeur ihm zukommen ließ. Sehr schnell hatte er begriffen, dass seine Aufklärungsarbeit von großer Bedeutung sei, und gewann so wieder etwas von seinem Selbstvertrauen zurück. Der Kommandeur verabschiedete ihn mit ehrfurchtsvollem Respekt, was ihm vollends Genugtuung gab und ihm fast ein ironisches Lächeln abzwang. Die Bergleute schleuderten ihre Gewehre wie leere Säcke auf das Lager und warfen neugierig Fragenden abweisende Blicke zu, sodass diese sich brüskiert abwandten. Zigaretten rauchend saßen sie bald beisammen und lästerten und fluchten, wobei verschiedentlich Absichten geäußert wurden, die einer Verschwörung gegen ihren Gipskopf hätten gleichkommen können.

Der Kavallerie-Geschützzug wieder in Aktion

Bereitstellung zu einem schwer bewaffneten Aufklärungsvorstoß. Die eckigen Kühlerhauben der Kettenfahrzeuge nahmen sich aus wie Bärennasen, die plump in einen strohgeflochtenen Bienenkorb hineindrücken können. Machtvolles Aufdröhnen der Motoren zerriss die Morgenstille wie ein Donnergrollen, eine markerschütternde Ouvertüre zu einem neuen Kampf.
Vorausgesandte Spähtrupps hatten das Gelände schon sondiert, wodurch das Marschziel der motorisierten Teile ungefähr bestimmt werden konnte. Gewehrfeuer am Dorf ließ gewiss werden, dass das Gefecht sich hier entwickelte. Bald stand eine Rauchfahne über den vordersten Häusern. Mündungsfeuer und dumpfes Wummern der Kavallerie-Geschütze waren in der Igelstellung zu vernehmen. Wachtmeister Crusius hatte demzufolge in den Kampf eingegriffen. Über Funk stand der Stoßtrupp mit dem Kommandeur ständig in Verbindung. Im bänglichen Verharren hoffte der Stab der AA auf einen baldigen siegreichen Abschluss des Unternehmens, denn einer sich abzeichnenden Niederlage hätte wohl durch Verstärkung wirkungsvoll begegnet werden können, aber diese wäre dann mit größeren Verlusten verbunden gewesen. Die Landschaft lag scheinbar friedlich im Sonnenglast. Nur das Dorf war in Aufruhr, einige Häuser brannten lichterloh und Waffenlärm und Kampfgeschrei erfüllten die Luft. Abrupt trat nach circa zwei Stunden verhaltene Stille ein, die bald wieder durch MG-Geratter zerschnitten wurde. Vereinzelt peitschende Schüsse ließen die Vermutung zu, dass der Kampf seinem Ende zuging.
Die Anzeichen trogen nicht, denn aufrecht über die Straße setzende Landser wurden vom Iwan nicht mehr beschossen. Der Feind war geworfen, er hatte sich abgesetzt. Unverzügliches Nachsetzen und weitere Verfolgung wären opportun gewesen, es war aber nicht befohlen, und niemand gelüstete es mehr nach eisenhaltiger Luft. Gegen Abend zuckelte der Stoßtrupp dezimiert in die Igelstellung ein. Ein Toter und fünf Verwundete wurden von den Sanitätern in Obhut genommen.
Die sonnengegerbten, staubverschmutzten, kupferfarbenen Gesichter der Landser sahen anschuldigend auf das Kommandeurszelt. Für die Zurückgebliebenen war es ratsam, sie nicht mit neugierigen Fragen zu

belästigen und einen großen Bogen um sie zu schlagen, bis sich nach einiger Zeit der Groll etwas gelegt hatte. Von den „Daheimgebliebenen" zögernd und prüfend dargebotene Verpflegung versetzte sie aber bald wieder in eine versöhnliche Stimmung. Erkannte Missstände in der soldatischen Befähigung einzelner Soldaten wurden nun offen gerügt und angeprangert. Die Betroffenen krochen wie gezüchtigte Hunde in die Nähe eines Renommierprotzes und versuchten, durch beifällige Zustimmung etwas Stärkung für ihren lädierten Mannesmut zu schöpfen. Gierig wurden Zigaretten gepafft. Fantastische Heldentaten wurden zur Nachahmung gepriesen und als Anwendungsbeispiel für zukünftige ähnliche Kampfsituationen hingestellt. In unterwürfiger Erduldung der Berichte über diese Vorgänge lauschten die Laumänner den Erzählern und empfanden eine fast neidische Bewunderung für sie.

Für die Haudegen galten die lahmen Vögel in der Einheit nur als Staffage, aber man hatte sich an sie gewöhnt und kalkulierte sie nach Wert oder Unwert bei jeder Aktion mit ein. Sie hatten den erklecklichen Vorzug, dass sie halbwegs ordentlich auf zwei Beinen gehen und eine ungeheure Energie entwickeln konnten, wenn von hinten Verpflegung oder Munition zu holen war. Auch wenn sie lange genug auf sich warten ließen, wenn es ihnen in der Kampfzone zu brenzlig war und sie lieber abwarteten, bis sich die Knallerei wieder etwas gelegt hatte, hatten sie eine ausgezeichnete Gabe, den Bereich nach hinten zu sichern, denn sie fürchteten, vom Iwan hinterrücks gekrallt zu werden. Immerhin bildeten sie durch ihr bloßes Vorhandensein Masse, wenn sie auch manchmal durch ungeschicktes Verhalten das feindliche Feuer auf sich lenkten und dadurch zumeist für sie der Glücksfall eintrat, dass einer von ihnen verwundet wurde, mit dem sie dann in Begleitung von zwei Mann nach hinten abschwirren konnten. Wich aber der Feind, dann ließen sie ihre Donnerbüchsen hallen, um so auf diese Weise auch am Erfolg zu partizipieren.

Jetzt, nach dem Kampf, wollten sie ihr klägliches Versagen wieder vergessen machen und ihr Ansehen wieder aufmöbeln, in dem sie den „edlen Recken" in Form von Zigaretten, Schnaps und Schokolade ihren Tribut zollten, um dadurch zumindest Anzeichen von gnädiger Nachsicht zu erringen. Langgedehntes Gähnen deutete an, dass die Haudegen der Ruhe bedurften und keine Gefahr sie zu stören schien. Beruhigt legten auch sie sich nieder und lauschten noch einige Zeit dem röchelnden Schnarchen, das für sie wie eine andere Art der Fortsetzung der ausgeteilten Schelte klang. Aber unter dem im Schlaf scheinbar zurechtweisenden Fauchen war es tröstlich zu harren, wie unter einem Schutzdach zu stecken. Neben einem „großen Tier" zu pennen, das gibt dem Gemüt Bügelfalten.

Eine neue Waffe soll eingesetzt worden sein

Einige Wochen lang hatte der zügige Vormarsch innegehalten. Ungewohnt und unbegreiflich dieses Abwarten. Im Süden, in der Ukraine, wurden die größten Kesselschlachten während dieser Zeit geschlagen, die bisher in diesem Kriege stattgefunden hatten. Ein allzu schnelles Vorprellen des Abschnittes Mitte, der neunten Armee, hätte die Truppenverbände selbst in die Gefahr der Einkesselung bringen können. Dieses Anhalten der kämpfenden Truppe sollte gleichzeitig den Aufbau des kontinuierlichen fließenden Nachschubes ermöglichen, der bislang zeitweise unausgeglichen und stockend war. Dieses Abwarten sollte für die Truppe aber nicht gleichbedeutend sein mit Untätigkeit.
In von Tag zu Tag wechselnden Angriffszielen war die Verteidigungsfront des Gegners abgetastet worden. Dabei war natürlich bald herausgefunden worden, wo der Gegner seinem Abwehrsystem eine Konsolidierung hatte angedeihen lassen. Der kürzeste Weg zu einem Ziel ist der direkte, und hier, im Falle der Inbesitznahme der Stadt, schien es auch der einzig begehbare zu sein, besonders unter Berücksichtigung der schweren Fahrzeuge. Im Umfassungsmanöver die weichen Stellen im Verteidigungsgürtel herauszufinden und ihn aufzurollen schien unmöglich, denn hier war im wahrsten Sinne des Wortes alles weich. Nirgendwo konnte man sich trockenen Fußes bewegen. Einem Gerücht zufolge sollte am nächsten Tage die Stadt fallen. Eine neue Waffe sollte dabei eingesetzt werden. Im Morgengrauen war rechts voraus Kanonendonner und der übliche, bekannte Gefechtslärm zu hören. Es konnte also stimmen, dass sich etwas Besonderes abspielte. Gegen Mittag erhielt die AA Befehl zum Abmarsch. Die Stadt Wilikije-Luki war gefallen. Unter Einsatz der neuen Waffe, des Nebelwerfers, sei der Durchbruch erzwungen worden. Unter „Nebelwerfer" sei zu verstehen, dass Nebelgranaten auf die feindlichen Stellungen geschossen würden. Unter dem Schutze des sich bildenden Nebelvorhangs werde dann der Werfer ganz dicht vor der feindlichen Linie aufgebaut, weil dieser nur auf eine kurze Distanz wirken könne. Auf einem Holzgestell würde dann der Brocken gezündet und gehe im Steilflug nach drüben rein. Eine vorher als uneinnehmbar ausgemachte Höhe sei damit freigekämpft worden. Den vorgefundenen toten Iwans sei äußerlich keine Verletzung anzusehen gewesen, ihnen seien die Lun-

gen von dem Luftdruck geplatzt. Stalin habe auf diese schockierende Wirkung mit Anwendung von Gas gedroht, wenn die deutsche Heerführung weiterhin diese Waffe einsetze.

Inbesitznahme einer großen Stadt und im Menschengemenge einen Deserteur erkannt

Das Reisefieber war plötzlich ausgebrochen. Alle Ortschaften, die bisher teilweise heiß umkämpft waren, sollten jetzt feindfrei sein. Verflogen war das Gefühl des Bedrohlichen, das sich vorher dem Betrachter beim Überschauen der Landschaft aufdrängte. Vorfreude auf die Inbesitznahme eines eroberten Landes beflügelte die Gemüter. Die Erwartung, bald im Getümmel einer großen Stadt sich zu befinden, hegte jedermann insgeheim.

Traurig stimmendes Wiedersehen mit dem Dorf, das im Schnittpunkt der hin und her wogenden Kämpfe lag. Bizarre Monumente der Zerstörung ragten aus den Brandstätten der Holzhäuser. Die aus Lehm aufgeführten Schornsteine hatten dem Holzfeuer standgehalten, verschiedentlich umkränzt von dunklen Putzen, von bauchigen, gusseisernen Kochtöpfen.

Da ist sie doch wieder, diese Frau mit der übermäßig großen Armbanduhr am linken Handgelenk, die bei Beginn der Kampfhandlungen ungefähr auf dem gleichen Platz stand und hoffnungsvoll freundlich grüßte. Langsam schiebt die Fahrzeugkolonne ins Dorf hinein. Einige Landser winken ihr zu und rufen: „Sdrawstwuj" (guten Tag). Einer von ihnen reckt sich im PKW auf, streckt ihr beide Arme entgegen und ruft: „Komm mit mir, wir haben noch Platz!" Sie nimmt aber keine Notiz von dieser Aufforderung und macht eine wegwerfende Armbewegung, deutet auf das abgebrannte Dorf und flucht mit verzweifelter Miene. Enttäuscht setzt sich der Landser.

Seine Mitfahrer hatten Lust, ihn zu verspötteln, sie unterließen es aber, weil sie begriffen, dass diese Abfuhr auch ihnen gegolten hatte. Nur eine Randerscheinung war diese kleine Episode. Der ungestüme Drang zur Verfolgung des Gegners ließ das Sinnen und Trachten vorauseilen, die festgesessene Truppe hatte sich wieder in Bewegung gesetzt, das Treten auf der Stelle war vorbei. Vorwärts zu neuen Taten, stumpfes Verharren macht träge, nur stetige Aktivität führt zu neuen Erfolgen! Keine Rast zum Verweilen und Nachdenken! Die AA floss wie ein abgeleiteter Strom im neuen Flussbett die jetzt hindernisfreie Straße entlang.

Morgenroth fixierte auf der gegenüberliegenden Straßenseite, in der Richtung, aus der die AA gekommen war, einen im leichten khakifarbenen Feldmantel flugs dahin schreitenden Rucksackträger einige

Sekunden länger, als er es sonst gewohnterweise in einer Menge von Unbekannten getan haben würde. Einen Moment lang glaubte er, eine täuschende Ähnlichkeit mit einem ihm vor längerer Zeit begegneten Gesicht entdeckt zu haben, das nun eventuell als Deserteur in dieser Aufmachung hätte stecken können. Er wollte schon zu ihm hinübergerufen haben: „Ja, sag mal, was machst du denn hier?", hielt aber inne, weil er hoffte, sich zu irren und diese Möglichkeit für nicht wahrscheinlich hielt. Sein Gegenüber schoss einen erschrockenen Blick aus seinem halb gewendeten Kopf und marschierte eiligst weiter. Morgenroth kam dieses Verhalten just nicht ungelegen, denn er stellte sich vor, was geschehen wäre, wenn er auf ihn zugelaufen wäre und ihn zur Rede gestellt hätte. Aus Verzweiflung über sein Entdecktwerden wäre er schnell in der Menge untergetaucht oder er hätte auch zuschlagen können. Ein eigenmächtiges Handeln auf dem Gebiete der Spionageabwehr oder der Entlarvung von Deserteuren wäre auch ein reines Lotteriespiel gewesen, denn, wenn der Verdacht sich nicht bestätigt hätte, dann wäre Morgenroth der Gespensterseherei bezichtigt und der Lächerlichkeit preisgegeben worden. Die Kampfeinheiten waren auf diesen Gebieten auch gar nicht im Geringsten geschult, weshalb Bemühungen in dieser Absicht über den gesteckten Rahmen hinausgegangen wären. Erschwerend wäre dabei außerdem noch hinzugekommen, dass der Verdächtige niemals in der Feldeinheit Morgenroths gewesen war, sondern in der Ausbildungseinheit in Sondershausen in Thüringen. Soweit sich Morgenroth zurückerinnern konnte, war ihm der vermutliche Deserteur als Kommunist durch verschiedentliche Äußerungen bekannt. Er stammte aus einem Ort im Thüringer Wald, der eine kommunistische Tradition hatte, einem Industrieort von einigen Tausend Einwohnern. „Im grünen Wald die rote Stadt, die ein zerschossen' Rathaus hatt'", stand auf der Eigenausgabe der Notgeldscheine der Waffenstadt Suhl im Jahre 1920. Die Belegschaften der Waffenfabriken hatten das von Reichswehrtruppen besetzte Rathaus gestürmt und eine eigene Verwaltung errichtet. Von Meiningen war ein Eisenbahn-Panzerzug herbeigerufen worden, der die Reichswehr unterstützen und das rote Regime mit verstärkter Waffengewalt wieder stürzen sollte. Offensichtlich fürchtete das Reichswehrkommando dann aber den Widerstand und das damit verbundene Blutvergießen. Der Panzerzug wurde deshalb zurück beordert und er zog unverrichteter Dinge wieder ab. Bei der Niederwerfung der roten Landesregierung in Thüringen durch Reichswehrverbände war dann auch der Suhler Regierung die Legitimität entzogen und sie verschwand wieder über Nacht. In der Zeit der wirtschaftlichen Niederlage und der politischen Richtungskämpfe der Nachkriegsjahre des Ersten Weltkrieges griffen die kärglich lebenden Werktätigen mittels Waffengewalt zur Selbsthilfe. Der Deserteur war sehr wahrscheinlich ein Sohn eines dieser Rebellen. Sein Überwechseln war dieses Mal unter einem anderen politischen Aspekt geschehen, eine deutliche Absage an das braune Regime.

Das dünn besiedelte Land war menschenleer. Nur vereinzelt lugten durch die Kämpfe der letzten Wochen verschreckte Gestalten aus ihren Verstecken und wagten zaghafte Schritte von ihrer geretteten Habe wegwärts, offensichtlich die neue Lage, das Ende der Kämpfe erkennend. Die Straße führte links am Fuße einer Geländeerhebung entlang. Zwei zerschossene deutsche Panzer zwangen zum Ausweichen. Sie waren von rechts aus der am Ende der Geländeerhebung befindlichen Flak-Stellung des Iwans abgeschossen worden. Verlassen deutete ein Wald von Geschützrohren in alle Himmelsrichtungen. Die Anhäufung des Materials war auch hier ein Beweis mehr für die Auffassung von Stärke.

Die ersten Häuser der Vororte der Stadt rückten näher. Kopfsteinpflaster brachte die Fahrzeuge in gleichmäßiges Rubbeln. Zivilisten belebten die Straße zu beiden Seiten immer stärker, je weiter die Kolonne in das Zentrum der Stadt hinein rollte. Mit langsamer werdendem Tempo erreichten sie auf einer Kreuzung den Boulevard und hielten an. Aufgeregtes Durcheinanderlaufen von Zivilisten und Landsern bildete hier bald ein buntes Gewimmel. Auffallend war eine beträchtliche Anzahl von jungen russischen Männern, die sich einzeln oder in kleinen Gruppen eilends durch die Menschenmassen hindurchschlängelten. Zu ihren Zivilkleidern trugen sie den für die Ausrüstung der Roten Armee als typisch zu bezeichnenden Rucksack, der oben wie ein Kartoffelsack mit Bindfaden rundverschnürt war. Sie schienen keine Neugier für die neuen Besatzer zu empfinden, wie die um einige Jahre jüngeren Burschen und Mädchen, die die Fahrzeuge der deutschen Landser wissbegierig umlagerten. Fünfzig Meter abseits der Straße leuchteten unter riesigen Laubbäumen metergroße Bilder Stalins und Plakate mit Kampfparolen hervor, vor denen sich ein Vergnügungspark mit Karussells, Schießbuden, Getränkehallen und Spielbuden ausbreitete.

Freistehende, mehrstöckige Holzhäuser in Gemüsegärten, bildeten die Straßenfluchten in dieser Stadt. Vom harten Klimawechsel gesprengtes und vom stetigen Wind ausgebeultes Baumaterial, dem über die Zweckform hinaus sogar im Versuch nach Streben nach architektonischer Schönheit Gestalt gegeben war. Die Hauptverkehrsader, die als Boulevard empfunden werden konnte, wies vorwiegend Steinhäuser auf, diese überwiegend als öffentliche Gebäude dienend. Wetterverwaschene, gelbe und blaue Erdfarben ließen die Fassaden trist erscheinen, als hätten sie soeben eine Sturmflut überstanden. Keine geschlossene architektonische Gesamtplanung war im Stadtbild zu erkennen. Neben Bauten aus der zaristischen Epoche standen hochstrebende Betonblöcke aus der Zeit nach der bolschewistischen Oktoberrevolution von 1917 im nachgeahmten modernen Stil eigener Prägung. In ihrer geometrischen Exaktheit wirkten die Stein- und Betonbauten zwischen der Vielzahl der Holzhäuser wie Monolithe in einem Moränenfeld. Die verkehrstechnische Erschließung schien hier noch in den Anfängen zu stecken, was überhaupt für das gesamte Russland, die Sowjetunion, gelten konnte. Unmittelbar neben den wenigen festen Kunststraßen versank man im weichen Mutterboden, der eigentlich nur von Huftieren am schnellsten überwunden werden konnte. Hilflos isoliert mussten die Dörfer bei Regenzeit an den aufgeweichten unbefahrbaren Landwegnetzen liegen. Chrom und Lack waren hier Attribute, die nur der staatlichen Repräsentanz zustanden, für das flache Land konnten sie nur unnötiges Beiwerk sein. Eine gut funktionierende Wasserleitung war hier schon höchster Komfort. Das Gebilde einer Stadt war hier als Akkumulationspunkt von technischen und zivilisatorischen Errungenschaften zu begreifen, was das noch im Pionierstadium stehende Wirtschaftssystem ständig zwang, mit neuen Problemen zu ringen. Die unbezwungene Natur drohte alles von Menschenhand Aufgebaute in kurzer Zeit wieder zu verschlingen: Sie wucherte eruptiv in den kultivierten Boden hinein. Nachts im Regen spiegelnde Glätte des Asphalts, der Widerschein von bunten Lichtreklamen, überstrahlende Helligkeit aus den Schaufensterreihen der Ladengeschäfte stand vor dem geistigen Auge wie eine leuchtende Fata Morgana, als sich die Dämmerung auf die Stadt herabsenkte. Flackernde Talglichter verbreiteten weiche Hel-

ligkeit in den hohen Räumen der Steinbauten und warfen große, schnell gleitende Schattenbilder von den geschäftig hantierenden Landsern an Wände und Plafond. Ein wuchtig aufstrebender, fast bis zur Decke reichender, viereckiger Kachelofen stand wärmeverheißend an der Längswand zum Korridor. Einige dunkelfarbige Möbelstücke ließen in ihren Umrissen etwas gediegene Wohnkultur erahnen und gaben dem Ganzen eine romantische, altertümelnd anmutende Atmosphäre. Bewusst kosteten die Landser diesen bescheidenen Komfort aus und zelebrierten ein formgerechtes Mahl, das ihrer neuen Umgebung angemessen sein sollte. Ein Gefühl, den Vorzug einer außergewöhnlichen Geborgenheit und Sicherheit erhascht zu haben, brachte sie in eine Losgelöstheit vom Kriegsgeschehen, was ungeachtet der Erwartung von schwersten, alles zerstampfenden Artilleriefeuern des Gegners, streckten sie sich auf das Strohlager, das sie sich auf dem Fußboden eingerichtet hatten, sich sicher fühlend, als wären sie in einem schweren Betonbunker.
Erquickend, den Schlägen des Feindes einen steinernen Schild entgegenhalten zu können. Wie trockene, mürbe Holzspanschachteln nahmen sich die Holzhäuser dagegen aus. Morgenroth kam der Kampf in Erinnerung, den er im Alter von neun Jahren mit „Heinz dem Kühnen" ausgetragen hatte. Verbissen kämpfte er damals unter Tränen weiter, als dieser ihm einen Treffer auf sein Pappschild mit dem Holzschwert aufgeschmettert hatte und seinen Handrücken empfindlich traf. Der aus Hartpappe zusammengebastelte viereckige Helm ließ ihn seine Tränen verbergen. Nur nicht weich werden! Keinen Schritt wich ich damals zurück, bescheinigte sich Morgenroth selbstgefällig und ließ die Kampfszene noch einmal vor seinem geistigen Auge Revue passieren. Posthum spiegelte er sich eine Kampfszene zurecht, die unter den gegenwärtigen Umständen schon damals hätte stattfinden können. Für den Papphelm der Stahlhelm, für das Holzschwert die Knarre mit dem aufgepflanzten Seitengewehr, der Schild fehlte allerdings. Eine Blöße, die durch das schnelle Aufwerfen eines Erdwalles mittels Handspaten ausgeglichen sein sollte. Kann aber niemals ganz befriedigen! Um wie vieles leichter die alten Germanen damals gegen die Römer gekämpft haben. Sie zogen mit der rechten Hand ihr Kurzschwert, den Sachs, und ließen ihn in kraftvollen Schwüngen auf den Gegner ein wirbeln. Heutzutage arbeitet man heimtückisch auf eine Distanz von einigen Hundert Metern mit Kimme und Korn und einem

spitzen Pulvergeschoss. Im Nahkampf wird dann der „kurze Sachs“ aufgesteckt, anstatt ihn in die Hand zu nehmen, um den Gegner eine faire Chance anzubieten.

„Heinz, der Kühne“, der seinen Familiennamen Kühner zu Recht zu tragen schien, wurde von Morgenroth mit dieser Titulierung ausgezeichnet, als er eine Probe seines Könnens bei der ersten Begegnung als Neuling unter Gleichaltrigen abgelegt hatte. Er gehörte von diesem Zeitpunkt an zur Elite innerhalb der Spielgemeinschaft, zu dem jeder respektvoll Abstand hielt, obwohl er von kleiner, allerdings kräftiger Statur war. Aber immer wieder war er gezwungen zum wiederholten Male seine Vorzüge unter Beweis zu stellen, wenn ein Neuer sich hinzugesellte und ihn, den Kleinen, als Schwächling behandeln zu können glaubte. Dieser von ihm als gravierend empfundene Nachteil den anderen gegenüber versuchte er durch sportliche Gewandtheit auszugleichen, wobei ihm die athletische Statur seines Vaters sehr zustattenkam, die ihm als Vorbild in seinen Trainingsbestrebungen diente. Wenn er in diesem Sinne „erblich belastet“ war, mussten ihm diese Vorzüge mit einiger Nachhilfe zwangsläufig zuwachsen. Seine mangelhafte körperliche Größe hielt er für einen Erbteil von seiner Mutter, die erheblich kleiner war als sein Vater. Er hielt aber als männlicher Spross aus dieser Verbindung die Tatsache für unerheblich und nicht für hinderlich, nach Erreichung des Mannesalters seinem Vater ebenbürtig sein zu können. Schnell war er auf dem leicht ansteigenden Feldweg in eine erhöhte Position eingesprungen, um gleiche Kopfhöhe mit Morgenroth zu erhalten. So gelang es ihm bald, ihm einen nach dem anderen überzuziehen, sodass ihm der „Kürbis dröhnte“, wie sich „Heinz, der Kühne“ überlegen lachend auszudrücken pflegte. Wonnevoll brachte er auch den „Gaurstier“ damals zu Fall, der nicht flink genug seine starken Knochen in seine Gewalt bekam, – wegen dessen Fremdartigkeit, diesen, einem Spielkameraden aufgehängten Spitznamen, bequemerweise falsch als „Gaulstier“ ausgesprochen, ohne dabei zu bedenken, dass damit ein Pferdehengst bezeichnet sein könnte.

Aufbruch zum Weitermarsch!

Die Zimmertür platzte auf und ein Wachposten stakste in den Raum und rief mit verhaltener Stimme: „Aufstehen, Fertigmachen zum Abmarsch!“ Resignierendes Fluchen einzelner Stimmen wurde laut. Kniend rafften die Landser ihre Klamotten vom Strohlager auf. „Kein Licht machen, ein Nachtaufklärer vom Iwan ist über der Stadt!“

Der Gehörsinn hat sich zu höchster Perfektion entwickelt, als glückliche Komponente die fortschreitende Schärfung des Tastsinns. Der „Homo Sapiens“ wird durch das Kriegsgeschehen gezwungen, sein egozentrisches Denken zu verdrängen und als Ausgleich dafür instinkthaftes Verhalten zu üben. Das Sehvermögen wird in der Nacht gar nicht voll zur Entfaltung gebracht, es wird in Reserve belassen, um bei Anbruch des Tageslichts neu gestärkt in Funktion treten zu können. Ein über die Stirn fallendes Büschel Haare gibt dem Augenpaar noch einen wärmenden Überhang.

Morgenroth orientiert sich nach dem Luftzug und findet so zur Tür und aus dem Haus hinaus. Er trottet den Korridor entlang, spürt die Kühle der Nachtluft, vernimmt die Verladegeräusche vom Hof her und torkelt durch die Haustür ins Freie. „Himmel, Kreuz, Donnerwetter nochmal, muss man sich denn gleich im Staub wälzen, diese verdammten Löcher!“ Morgenroth war in eine flache Bodendelle gekugelt. Er rappelte sich sofort wieder auf, um dadurch seinen Fall als ungeschehen in seinem Gedächtnis zu streichen und sich nicht auch noch dem Spott der anderen auszusetzen. Mit einem Satz war er im „Sechspötter“ und gab Unteroffizier Meyer eine bestätigende Antwort auf dessen Frage, ob sie alles hätten und nichts liegen geblieben sei. Machtvoll hebt der „Sechspötter“ an. Das robuste Wunderwerk der Technik lässt seine Bestandteile bis zur letzten Niete erzittern. Der Fahrer wirft den ersten Gang rein: „Teufel nochmal, ein Kracken, als hätte er einen Wackerstein ins Getriebe geworfen!“ „Du machst auch Getriebesalat“, mault Unteroffizier Meyer. Die Kolben in den Pötten reißen die Kurbelwelle herum, nehmen die Kardanwelle mit, drehen die Hinterräder durch. Sie setzen zu einem Sprung an, schieben das Gefährt mit Wucht voran, als könnten sie gemäß dem Gesetz der Trägheit mit explosiver Kraftentfaltung unter ihrem Aufbau hervorschießen und diesen hinter sich lassen. Der „Sechspötter“ hoppelt hinaus auf die Fahrbahn. Er ordnet sich in die Kolonne, eine in sich geschlossene Kampfeinheit, in die gewohnte Reihenfolge der Fahrzeuge des Nachrichtenzugs ein. Ein Glied in der Kette der verschiedenartig anderen, steht bereit, tritt auf der Stelle, ist quasi von einer schöpferischen Unruhe gepackt, scheint zu tänzeln und zu pendeln, wie ein Pferd vor dem Start zu einem Rennen. Die hochgestelzte Hinterhand des „Sechspötters" scheint unter Mithilfe des Schüttelns durch den Motor das Ladegut auf die Vorderhand gewälzt zu haben. Das Pferd schaukelt mit dem Kopf in Zielrichtung, es will die gestrafften Zügel lockern. Der Fahrer wippt leicht mit dem Gaspedal. Endlich kommen die Anfahrgeräusche von der Spitze der Kolonne durch und setzen sich von Wagen zu Wagen fort. Auf den „Katzenköpfen" des Straßenpflasters rollen die Pneus stetig vorwärts. In der begleitenden Schwade der Auspuffgase werden Erinnerungen an französische Asphaltstraßen wach. Dieses Fluidum des bequemen Reisens ist der Nacht zugleich das erste Anzeichen dafür, dass die Technik zu jeder Zeit ein Vorsprung gegenüber der Muskelkraft bietet. „Die Schwalbe fliegt über den Erie-See, Gischt schäumt um den Bug wie Flocken von Schnee ...". „Der ‚Sechspötter' fliegt über die Katzenkopf-Chaussee, Laub schäumt um den Bug wie Flocken im Klee, ... John Maynard ist unser Steuermann …". Gasmaskenbrillenbewehrt tastet der Steuermann den Wagen zwischen den andern Fahrzeugen vorwärts. Vom Motor ist das wohlvertraute Singen zu vernehmen, erst wenn das da ist, ist alles in bester Butter. Ein gewisser Glückszustand ist wieder mal erreicht. Eine „Aktive", wie ein flatternder Schmetterling umschlossen, um nicht den aufglühenden Schein beim genussreichen Ziehen nach außen gelangen zu lassen. Man ist in Hochstimmung. Mit dem ausgeblasenen Rauch kommen Wortfetzen an die Ohren. „… der hat uns eigentlich noch nie im Stich gelassen, bei nächster Gelegenheit kriegt er wieder einmal einen Ölwechsel, dann läuft er wieder wie ein Taschenührchen …"

„… auf Spähtrupp ist er nichts, dafür ist er ein bisschen zu groß, das sieht der Leutnant ja auch ein, aber als Zugwagen kommt er auch nicht infrage. Wofür sind denn die Kettenfahrzeuge da?"

Mechanisch wenden sich die Köpfe immer wieder zum Himmel zu einer schwankenden Leuchtbombe hin, die gelblich-rötliches Licht verströmt und langsam sinkend verglüht. Schemenhaft sind die Giebel des Häuser-

meeres in ihrem Schein zu erkennen. Blitzlichtartig versucht der Iwan die Szenerie zu erhellen, die gegen ihn angesetzt ist. Die Fahrzeugkolonne rollt ohne Zögern weiter nach Osten. Deltaförmig scheint sich die Landschaft aufzufächern, ein neuer Kontinent scheint sich aufzutun. Eine neue Phase des Kriegsgeschehens bricht an, die Dinge kommen wieder in Fluss.
Grell erhellte der Sonnenaufgang die erreichte Landschaft. Auf der Rollbahn, der Hauptverkehrsader, war es verlockend, ohne Zögern weiter zu stoßen. Aber das Fehlen gepanzerter Fahrzeuge konnte diesem Streben keinen Erfolg sichern. Die Nebenadern mussten aus naheliegenden Gründen erst einmal ausgefahren werden, denn eine Einheit des Iwans, deren Absetztermin sich verzögert haben konnte, hätte plötzlich in die Flanke der AA stoßen können. Geradezu leicht beschwingt kehrten die motorisierten Spähtrupps wieder zum Gros zurück und meldeten, dass nirgendwo etwas vom Feind zu sehen sei.
In leichtem Anstieg führt die Straße auf eine Anhöhe. Die Kolonne gleitet in herausgehobener Position auf dem grauen Band flüssig vorwärts. Ein Gefühl, jetzt allen Gefahren situationsbeherrschend begegnen zu können, gibt dem Vorwärtsdrängen der Landser neuen Auftrieb. Die kahle, grüne Hochfläche erlaubt Rundsicht nach allen Richtungen. Rechter Hand einer Geländesenke führt in zweihundert Metern Entfernung eine Bahnstrecke entlang. Sie mündet in einigen Kilometern Distanz in die aufspringenden Häuserwürfel einer Stadt. Auf dem Schienenstrang bewegt sich eine dunkle Masse. Sie schiebt sich langsam heran, immer mehr aus dem Stadtrand heraus und wird bald als Güterzug erkannt. Die Fahrzeugkolonne zieht sich jetzt schnell auseinander. „Vorsicht, es könnte auch ein Panzerzug sein und der könnte uns jämmerlich zusammenharken!“
Unbekümmert pufft der Zug mit seiner riesigen Lokomotive im Zuckeltempo näher heran, wächst immer größer auf. Das erste Pak-Geschütz bekommt jetzt Befehl zum Abprotzen, um die Lokomotive unter Feuer zu nehmen. Der Geschützführer springt behändig wie ein Artist zwischen die beiden Holme an die Zieleinrichtung. In Gedanken ist er dem Geschoß schon längst vorausgeflogen und dem großen Hund, der Lok, wie eine Katze ins Genick gesprungen.
„Feuer!“ Das Rohr spuckt den Tannenzapfen aus. Ein flirrendes Zischen

ist die Folge des Treffers. Schnell werden noch einige Geschosse hineingepfeffert und das Ungetüm steht. Sprudelndes Rauschen und pfeifendes Entweichen von Dampf umhüllen den massigen Körper der Lok. Eine Gruppe Landser schwärmt jetzt aus, um die lahmgelegte Beute zu inspizieren. Aus den offenen Waggontürenvierecken leuchten weiße Berge von Speisezucker. Klinkerharte Speisezuckerwürfel von circa fünf Zentimetern Größe, in ihrer Form spitzwinkelig verschoben. Einige Landser fingern sich eine größere Anzahl heraus, füllen ihre Brotbeutel und bringen sie zur Verteilung an begierig harrende Interessenten. Die Spitze der Kolonne ist schon wieder in Bewegung, sie rollt auf die ersten Häuser des Stadtrandes zu.

Auf einem Hochplateau thronten die Häuser eines großen Dorfes. Fast so groß wie ein Zirkuszelt erhob sich hundert Meter links vom Dorfeingang das grasgrün, lehmfarbig und weinrot scheckig gemusterte Zelt des Divisionslazarettes. Wie ein hochgeblähter Fremdkörper Gelände nahm es sich aus und wegen seiner Tarnfarbe konnte es erst auf kurze Entfernung wahrgenommen werden. Die auf es gelenkten Schritte stockten für einige Augenblicke, zumal einige Gestalten in aufgekrempelten Hemdsärmeln und weißen Gummischürzen sich vor ihm bewegten. In der Mitte des Ortes war ein ständiges Kommen und Gehen von Spähtrupps im Gange. Die vorausgelagerten Ortschaften konnten noch feindbesetzt sein und mussten deshalb erkundet werden.

Vor der Straßenfront eines Wohnhauses, dessen Untergeschoss in Backsteinen aufgeführt war, stand eine Gruppe Landser, die sich mit ungläubigem Lachen über die Eigentümerin in ihrer Mitte amüsierte. Eine dünne Rauchfahne stieg an der Hauswand empor, die von der Verbrennung einiger Blätter verschlüsselter Funksprüche des Führers des Nachrichtenzugs stammten. Erschrocken über dieses Feuerchen heulte die Hauseigentümerin laut auf und beschuldigte ihn, er wollte damit ihr Haus abbrennen. Als der Dolmetscher sie eingehend über die Harmlosigkeit dieses Feuerwerks unterrichtet hatte und sie wiederholt lauthals auslachte, weil er die Zweifel nicht aus ihrer Miene schwinden sah, kam ihre Reaktion auf dieses Ereignis ihr jetzt selbst dümmlich vor und sie lachte dann selbstironisch mit, zwischendurch mit einigen trotzigen Worten Verständnis für ihre Täuschung heischend.

Ungefähr zwei Kilometer vom Dorfrand entfernt, am Saum eines großen Waldgebietes, stieß Funker Paetsche bei einem eigenmächtigen Streifzug durch Gelände auf eine mittlere Funkstelle, die mit ausgefahrenem Sendemast im Funkverkehr stand. Sie imitierte mit ihrer Gegenstelle den Funkverkehr einer Division mit ihrem Armeekorps. Daraus sollte der Gegner mittels seines Abhördienstes schließen, dass noch eine weitere Division gegen ihn aufmarschiert sei. Paetsche hielt diese Tatsche für einen ausgezeichneten Trick der deutschen Kriegsführung, was ihm das Gefühl gab, dass die oberste Instanz mit aller erdenklichen Erfindungsgabe zu Nutz und Form des Erfolges arbeite. Da nun dieses Manöver nicht offen plakatiert wurde und man nur durch Zufall darauf stoßen konnte, konnte in einem unbewusst die Empfindung aufdämmern, dass hier geheime Kräfte mit ins Spiel gebracht sein könnten. Morgenroth pflichtete Paetsche gönnerhaft bei und nahm bei dieser Entdeckung die Gelegenheit beim Schopfe, sich dem Anschein eines Eingeweihten zu geben, der, da nun mal eine Sache offenkundig sei, nichts mehr verleugnen könne. Er war eigentlich selbst auf das Beste von Paetsches Entdeckung angetan und er beflügelte seine Phantasie, indem er Paetsche im vertraulichen Ton Andeutungen machte, die ihn vergewissern sollten, dass seine zufällige Entdeckung nur ein Bruchteil dessen sein könne, was wirklich auf diesem Gebiete getan werde und somit als unbekannte Größe und gleichermaßen als moralische Stärkung hinter ihm stehe. Seine Ausführungen gipfelten in der Feststellung: „Es gibt Dinge zwischen Himmel und Erde, von denen sich unsere Schulweisheit nicht träumen lässt." Morgenroth hatte die Genugtuung, Paetsche damit eine seelische Stütze gegeben zu haben, denn nach seiner bisher erlangten Kenntnis über Patsches Habitus hatte er eine solche nach seiner Auffassung bitter nötig. Paetsche, der Favorit im Radball und gleichzeitig als brillanter Handballspieler bestens renommiert und dieser Vorzüge wegen von allen Sportlern innerhalb der AA geachtet und gleichermaßen respektvoll beneidet, beherrschte wohl mit vollendeter Technik alle mechanischen und sonstigen Anforderungen, die an ihn herantraten wie auch zum Beispiel Tempo hundertzwanzig im „Geben" vorlegen (im feldmäßigen Funkverkehr genügten siebzig bis achtzig Morsezeichen pro Minute, weil dieser auf die durchschnittliche Aufnahmefähigkeit der Funker zugeschnitten sein musste und damit gleichzeitig auch die Fehlerquote im chiffrierten Text auf ein erträgliches Maß beschränkt wurde). Darüber hinaus, sozusagen als Krönung seiner Spitzenleistung, das rhythmisch hüpfende Stakkato der kontinuierlich fließenden Morsezeichen, die dem Empfänger, dem Hörer, sofort seinen Stil erkenntlich machten. Oder eine spritzige Fahrweise mit dem Kübel vorexerzieren und die Sandlatscher durch Heranpirschen und abruptes Anhalten neckisch schrecken. Jedoch schockierend war es für ihn, dass er den auf ihn einfallenden Granaten und Infanteriegeschossen hilflos ausgesetzt war. Er hätte sie wie Bälle parieren können wollen. Seine Ohnmacht gegenüber diesem Phänomen war deshalb für ihn deprimierend und seine sportliche Qualifikation schien ihm nur relativ nützlich. Aus diesem Wissen um Paetsches schwache Stelle in seiner Drachenhaut, die wider Erwarten bei einem Klassemann von diesen Graden unbegreiflich war, fühlte sich Morgenroth bewogen, ihm ein Korsett von dieser Art zu verpassen. Es bot sich geradezu an, die Gelegenheit dafür zu nützen. Paetsche klammerte sich breitwillig an Morgenroths Eröffnungen, wenn er dabei auch anfängliche Zweifel zu überwinden hatte, eben weil ihm diese Aspekte nicht so recht eingehen wollten. Es grenzte ans Transzendentale. Morgenroth trieb deshalb seine Darstellung über das Vorhandensein von nahezu übersinnlich wirkenden Machtmitteln bis zur Mystifikation.

Mit Euphorie, ein starker Vorstoß und kläglicher Rückzug

Scheinbar wie durch dumpfe Vorahnung über kommende Kriegsgreuel geduckt, kauerte eine Dorfkirche zwischen den wie altbackene Bauernbrote störrisch liegenden Häusern und Katen. Reglos lag die Ortschaft am Fuße einer weitgeschwungenen Bodenerhebung. Ein Spähtrupp schob sich durch das Meer der wallenden Roggenfelder auf sie zu. Der Spähtruppführer, ein Leutnant, hielt den Ort für feindfrei. Er sicherte aber trotzdem mit dem Feldstecher nach allen Seiten. Aber bald hielt er es für unnötig, weiterhin eine Feindbesetzung zu vermuten und ließ deshalb die gebotene Vorsicht immer mehr außer Acht. Nach einigen Minuten riss ihn jählings die Kugel eines Scharfschützen um. In der Masse der heranreifenden Ähren ereilte ihn der Tod. Sein Leben endete auf dem Grund der schwankenden Halme. Auf dem Sammelfriedhof des Kampfabschnitts unweit der Hauptstraße bekam er seine letzte Ruhestätte.

In der abklingenden Sommerhitze eines späten Nachmittags formierten sich die Schwadronen zum Vormarsch auf ein neues Ziel. Lang gezogen, in Reihen rechts und links der Landstraße, schoben sie ihre Fahrräder vorwärts, um dem Voraustrupp Abstand gewinnen zu lassen. Laut zugerufene Begrüßungsworte machten auf einen Landser aufmerksam, der auf der Mitte der Landstraße auf sein Fahrrad gestützt auf seine Gruppe zuging. Bald hielt er inne, als wolle er sein Fahrrad wegwerfen und auf der Stelle kehrt machen, als ihn ein Landser nach dem Verlauf seines Urlaubs in der Heimat befragte. Mit hochgerecktem Kopf und laut weinend erhob er beschwörende Anklage gegen die oberste Kriegsführung, die ihm seine ganze Familie ausgelöscht und sein Haus genommen habe. Ihm sei deshalb alles egal, was ihm in Zukunft geschehe. Das eine sei aber für ihn gewiss, so wie die Herren es mit den Menschen treiben würden, das müsse zwangsläufig eines Tages zu ihrem Untergang führen. Mit stoischer Gleichgültigkeit blickte er dabei über die auf ihn gerichteten, erschrockenen Landsergesichter hinweg. Er schien sich schon innerlich von ihnen abgesondert zu haben. Gesenkten Hauptes schoben sie ihre Fahrräder vorwärts. Obwohl sie Verständnis für seine Gemütsverfassung aufbrachten, hielten sie seine anklagenden Worte für äußerst gewagt und frevlerisch, gleichzeitig auch für ihn und seine Zukunft innerhalb der

Einheit gefährlich, und weil er aber bisher und immer noch einer der Ihren war, konnte dieser, sein außergewöhnlicher Zustand, für alles bedauernswert sein. Sie wünschten sich sehnlichst, dass sie doch von einem ähnlichen Schicksal verschont bleiben könnten. Sie erinnerten sich an seine Abreise in den Urlaub wegen eines Todesfalles in seiner Familie. Nun kam er wieder und berichtete, dass die Engländer Wohnviertel in Köln bombardiert hatten, wobei ihm Familie und Heim genommen wurden und er als einziger Überlebender nicht resignieren durfte, denn er musste wieder zurück an die Front. Die Gruppe, der er seit Kriegsbeginn angehörte, war für ihn letzter Zufluchtsort. Hier nahm er die ihm zustehende schmale Essenration in täglich wiederkehrender Regelmäßigkeit in Empfang. Ein Stück Butter in der Größe einer Streichholzschachtel, eine Scheibe Büchsenwurst von circa hundertfünfundzwanzig Gramm und fünfhundert Gramm Kommissbrot, dazu ein gehäuft voller Esslöffel Vierfruchtmarmelade für den nächsten Morgenkaffee. Gegen Mittag gab es das warme Essen aus der Feldküche, mit aufrichtigem Bemühen abwechslungsreich und schmackhaft zubereitet. Wenn es die Lage erlaubte, kampierte er mit zwei Kameraden im Zelt, das zusammen mit seiner eigenen Zeltplane geknüpft wurde, oder im Freien in Stellungen, in einem Schützenloch, in einem Wohnhaus oder in einer Scheune. In der fröstelnden Kühle der Morgendämmerung fühlte er sich wie ein Stück Treibholz auf der Oberfläche eines riesigen Ozeans. Widerwillig radelte er jetzt mit seiner Gruppe. Die zu Beginn seiner Anwesenheit in einer Radfahrerschwadron ihm bewusst gewordene Empfindung, durch die schnellere Fortbewegungsmöglichkeit eine gewisse Überlegenheit gegenüber einem Infanteristen zu haben, schien ihm jetzt zu einem Nachteil für ihn zu werden, ein schnelleres Hineinschleudern eines Losgerissenen.

Leutnant Hahn war wieder mit einem Sonderauftrag betraut worden. Lässig baumelte seine Kartentasche, die er soeben aus seiner Hand hatte fallen lassen, an seiner rechten Bauchseite, nachdem er auf der Generalstabskarte erkundet hatte, welchen Weg er zu dem Ziele des vom Kommandeur der AA befohlenen Unternehmens mit seiner Truppe gehen wollte. Vor seinem geistigen Auge lief in Sekundenschnelle der Gang der Ereignisse, die er als verantwortliches Oberhaupt der Truppe mit Verve anstoßen musste, in einer Vorausschau, einer Zukunftsvision, wie ein Film ab. Im Telegrammstil umriss er die wesentlichen Punkte des Befehls. „Der erste Zug macht jetzt einen Aufklärungsvorstoß auf das Dorf, das an einem kleinen Fluss liegt und durch Erdbunker schwer befestigt sein soll. Zuerst werden wir durch ein anderes Dorf kommen, das ein Spähtrupp heute Morgen als feindfrei gemeldet hat. Also vorwärts, marsch!" Er schwang sich auf sein Fahrrad und fuhr davon. Einige Landser stoben an ihm vorbei, um ihm vorauszueilen. Unbekümmert radelten die fünfzig Mann im warmen Sommerwind die unbefestigte Landstraße auf einer kleinen Anhöhe entlang. Morgenroth und sein Leidensgefährte zogen am Schluss des Zuges mit. Die Funkgeräte waren auf dem Gepäckträger ihrer Fahrräder verstaut. Sie hatten einige Kraftanstrengungen mehr als die anderen zu tun, um im Tempo mithalten zu können. Doch einmal am Fluss hielten sie leidlich gut im vorgelegten Tempo mit. Ein Fichtenwald kam in Sicht. Die Vordersten jagten in ihn hinein, das Gros in Zweierreihen folgend. Wurzelwerk der Bäume hatte den Weg im Walde teilweise an seinen Rändern hinderlich hoch für einen Radfahrer überwachsen. Am Ende der Walddurchfahrt kam ein Dorf in Sicht. „Stopp!" Leutnant Hahn setzte den Feldstecher an und sah in die Waldlichtung, die fast kreisförmig, wie aus einem Polster ausgestochen, vor dem Stoßtrupp offen lag. Der Prototyp eines Rundlings, die häufigste Siedlungsart in Osteuropa. In circa hundert Meter Entfernung hatte die Straße ein geringes Gefälle und circa hundert Meter weiter waren die ersten Häuser des Dorfes zu sehen. Die Hauptstraße war jedoch nicht einzusehen. Leutnant Hahn setzte den Feldstecher ab und sagte: „Es bewegt sich nichts, scheint menschenleer zu sein. Also nochmals: Der Ort war vom Spähtrupp als nicht feindbesetzt gemeldet. Wir fahren jetzt durch, um schnell zu unserem Kampfziel zu gelangen. Hier, ihr fünf bildet die Spitze, ihr fahrt durch den Ort durch und nach wenigen Minuten setzen wir nach. Alles klar?" Beifälliges Nicken einiger der Fünf und ein kaum hörbar gemurmeltes „Jawohl" war die Antwort. Der Unteroffizier als Führer der Gruppe sagte: „Lot jon" (lasst gehen), trat mit seinem rechten Fuß auf die hochstehende rechte Pedale seines Fahrrades, das er in Spreizstellung seiner Beine fahrbereit hielt, beugte seinen Oberkörper nach vorne und schoss aus dem Waldrand heraus. Die anderen Vier folgten ohne Zögern in gleicher Weise. Sie verschwanden innerhalb einer Minute in der Ortschaft. Als sie nach Leutnant Hahns Schätzung den Ort passiert haben konnten, gab er Befehl an den Führer des

Gros, dass ihnen jetzt zu folgen sei. Das Gros setzte sich weniger stürmisch in Bewegung und radelte in den Ort hinein. Leutnant Hahn positionierte sich in liegender Stellung links vom Wege, etwa hundert Meter vom Ortseingang am Fuße einer kleinen Bodenerhebung. Die Dorfstraße konnte er bei aufgestützten Ellenbogen nur etwa einhundertfünfzig Meter einsehen. Er verfolgte das Gros des Stoßtrupps bis zu dieser Sichtmöglichkeit mit dem Feldstecher und er setzte diesen dann ab, um zu horchen. Eine trügerische Stille machte verhalten atmen und wirre, unbeabsichtigte Bewegungen der Arme und Beine schienen anzudeuten, dass die liegende Ruhestellung der ganzen Situation nicht entsprechen könne. Morgenroth und sein Kamerad fixierten unentwegt Leutnant Hahn, um schon von seiner Miene ablesen zu können, dass der Zeitpunkt zum Aufbruch und Nachfolgen gekommen sei. Sekunde um Sekunde gingen zähe dahin in Erwartung des erlösenden Signals aus Leutnant Hahns Brust. Eine zum Bersten geladene Spannung bemächtigte sich ihrer. In kniender Stellung reckte Leutnant Hahn seinen Kopf, drehte ihn rastlos und fragend blickend, abwechselnd mit dem rechten und dem linken Ohr auf das Dorf gerichtet horchend. Zweifel über die Richtigkeit seiner angenommenen Feindlage kamen in ihm auf, die er jedoch sofort wieder verwarf, weil die Spitze des Stoßtrupps zeitlich schon den Ort ohne Feindberührung durchfahren haben musste. Ergo müsste es dem Gros auch gelingen. Urplötzlich brach im Dorf ein vielstimmiges MP-Feuer los. Die Prognose war widerlegt, was war zu tun in dieser neuen Situation? Kampfgeschrei war zu hören. Schon schlugen vereinzelt Kugeln am Standort der Drei ein. Bald wurde offenkundig, dass sich der Stoßtrupp nach links aus dem Dorf zurückzog. Leutnant Hahn stürzte über die Bodenerhebung nach links, gefolgt vom zweiten Funker. Morgenroth glaubte nun auf dem Anfahrtsweg fahrenderweise schneller flüchten zu können und fuhr, allen Kugelhagel ignorierend, in Richtung Waldrand los. Ohrenbetäubender Mündungsknall eines schweren Maschinengewehrs, der an der Kulisse des vor ihm befindlichen Waldrandes widerhallte, ließ in ihm die Überzeugung aufkommen, dass er sich in einem Kessel befinde, aus dem er niemals hinausgelangen könne. Ohne auch nur den Bruchteil einer Sekunde zu zögern, trat er stehend weiter in die Pedalen. Leuchtspurgeschosse umschwirrten ihn, flirrten durch die Speichen der Räder. In selbstmörderischer Todesverachtung dämelte er weiter auf den Waldrand zu. Beim Erreichen der ersten Bäume umschwirrten ihn die Querschläger der MG-Geschosse und der zerrissene Widerhall des Mündungsknalles machte ihn glauben, aus den Bäumen würden ihn Maschinenpistolen-Schützen befeuern. Die Vielzahl an Stämmen empfand er aber zugleich auch als Schutzwall, als eine weiträumig natürlich gewachsene Palisadenwand, die sich zu seinem besseren Schutz immer mehr verdichtete, je weiter er in den Wald hineingelangte. Einige Sekunden stoppte das MG-Feuer, tackerte dann nochmals einige Feuerstöße los, um dann für immer zu schweigen. Morgenroth wendete kurz einmal den Kopf und sah nach hinten, stellte fest, dass die Palisadenwand vollkommen dicht war und keine Verfolger ihm nachsetzten. Schweißtriefend hechelte er „aha", das für ihn das Ende des Rennens signalisierte. „Jagd vorbei" in einem kurzen Atemzug, ohne großes „Halali". Ein Sieg ohne Beute, nur das eigene Leben gerettet. Morgenroth rollte weiter, ohne zu zögern. Jetzt musste er irgendwo landen. Der Ausblick aus dem Wald eröffnete ihm neue Perspektiven. Mit jedem Atemzug sog er förmlich die freie Atmosphäre der vor ihm liegenden Grassteppe ein. Wortfetzen nahm er bald wahr, und als er diesen rechtsabweichenden vom Anfahrtswege über eine kleine Anhöhe hinweg nachging, sah er schon die sich zusammendrängenden Landser des Stoßtrupps, einige stehend, aufgeregt gestikulierend, ins Blickfeld kommen. In gebückter Haltung stürzte ein Landser auf die Gruppe zu. Er hatte seine Arme vorne kreuzweise um seinen Brustkorb geschlungen und die Hände nach hinten auf die Brustkorbseiten gepresst. „Einer setzte mir nach und hat mir mein Seitengewehr entrissen und auf mich eingestochen", berichtete er mit einem Unterton von Wut. Andere Landser, die sich in Minutenabständen noch zum Haufen hetzend und fluchend vereinzelnd einfanden, berichteten Leutnant Hahn, sie seien schon in der Mitte des Ortes gewesen, als sie plötzlich aus allen Fenstern mit Maschinenpistolen beschossen worden seien. Sie könnten sich das nur so erklären. Die Spitze des Stoßtrupps sei vom Iwan so gut wie gar nicht bemerkt worden, sonst hätte er eventuell diese schon zusammengeschossen. Eben deshalb hätten sie angenommen, dass sie genauso ungeniert hätten durch den Ort fahren können. „So, jetzt mal feststellen, wer fehlt", sagte Leutnant Hahn. Vier Verwundete hatten sich retten können, aber über sechs Vermisste bestand Unklarheit. „Diese Sechs müssen wir unbedingt heraus-

holen", sagte Leutnant Hahn weiter. „Das ist unmöglich", erwiderte ein Wachtmeister. "Wie sollen wir da jetzt wieder reinkommen, der Iwan ist uns doch zahlenmäßig überlegen!" Andere stimmten ihm bei und sprachen von andern Hindernissen jeglicher Art und sie deuteten an, dass der Iwan jetzt hellwach sei, man könne sogar damit rechnen, dass er jederzeit hier auftauchen könne. Leutnant Hahn war diesen Argumenten zugänglich und revidierte seine Absicht. Er sandte aber trotzdem zwei Trupps von je drei Mann feindwärts, um die Möglichkeit nicht auszulassen, falls sich einige von den sechs Vermissten auf dem Rückweg zum Haufen bewegen sollten, diesen Hilfe angedeihen zu lassen.
Nach circa fünfzehn Minuten tauchten die ersten Landser der ausgesandten Spähtrupps wieder auf. „Unmöglich, da wieder reinzukommen. Der Ort ist gespickt mit Iwans. Wir müssen auf jede Überraschung gefasst sein", berichtete der Wachtmeister, der Führer eines Spähtrupps. Als einige Landser meldeten, dass in einigen Hundert Metern Entfernung links vom Anmarschweg Spuren von Kettenfahrzeugen zu sehen seien, sagte Leutnant Hahn: „Jetzt nichts wie weg von hier! Jetzt schlagen wir aber einen anderen Weg ein, damit es uns nicht passieren kann, dass uns der Iwan abpasst." Die Landser rappelten sich hoch und stiegen in die Pedale. Sie strebten jetzt auf Umwegen dem Ausgangspunkt zu. Einige schlenderten inmitten der Gruppe, jegliche Gefahr ignorierend dahin, in aufrechter Haltung des Oberkörpers, als hatten sie einen „Gesundheitslenker" auf ihrem Fahrrad. Nur Leutnant Hahn, der Wachtmeister und einige Unteroffiziere sicherten scharf nach allen Seiten mit ihren Feldstechern. Als der Ausgangsort, das Standquartier der AA, im Sichtfeld erschien, setzte eine Gruppe von circa zehn Mann zu einem Endspurt an. In den ersten Häusern stürzten sie sich über Wasserkübel, um ihren großen Durst zu löschen. Leutnant Hahn erstattete dem Adjutanten der AA, Leutnant Mielke, Bericht über das ausgeführte Unternehmen. Zwangsläufig folgte dann der Funkspruch an die Division. Die Landser hatten Hunger, und da mit der Verpflegung erst in der Nacht zu rechnen war, streunten sie in alle Richtungen in die Häuser des Dorfes, auf der Suche nach Essbarem. Für sie war mit dem Ende des letzten Schusswechsels der Krieg für heute vorbei.

Zwei junge Burschen beim Ausritt offensichtlich erkannt

Ein großes Lamento erhob sich am Ortsrand in Feindrichtung, als sich zwei junge russische Zivilisten, sehr wahrscheinlich Ortseinwohner, der eine etwa zwanzig Jahre, der jüngere etwa fünfzehn Jahre alt, auf ein Pferd schwangen und Anstalten machten, in die Richtung abzureiten, aus der der Stoßtrupp soeben gekommen war. „He, was soll das bedeuten! Wo wollt ihr hin? Ja, ist denn so etwas möglich?“ Noch bevor jemand begriffen hatte, was das Ganze darstellen sollte, brüllte Morgenroth sie an: „Sofort absteigen, ihr seid imstande und reitet da vorne rein und werdet womöglich zusammengeknallt!“ Daraufhin stiegen sie zögernd von ihren Pferden. Immer mehr Landser kamen herbei, sowie Wachtmeister und Unteroffizier. Eine Schimpfkanonade entwickelte sich. Flehendes Schluchzen einer Frau von ungefähr vierzig Jahren war jetzt zu hören. Sie warf sich vor Morgenroth in den Staub, küsste ihm die Stiefelspitzen. Sie bedankte sich auf diese Weise für die erfolgreiche Zurückhaltung ihrer Söhne von einem gefährlichen Abenteuer. Morgenroth war von dieser Szene geradezu peinlich betroffen und forderte sie zum Ablassen und Aufstehen auf. Sie folgte unverzüglich den von einem Schwarm schwadronierender Landser umgebenen zwei Burschen, die offensichtlich zum Verhör vor den „Kadi“ gebracht wurden. In ihrer jugendlichen Naivität mochten sie sich eingebildet haben, sie könnten unbeobachtet davonreiten, um im nächsten Ort nach den Pferden zu sehen, ob diese sich für die Nacht auch genügend satt gefressen hätten. Kurios, was man uns alles glauben machen will! Der ursprüngliche Verdacht, dass sie Auftrag vom Iwan hätten haben können, nach Besetzung des Ortes durch die Deutschen auf diese Weise deren Truppenstärke und Bewaffnung dem Iwan zu melden, war nicht von der Hand zu weisen.

Lukullische Genüsse am schönsten Sommertag

„Bienenhonig!" „Oh, da würde ich auch gerne was von essen!" „Es bekommt jeder etwas ab, wird alles brüderlich geteilt. Nehmt euer Essbesteck 'raus, jeder erst mal einen Esslöffel voll." „Einfach köstlich!" „Ein Land, wo Milch und Honig fließen!" „Milch können wir uns auch noch beschaffen. Dort drüben an einem Haus ist ein Stall, da steht eine Kuh. Ich geh da mal hin und melke einen Topf voll." „He, halt' mal ein, du musst dich nicht vollschlauchen bis zum Stehkragen, die Kuh kann man nicht schon wieder melken!" „Als Büblein klein an der Mutterbrust …" „Du musst einen ziemlichen Nachholbedarf haben." „Das wusste ich nicht, dass Bienenhonig so gut schmeckt, ich glaube, ich habe bis jetzt schon ein ganzes Pfund davon verputzt." „Dann weiterhin guten Appetit und guten Stuhlgang!" „Kürzlich sah ich mal eine Bäuerin „Maslo" machen." „Wat is dat denn?" „So heißt auf Russisch Butter. Das wird auf eine erstaunliche Art gemacht: Einige Liter frische Kuhmilch werden über Nacht in einer Schüssel stehen gelassen. Am folgenden Morgen wird dann die Sahne obenauf mit dem Löffel abgeschöpft, in eine Ein-Liter-Glasflasche gefüllt, bis zu drei Viertel ungefähr voll, und verkorkt. Alsdann wird das Ganze geschüttelt, so, wie das ein Barmixer tut. Nach einer halben bis einer Stunde sind die ersten Butterflöckchen in der Flasche erkennbar. Der Inhalt wird nun wieder in die Schüssel zurückgekippt, Butter und Buttermilch werden nun getrennt und die Mahlzeit kann beginnen. Frische Butter, frische Buttermilch, dazu noch frisches Brot, etwas Besseres dürfte wohl kaum vorstellbar sein. Als Krönung noch der frische Bienenhonig, paschalusta, Panotschka, (bitte schön, Herrchen) was willst du noch mehr?"

Blendend strahlender Sonnenball am Himmel, Hitze reflektierende Erdkugel, Schatten spendendes Grün des Waldes, stetig wehende Brise, die die Mittagshitze des Festlandklimas erträglich macht, vorüberwehende Duftwolken dörrenden Heus, das klar wahrnehmbare monotone Gedröhn eines in großer Höhe dahinziehenden Aufklärungsflugzeuges, vereinzelt aufklingende Laute von badenden Kindern, ab und zu einige Sekunden langes Zwitschern von Singvögeln, fast nicht mehr wahrnehmbarer ferner Kanonendonner, in allen Tonlagen summende Fliegen und Mücken, in Minutenabständen das kurze Gekläffe eines Hundes, undefinierbare Geräusche aus weiter Ferne, die sich wie ein ratternder Güterzug anhören – ein Spätsommertag, wie man ihn sich nicht schöner in diesen Breiten vorstellen kann, geradezu dafür geschaffen, um einem gewissen Phlegma frönen zu können.

Nachtangriff der roten Armee in sibirischer Kälte – Abwehr mit hohen Verlusten an Menschen und Material und Rückzug

Anfang Januar 1942 war eine von Tag zu Tag mehr zunehmende Betriebsamkeit in der am Ostufer des Wolga-Sees liegenden Stadt Ostachkow zu beobachten. Für die Landser eigentlich kein Grund, daraus irgendwelche Schlüsse zu ziehen. Was könnte der Iwan auch schon in dieser grimmigen Kälte mehr unternehmen, als einzeln geführte, kleinere Vorstöße. Allerdings war aus den Wehrmachtsbereichen zu entnehmen, dass in den Nachbarabschnitten größere Kämpfe im Gange waren. Wenn man diesen Abschnitt hier in Ruhe ließ, so doch sehr wahrscheinlich nur wegen der naturbedingt günstigen Stellung der deutschen Truppen am Wolga-See. In der Nacht des 7. Januar beunruhigte ein russisches Sportflugzeug die Verteidiger des Dorfes Wolgorewo. Diese Maschine warf Brandbomben ab, die jedoch nicht die Häuser trafen, sondern die Dorfstraße, direkt neben dem Haus, in dem der Nachrichtenzug lag. Nach mehrmaligen Anflügen brachte die Nacht keine weiteren Störmanöver.
Am folgenden Morgen, es war schnell hell, läutete das Telefon. Leutnant Krüger nahm den Hörer ab und hörte die Stimme des Kommandeurs der AA: „Leutnant Krüger, die Leitung zu Hauptmann Meisel ist gestört, schicken sie doch mal einige Männer los, damit das wieder in Ordnung kommt." „Jawohl, ist klar, Herr Rittmeister." Leutnant Krüger rief nun mit hektischer Beflissenheit in den Raum, wo bereits einige Landser angespannt mitgehört hatten: „Der Kommandeur hat soeben angerufen. Die Leitung zu Hauptmeister Meisel sei gestört. Unteroffizier Wemhöner, machen sie sich einmal sofort auf, die Leitung zu entstören und nehmen sie Morgenroth mit." Unteroffizier Wemhöner sah Leutnant Krüger entgeistert an und sagte dann nur: „Jawohl, Herr Leutnant." Morgenroth hatte wenige Schritte weiter entfernt stehend alles mitgehört und sagte: „Ich glaube, da nehmen wir mal besser noch zusätzlich ein paar Handgranaten mit. Die leg ich vorne in den Schlitten rein, damit man sie gleich in Reichweite hat. Wer weiß, was uns da begegnen kann. Also, dann spann‘ ich mal den Gaul ein." Morgenroth ging aus dem Haus, stapfte um die Ecke, ging in den Stall, band das Panjepferd los, stellte ihm einen Eimer mit Wasser vor. Als es den Eimer ausgesoffen hatte, streifte er das Kummet über den Kopf des Pferdes, führte es

zwischen die zwei Deichseln des kleinen Einspännerschlittens, nahm den U-förmigen Holzbogen, verklemmte ihn beidseitig des Kummets mittels der Lederschlaufen mit den Deichseln, zog die Zügel ein und strich dem Pferd zur Aufmunterung einige Male mit der rechten Hand über das struppige Fell seiner Nase. Die Lufttemperatur mochte etwa dreißig Grad Kälte sein und die Nüsternhaare des Pferdes waren bereits mit weißem Reif durch die Feuchtigkeit seines Atems überzogen. Morgenroth ging anschließend zurück ins Haus, hing seinen Karabiner diagonal über seinen Rücken, ergriff sechs Handgranaten und legte sie auf den Fußboden des Kutschersitzes des Schlittens. Unteroffizier Wemhöner folgte sogleich nach, seine Maschinenpistole auf seine rechte Schulter gehängt. Morgenroth nahm die Zügel in die Hände und setzte sich rechts auf den Kutschersitz. Unteroffizier Wemhöner stieg links zu, die Schaffell-Fußdecke über die Knie hochziehend. Das Pferd zog an. Morgenroth lenkte es nach rechts auf die Dorfstraße, über die großen, schwarzen Brandflecke der Phosphorbomben der vergangenen Nacht hinweg, in Richtung des Dorfes Borino, das ungefähr drei Kilometer entfernt war. Die Straße war geringfügig abfallend, durch die Senke zwischen den beiden Dörfer führend. Das Pferd schlug in einen leichten Trab an. „Prk, prk, prk, prk, prk, prk, prk, prk", das Geräusch der im leicht festgefahrenen Schnee aufschlagenden Pferdehufe waren die einzigen Laute eines Lebewesens in der erstarrten Natur. Unteroffizier Wemhöner, klein, untersetzt, sah wenig erfolgsversprechend drein. Er war fast bis zum Halse unter die Fußdecke geschlüpft und sah mit spitzbübischem Gesicht nach allen Richtungen, ab und zu einen musternden Seitenblick auf Morgenroth werfend, der so verstiegen war, auch noch Handgranaten mitzunehmen, als wolle er ein Widerstandsnest ausräuchern. „Die Leitung müsste doch bald zu sehen sein", sagte Morgenroth. „Die liegt ungefähr zehn Meter rechts neben der Straße. Wir haben sie dreißig Zentimeter hoch über den Schnee gelegt, auf Astgabeln, damit sie nicht so schnell einschneit und gut zu finden ist," sagte Unteroffizier Wemhöner mit kraftloser Stimme. Nirgendwo war irgendeine Menschenseele zu sehen. Die Bewohner der Dörfer waren vor einigen Wochen in weiter zurückliegende Orte umgesiedelt worden. Die Senke war bald erreicht, und die Telefonleitung kam in Sicht. Beide sahen nun auf den Verlauf des Drahtes, der sich als intakt erwies. Die Hälfte der abzufahrenden Strecke war schon überschritten und nun stieg die Straße etwas an und drei Dachgiebel des Dorfes Borino ragten am nahen Horizont aus dem bläulich schimmernden Schnee. Neben der Straße war ein Tannenwäldchen, am Fuße einer sich nach links erstreckenden Bodenerhebung liegend. Die Zweige der vorderen, dichten Bäume hingen durch die Schneelast tief herab. Aus der Mitte des Wäldchens heraus führte eine frische Fußgängerspur über die Straße zu der Telefonleitung hin und am Ende der Spur war die Telefonleitung durchschnitten. „Eine ganz frische Spur", sagte Morgenroth und hielt den Schlitten an. Beide warfen erkundende Blicke zum Schneevorhang des Waldsaumes und sie konnten keine menschliche Regung feststellen. „Jetzt gehen wir mal vor in das Dorf und melden das Hauptmeister Meisel", sagte Morgenroth. Sie stapften gesenkten Hauptes los, mit zweiflerischer Miene sich gegenseitig anblickend. Sie erreichten das Quartier von Hauptmeister Meisel bald, traten ein und Morgenroth sagte: „Da vorne an dem Wäldchen ist die Telefonleitung durchschnitten, eine frische Fußgängerspur führt aus dem Wäldchen heraus, dort könnte ein Spähtrupp vom Iwan stecken." Hauptmeister Meisel antwortete: „Ja, wir haben auch schon etwas gemerkt." Er rief nun mit sonorer Stimme: „Erster Zug fertigmachen!" Die betreffenden Landser erhoben sich von ihrem Schlaflager, mit stoischer Gelassenheit nahmen sie ihre Waffen und Munition an sich. Ohne Murren marschierten sie am Blockhaus, in dem sie genächtigt hatten, in Gefechtsposition. Morgenroth und Unteroffizier Wemhöner stapften beflissen wieder zurück in Richtung ihres Pferdeschlittengespanns, das noch getreulich am Platz stand, unmittelbar an der Fußgängerspur. Morgenroth kamen jetzt Zweifel auf über die Richtigkeit seiner Vermutung und er befürchtete, deshalb einen Rüffel von Hauptmeister Meisel verpasst zu bekommen. Er blieb also mit Unteroffizier Wemhöner circa zwanzig Meter vor dem Wäldchen stehen und rief laut „Stoi!" (Halt!) in das Wäldchen hinein. Unteroffizier Wemhöner starrte mit leichenblassem Gesicht auf Morgenroth. Als aus dem Wäldchen kein Laut zu vernehmen war, nahm Morgenroth seinen Karabiner von der Schulter, legte an und feuerte einen Schuss auf den Waldrand. „Rrrrrrrrrt" – eine Maschinenpistolen-Garbe riss Unteroffizier Wemhöner um. Der Iwan hatte zurückgeschossen. Unteroffizier Wemhöner lag verwundet auf der Straße, Morgenroth blieb unverletzt und robbte in den Straßengraben.

Die Soldaten des ersten Zuges von Hauptmeister Meisel kamen langsam heran und gingen im Vorgelände gegenüber dem Wäldchen in Stellung. Mit Karabiner, Maschinengewehr und leichten Granatwerfern eröffneten sie das Feuer. Der Iwan schoss vereinzelt zurück. Morgenroth hatte sich getarnt. Er hatte sein Käppi mit Schnee bestäubt, damit es vollkommen weiß aussah und sich im Schnee gewälzt, um vollständig getarnt zu sein. Er gab nun auch einzelne Karabinerschüsse ab, geradezu blindlings, denn Umrisse einer Figur waren durch den Schneevorhang des Wäldchens nicht erkennbar. Plötzlich wurde er angesprochen und er drehte seinen Kopf nach rechts, wo er einen Sanitäter vom ersten Zug erblickte, der sagte: „Fass du mal mit an, wir wollen zu zweit den Verwundeten auf den Schlitten legen und ihn zurückbringen." Morgenroth erschauerte, als er in das weiche Antlitz, ausgestattet mit einem Menjou-Bärtchen, eines sehr jungen Sanitätssoldaten sah und vor seinem geistigen Auge erschien ihm ein Vergleich mit einem Bildnis von Jesus Christus. In seinem Gedächtnis hallte seine sanfte Stimme nach, gleichsam, als hätte sie aus diesem Bildnis gesprochen. Morgenroth gab sich ohne Zögern bereit. Beide robbten zu dem Verwundeten, hoben ihn auf, trugen ihn zu dem Einspänner-Pferdeschlitten und legten ihn auf die Ladefläche. Als Morgenroth das Pferd am Halfter seines Kopfes ergriff und sich anschickte, das Gefährt in Fahrtrichtung des Ausgangsortes Wolgorewo zu drehen, prasselte eine Maschinenpistolen-Garbe rechts von Morgenroth in den Hals des Pferdes, das sofort zusammenbrach. Morgenroth hatte einen Schritt nach links getan und wurde deshalb nicht getroffen, denn es hatte ihm gegolten. Er warf sich langgestreckt nieder auf die Straße und robbte schnell in den Straßengraben in volle Deckung. Nochmals nachhaltige Tarnung mit Schnee hielt er als Sicherung für erforderlich. Seinen Karabiner brachte er in Richtung Wäldchen liegend aufgelegt in Stellung. Er eröffnete das Feuer geradezu mit einem zornigen Revanchetrieb. Als Ziel suchte er vom Schnee entblößte Tannenzweige des ihm etwa acht Meter gegenüberliegenden Wäldchens. Seine Stellung hielt er für den Iwan schwerlich angreifbar, es sein denn, der Iwan würde von erhöhter Position aus, also von einer Tanne aus, auf ihn einsehen und somit gutes Schussfeld haben. Diese Möglichkeit schien ihm aber unwahrscheinlich, weil er von den Soldaten des ersten Zuges hätte entdeckt werden können und unter Beschuss gekommen wäre. Das Gefecht verstärkte

sich nun immer mehr. Die Soldaten konnten nur blindlings in das Wäldchen hinein feuern. Der leichte Granatwerfer, 5 cm Kaliber, gab verstreut Steilfeuergeschosse ab. Von Wolgorewo aus griffen die schweren Waffen, Panzerabwehrkanone 3,7 cm und Kavallerie-Geschütz 7,5 cm, mit Einzelschüssen in das Kampfgeschehen ein. Der Iwan konnte aus seiner vollen Sichtdeckung heraus treffsichere Schüsse anbringen. Diese Überlegenheit führte zu Verwundeten und Toten bei den Kämpfern des ersten Zuges. Offensichtlich wegen der vom Iwan erkannten zahlenmäßigen Überlegenheit der deutschen Truppe zog er sich allmählich zu seinem Ausgangspunkt zurück. Seine zahlenmäßige Stärke konnte nur ein Spähtrupp von circa zehn Mann gewesen sein.
Gegen Abend war ein undefinierbares Grummeln von der Feindseite zu hören. Noch nie gehörte Geräusche klangen herüber. Vielstimmiges Zurufen und eine Vermischung von Waffengeklirr und Motorengeräuschen, auf- und abschwellend, erfüllten die nächtliche Stille. Die Vermutung, dass sich beim Gegner eine Bereitstellung zu einem Angriff abspielte, wurde von einem jeden Landser, der sich aufhorchend dem Geschehen zuwandte, als richtig empfunden. Unheilgeschwängerte Atmosphäre!
Einige Wochen vorher war in der Igelstellung des Dorfes Wolgorewo eine Anpassung an die für deutsche Soldaten ungewohnt große Kälte im Rahmen der vorhandenen Möglichkeiten vorgenommen worden. Spezielle Winterbekleidung stand nicht zur Verfügung. Der Krieg sollte ursprünglich bis zum Wintereinbruch beendet sein, so wie es der „Führer“ einige Male verkündet hatte. Als Maßnahme gegen die extreme Kälte wurde zur Stärkung des Gesundheitszustandes pro Kopf täglich ein Esslöffel Lebertran verabreicht, akkurat von einem Offizier per Handreichung einem jeden Landser in den Mund geschoben, zum Zwecke der Versicherung, dass der Nehmer die verabreichte Menge auch wirklich schluckte und nicht ausspuckte. Grässlich verzogene Gesichter bei der ersten Einnahme ließen die Führung zu diesem Entscheid kommen. Ein anderer Schutz gegen die grausige Kälte stand scheinbar nicht zur Verfügung. Lediglich dicke Überschuhe aus Strohgeflecht wurden für die Wachposten verabreicht. Mit diesen klobigen Monstern zu gehen oder schnellen Schrittes zu flüchten, konnte unmöglich sein. Morgenroth hatte sich ein Paar russische Filzstiefel (Walinkis) besorgt. In dem Blockhaus, das ihm und seiner Gruppe zugewiesen war, stolzierte der Hausei-

gentümer in braunen Filzstiefeln einher, die Morgenroth als Austausch für seine rindsledernen Knobelbecher in den Sinn kamen. Er besann sich nicht lange und bewerkstelligte den Tausch, mit dem für die winterlichen Verhältnisse vollendet gekleideten Hausherrn. Am nächsten Tage marschierte dieser allerdings mit nagelneuen Walinkis vor Morgenroths Nase herum. Eigentlich hätte er auf diese neuen Exemplare bestehen können, aber dafür war Morgenroth zu altruistisch. Nach einigen Tagen, in einem anderen Quartier, stellte sich heraus, dass die Sohle des rechten Stiefels sehr dünn war und ein Loch hatte. Gefreiter Germar bot an, dass sein Hilfswilliger, der sich als gefangener sowjetischer Soldat in einer Munitionstransportkolonne bei der deutschen Wehrmacht verdingt hatte, den Stiefel reparieren könne. Er würde eine dünne Ledersohle fachmännisch aufnähen. Für Morgenroth war damit die mögliche Erfrierung seiner Füße nach seinem Ermessen unwahrscheinlich und er bekam die baldige Ausführung der Reparatur, die er dem Hiwi mit einer Portion Schweizer Käse aus seiner täglichen Essenration belohnte.

Nach trüben Tagen mit lange anhaltendem Schneefall kamen klare Tage und Nächte und die Außentemperatur stieg nachts auf minus dreißig Grad Celsius und noch mehr an. Deshalb wurde die Wachzeit für die Wachposten von zwei auf eine Stunde verkürzt. Morgenroth staffierte sich gegen diese knisternde Kälte mit ihm persönlich zur Verfügung stehenden Klamotten winterfest aus. Unter seine Uniform, bestehend aus Tuchhose und Feldbluse, zog er noch einen Drillich-Anzug aus Grobleinen an und eine langärmelige dünne Wollstrickjacke unter diesen. Über diese Montur zog er dann seinen Tuch-Wintermantel. Als Kopfbedeckung das Käppi und als Ohren- und Gesichtsschutz einen dünnen Strick-Wolle-Schal, rundgestrickt, für den Kopf überziehbar. Nase und Ohren mit dem Schal vollkommen bedeckt, die Atemluft drang unterhalb der Augen heraus, wodurch der Wollschal in kurzer Zeit vereiste und hart wie ein Pappendeckel wurde. Die Feuchtigkeit der ausströmenden Atemluft führte dann zu einer Vereisung der Wimpern, sodass Unterlid und Oberlid zusammenhafteten. Abwechselnd hatte Morgenroth mit einer von ihrem Handschuh befreiten Hand die Augen aufzutauen. Befreite er das rechte Auge vom Eis, fror inzwischen das Linke zu. Der Wimpernschlag bewirkte dieses Wechselspiel. Die Hörfähigkeit war durch den Schal eingeschränkt, die Sehfähigkeit der Augen war halbiert. Die Reak-

tionsfähigkeit eines Wachpostens in diesem Zustand war gehemmt. Er konnte schwerlich seiner Hauptaufgabe gerecht werden. Es stellte sich eine gewisse Apathie zu dieser Diensterfüllung ein. Die Voraussetzungen für diese verantwortungsbewusste Leistung waren minimiert. Die Wachsamkeit beschränkte sich mehr und mehr auf die Aufrechterhaltung seiner Sehfähigkeit. Dass in dieser Temperatur ein Gegner sich an ihn hätte heranpirschen und gefangen nehmen wollen, schien ihm unmöglich. Nahezu halb erstarrt fieberte er dem Zeitpunkt der Ablösung durch den nachfolgenden Kameraden entgegen.
In der folgenden Nacht begann der massive Angriff der Roten Armee auf das Dorf Borino, in dem Hauptmeister Meisel als Kommandeur mit seiner Truppe als Verteidiger der Igelstellung stand. Der anfängliche Widerstand, den er mit seinen Kräften geleistet hatte, brach zusammen. Er konnte dieser riesigen Übermacht nicht trotzen. So entschloss er sich zu einer maßvollen Absetzbewegung. Er bewegte sich mit seiner Truppe auf das Dorf Wolgorewo zu. Der Verteidigungsring gewann dadurch an Verstärkung. Die AA, in ihrer Bestimmung, sich vorwärts zu bewegen, den Feind in seiner Abwehrbewaffnung aufzuspüren und seine Stärke zu erkunden, geriet nun selbst in eine Verteidigungssituation. Niemand wusste, was wirksam zu tun sein könnte. Auch die Angriffstaktik des Feindes war nicht klar erkannt. Alle Waffen im Igel wurden feuerbereit in Stellung gebracht. Dumpfes Ahnen bewegte die Gemüter. Eine riesige Übermacht stand zu Angriff uns gegenüber, um uns grausam niederzumetzeln. Würgendes Schlucken, auf und ab trippeln, in der Erwartung der ersten Feuerschläge, wann bricht der Angriff los? Stimmengewirr, Kommandogeschrei, Waffengeklirr von der Gegenseite. Von welcher Seite wird der Angriff kommen? Nur vom Dorfe Borino her. Nacht ist es geworden und grimmig kalt. Aus der Schneedecke über der Landschaft ragen die Blockhäuser wie schwarze Holzkästen heraus. Trügerische Stille. Dann tuck, tuck, tuck – der Angriff beginnt. Ein schweres Maschinengewehr vom Iwan gibt das Angriffssignal. Es hämmert gleichmäßig gegen einen Hausgiebel mit Explosivgeschossen. Täuschen, als würde dort oben ein Iwan mit einer Maschinenpistole feuern. „Das ist ein Wassergekühltes!" (das bei Schießen erhitzte Rohr wird durch ein übergezogenes Rohr, das mit Wasser gefüllt ist, einen Wassermantel, gekühlt). Die Beschießung des Ortes Wolgorewo wird durch weitere Ma-

schinengewehre verstärkt, schwere Granatwerfer bepflastern pausenlos die Dorfstraße. Das Inferno beginnt, die Hölle hat sich aufgetan. Vieltausendstimmiges Urräh-Geschrei aus dem Dorf Borino, das immer näher kommt, dem leicht abfallenden Vorgelände des Dorfes Wolgorewo herauf dröhnt. Menschenmassen, dichtgedrängt, als hätte sich ein Fußballstadion nach dem Ende eines Fußballspieles geöffnet. Ein Kugelhagel nie erlebten Ausmaßes flirrt wie eine ununterbrochene Sturmwolke auf das Dorf Wolgorewo ein. Stupides Verharren der Landser hinter den Häusern. Das Urrräh-Geschrei der näherrückenden Rotarmisten verstärkt sich von Minute zu Minute. Oberleutnant Mielke, der Adjutant der AA, mit einer Pistole in der Hand, schreit: „Kommt ihr hinter den Häusern hervor und geht in Stellung! Aber schnell nach vorne! Ich erschieße jeden, der sich versteckt!“ Das Feuer der Granatwerfer vom Iwan verstärkt sich auf der Dorfstraße. Morgenroth ist mit vorne in der Hauptkampflinie. Ein Stoßtrupp vom Iwan hat sich in einer kleinen Senke schon dicht an die deutsche Abwehrfront herangearbeitet, jedoch wird er abgewehrt. Leuchtpatronen, die nach Abschuss an Fallschirmen herabschweben, erleuchten die schaurige Szenerie. Karabiner und Maschinengewehre feuern in nie gekannter Vielzahl in die dunklen Gestalten, die sich teilweise aufrecht auf die deutschen Stellungen zubewegen. Ein mörderischer Kampf ist entbrannt. Eine zehnfache Übermacht rennt gegen die deutschen Kräfte an. Einem jeden Landser wird bewusst, wenn die Abwehr zusammenbricht, dass ein grausames Ende aller beschieden sein wird. Morgenroth trifft auf Johannes Bongartz. Er steht mit seinem Karabiner, den er über seine rechte Schulter gehängt und blickt nach hinten, also nicht feindwärts. Morgenroth stellt ihn zur Rede und sagt: „Johannes, willst du nicht auch einmal einen Schuss auf den bösen Feind abgeben?“ Er antwortete indigniert: „Wer nicht tötet, der wird nicht getötet werden!“ Morgenroth konstatiert: „Auch eine Einstellung.“ Johannes Bongartz fühlte sich sehr wahrscheinlich in seiner Auffassung bestätigt, denn ob dieser Tatsache konnte man annehmen, dass er wegen seines Handelns einen herzzerreißenden Anraunzer nicht nur von seinem Vorgesetzten, sondern auch von einem oder mehreren Kameraden zu erwarten gehabt hätte. Morgenroth resümierte, dass er zumindest einen lebenden Kampfgefährten stehenden Fußes darstellte und auch sein Leben riskierte, wenn auch defensiv in der Gesamtheit des Kampfgeschehens.

Der Angriff der Roten Armee verebbte allmählich. Wirres Geschrei, Kommandorufe erfüllten die Luft. Der Verdacht kam nun auf, dass der Iwan von einer anderen Seite angreifen könnte, um in die Igelstellung einzubrechen. Rechts von der bisherigen Angriffsfront schien sich eine Bereitstellung für einen Angriff aufzubauen. Zäh verrannen die Minuten. Eine neue Überraschung schien bevorzustehen. Eventuell ein Angriff bei Tagesanbruch? Jedoch die Geräuschkulisse schien sich langsam zu verflüchtigen. Bei Tagesanbruch war erkennbar, dass eine zweite Straße, offensichtlich mit einem Schneepflug gebahnt, auf dem hartgefrorenen Boden querfeldein, an der Igelstellung vorbei ins Hinterland führte. Der Iwan ließ die Igelstellung links liegen.

Die Verluste an Menschenleben bei der AA waren erstmals seit Kriegsbeginn sehr hoch. Oberleutnant Mielke, der Adjutant, war unter den Toten. Ebenfalls einige besonders tapfere Soldaten, die in exponierter Stellung ihr Leben für die Einheit der AA in die Schanze geschlagen haben. Mit Todesverachtung verteidigten sie ihre Stellung. Aber auch bei der Roten Armee waren die Menschenverluste sehr hoch. Vor dem Angriff sollen die Rotarmisten ein Pilzgift in Tablettenform verabreicht bekommen habe, welches sie in einen Rauschzustand versetzte. Aus dieser Tatsache ließen sich die in zusammengedrängten Kolonnen angreifenden Soldaten erklären. Meist aufrecht marschierten sie auf das deutsche Abwehrfeuer zu.

Tiefe Trauer senkte sich in die Herzen der Soldaten über den Tod der Kameraden und Verwundeten, mit denen man viele Monate lang so vielen Strapazen überstanden hatte. Ihr Fehlen wurde auch als Schwächung der Kampfkraft der AA empfunden. Besonders der Tod von Oberleutnant Mielke wurde als Funktionsminderung der Führungsspitze der AA angesehen. Wie mag es nun weitergehen? Eine scheinbar banale Schlussfolgerung. Die Inaugenscheinnahme des Kampffeldes der vergangen Nacht versetzte die Beobachter, die Landser, in basses Erstaunen über die hohe Zahl der toten Rotarmisten, die steif gefroren das Schlachtfeld bedeckten. Zum ersten Male sahen sie die sachgerechte Winterausrüstung: wattierte Steppuniformen und Filzstiefel, als Kopfbedeckung die landesübliche Schapka (auch Schaschka, Fellmütze mit seitlich hängenden Lappen als Ohrschutz). Für manch einen Landser wäre es opportun gewesen, sich eine Fellmütze anzueignen, um auch einen besseren Kälteschutz zu haben. „Du wirst dann doch für einen Iwan gehalten und wie schnell hat dich dann ein Wachposten niedergeschossen", sagten mehrere Landser zu einem Interessenten. Leichenfledderei in der scheußlichsten Version war nicht zu verzeichnen. Die Ruhe, die über dem Schlachtfeld lag, ließ über das Verhalten der Roten Armee nach dem gescheiterten Angriff in allen Köpfen nachdenken. Wohin mag er sich verzogen haben? Eine trügerische Stille hatte sich verbreitet. Niemand wusste zu sagen, was sich entwickeln könnte. Ein Kradmelder (Kraftrad/Motorrad), mit einer Meldung des Kommandeurs auf dem Wege nach hinten zum Divisions-Hauptquartier, kam wieder zurück nach Wolgorewo, er sagte, er sei hinten vor dem nächsten Dorf beschossen worden und habe deshalb kehrt machen müssen. Fragende Blicke, Achselzucken, sind wir vielleicht abgeschnitten? Die Vermutung, dass sie eingekesselt sein könnten, führte zu der Entscheidung des Kommandeurs und seines Stabes, am nächsten Morgen im Morgengrauen durchzubrechen und den Rückzug anzutreten. Die Motorfahrzeuge konnten wegen der großen Kälte nicht fahrbereit gemacht werden und mussten zurückbleiben. Die Motorblöcke wurden mit Wasser gefüllt, wodurch wegen des starken Frostes eine Vereisung eintritt, die dann zu einer Sprengung des Motors mittels Ausdehnung des Eises bei Erwärmung führt. Unfassbar dieses Vorgehen, das aber die prekäre Situation zwangsläufig erforderte. Längst war schon durch Requirierung eine angemessene Anzahl von Einspänner-Pferdeschlitten bereitgestellt worden, um das wichtigste Kriegsgerät als Ersatz für die Motorfahrzeuge transportieren zu können.

Im Morgengrauen kam der Befehl zum Abmarsch. Eine grimmige Kälte von minus zweiundfünfzig Grad wurde gemessen. Schlitten hinter Schlitten, in einer langen Reihe vollzog sich der Ausmarsch aus Wolgorewo. Die Panjepferde der Schlittengespanne, die anspruchslosen, getreuen Gefährten, stapften willfährig los. Die Soldaten trotteten zwischendrein, schicksalsergeben dem unbekannten Ziel entgegen. Die Tete, die Spitze des langen Zuges, bildete ein schwer bewaffneter Trupp, in beträchtlichem Abstand voraus marschierend. Nach kurzer Strecke war links von der Straße ein dichter Jungfichtenwald erkennbar. Für die Marschkolonne wurde „Halt!" befohlen. Dieser Wald schien wie die Bastion einer

Festung, die es zu überwinden galt. Aus diesem Wald hätte der Iwan einen massiven Angriff in breiter Front auf die AA führen können, der die totale Vernichtung der AA hätte bedeuten können. Infolge dieser Annahme wurde befohlen: Im Falle eines starken Angriffs, der keine Möglichkeit des Entrinnens erkennen lasse, sei beim Abfeuern einer roten Leichtkugel alles bewegliche und feste Material durch eigene Hand zu vernichten. Der Voraustrupp erhielt den Befehl, nach links in den Wald hineinzustoßen und den Gegner herauszufordern. Ungefähr einhundert Meter vor der Spitze der AA schwenkte der Stoßtrupp nach links auf den Wald zu. Mit stockendem Atem blickten die Mannschaften auf dieses Unternehmen, die Spannung steigerte sich zum Bersten. Zögerlich, aber zugleich auch unglaublich, machten einige Landser aus dem Wald Meldung, dass keine Besetzung des Waldes durch Truppen zu erkennen sei. Erlösendes aufatmen bei allen, die die Situation in ihrer höchsten Brisanz einschätzen konnten. Andere Landser konnten sich nicht vorstellen, dass sie in der grimmigen Kälte nochmal einen Kampf bestehen könnten. Fatalismus hatte sich ausgebreitet.

Die AA in Absetzbewegung: eingekesselt! Starke Kräfte nördlich, westwärts im Marsch

Das Gros der AA setzte sich wieder in Bewegung. Bis zum nächsten Dorf war es nicht mehr sehr weit. Hier hatte sich eine Gruppe in Abwehrfront aufzubauen, die die Nachhut bildete. Die AA trat eine Rückzugbewegung an, denn der Iwan war schon längst mit starken Kräften weit nach hinten durchmarschiert. Nun stieß er mit kleinen Trupps auf der Rückzugsstrecke der AA nach und verwickelte die Nachhut der AA mehr oder minder in kleinere Gefechte. Die Nachhut hielt den Feind auf, damit sich der Tross der AA in Tagesmärschen ungestört zurückziehen konnte. Ski-Trupps vom Iwan, deren Ausrüstung denkbar simpel, jedoch eventuell sogar zweckmäßig sein konnte, (auf der Spitze der Filzstiefel war ein Zigarettenstummel großes Holzklötzchen aufgenäht, hinter welchem der Querriemen des Skibretts gelegt wurde, wodurch Gleiten über flaches Schneegelände gut möglich sein konnte), tauchten immer wieder an der Rückzugsstrecke der AA auf. Immer weiter südwärts ging die Rückzugsbewegung. Die Nachhut hatte wiederholt stärkere Vorstöße vom Iwan abzuwehren. In einem schweren Gefecht fiel der Kommandeur der AA, Rittmeister von O. Ihn traf die Kugel eines Scharfschützen. Die Situation der AA erhielt durch den Tod ihres Kommandeurs eine zusätzliche Konfusion. Eine spürbare Lücke in der Kampfstärke der AA hatten die gefallenen Kameraden bei der Verteidigung von Wolgorewo gerissen. Eine verstärkte Rückbesinnung auf ihren Mut und Einsatzbereitschaft kam nun wiederholt auf. In Nachtmärschen marschierte das Gros der AA weiter.

Die vorderste Linie der Landser in der großen Marschkolonne wurde in kurzen Abständen ständig umgewechselt, weil diese den tiefen Schnee niederzutreten hatte, denn es war kein Schneepflug vorhanden, der freie Bahnen hätte schaffen können. Ab und zu sank ein Landser während einer kurzen Pause der Marschkolonne nieder, weil er durch Übermüdung und Kälte in einen Erschöpfungsschlaf fiel. Doch die Strömungsbewegung der Kolonne riss ihn wieder hoch und mit, vielleicht auch ein Fluchttrieb vor der Verfolgung durch den Feind. Eine große Sorge bereitete die Futterversorgung der Panjepferde, denn die Rückzugsstrecke war leergefressen. Die in den Dörfern angehäuften Futtervorräte waren durch das Kriegsgeschehen aufgebraucht und der Nachschub der Wehrmachtseinheiten war durch die sibirische Kälte eingefroren. Eines Morgens streckten einige Pferde ihre Köpfe durch die Außenwand eines Blockhauses in Freie, sie hatten sich vor Hunger durch die Holzwand, die die Dicke eines dreißig Zentimeter starken Fichtenstammes hatte, hindurch gefressen. Kurios dieser Anblick für die einen, die die Versorgungslage der Pferde nicht verstanden, für die anderen, die den sogenannten „Pferdeverstand" hatten, war es besorgniserregend. Mit Bitternis blickten die Kameraden, die in der Landwirtschaft ihr Zuhause hatten, auf diese Szene, die sich niemand von ihnen in seiner kühnsten Fantasie jemals hätte vorstellen können. Größte Bedenken über die Beweglichkeit des gesamten Truppenkörpers erregten die Gemüter, denn diese Pferde würden in kurzer Zeit außer Gefecht sein. Dennoch gab es kein Festsitzen am gleichen Ort, denn das gesamte Kampfpotential war in Ausweichbewegung und auf einem Stützpunk war von diesem aus nachts deutlich zu hören, wie der Russe im Norden mit starken Kräften westwärts marschierte.

„Fertigmachen zum Weitermarsch!" Die Panjepferde wurden aus ihrer Unterkunft heraus geführt und angeschirrt. Einige wieherten, vielleicht weithin hörbar, verräterische Laute. „Reise, Reise, die Klopp-Hengste wiehern!" Eine süffisante Feststellung eines Landsers, in Beziehung auf eine ständige Sehnsucht, der tragischen Lebenssituation, unter allen Umständen, wie auch immer, heil zu entkommen. Weiter, wieder marschieren, die Kolonne zog an, prustendes Schnauben der anziehenden Pferde, schlurfende Schritte der Landser in der unbelebten Natur. Ein langer Zug von Männern im Alter von circa zwanzig bis vierzig Jahren war in der grimmigen Kälte in Bewegung, wälzte sich durch den hohen Schnee und wurde von Ski-Truppen der Roten Armee verfolgt und in ständige Nachhut Gefechte verwickelt. Sie waren unzulänglich gegen die Kälte geschützt, mit Handfeuerwaffen aller Art und Größe ausgerüstet, die in der tief gefrorenen Natur nur schwerlich funktionierten. Die Waffen vereisten beim Schusswechsel in der sibirischen Kälte und taugten nicht zur Abwehr, der Proviant wurde von Tag zu Tag knapper. Starke Übermüdung durch die Gewaltmärsche in der ungewohnten starken Kälte brachte viele Landser in torkelnde Schrittweise, sodass sie vom Nebenmann durch Anschieben mitgerissen werden mussten.

Der Rückmarsch kam zum Stillstand. Stützpunkte wurden ausgebaut, Schneedämme aufgeworfen, die als Schützengräben dienten, in Blockhäusern und Viehställen kampiert, in Schneehöhlen und Iglus genächtigt. Die Verpflegung bestand aus einem Kommissbrot für sechs Mann pro Tag, als Wasser für Kaffee-Ersatz konnte nur Schnee genommen werden. Es wurde zur Gewissheit, dass das XXIII. Armeekorps eingekesselt war. Der Nachschub an Munition, Treibstoff und Proviant sowie der Rücktransport von Verwundeten zu Lande waren dadurch vollkommen abgeschnitten. Eine Viertelstunde bei Kälte über dreißig Grad minus unbewegt im Schnee liegen konnte den Tod bringen. Erfrierungen der Zehen und Fersen bei Landsern, die noch Knobelbecher (Lederschaftstiefel) trugen, wurden immer mehr gemeldet. Heilung und Erholung bei der Truppe waren nicht möglich, sodass Betroffene zurück ins Lazarett verbracht werden mussten. Eine Schwächung der Personenanzahl bei der Truppe war deutlich spürbar. Der Hunger war Tag und Nacht, fortwährend, wie der Atem gegenwärtig und dicht knurrende Mägen hörbar. Suche nach etwas Essbarem, umherstreunend wie hungrige Hunde, jedoch nirgendwo in der Nähe der Stellung irgendein Lebewesen, das zu erbeuten und zum Verzehr geeignet gewesen wäre. Der Boden metertief gefroren, die gesamte Natur durch Kälte erstarrt wie ein Eisblock.

Wolkenloser Himmel, beißende Kälte, doch die Sonne schien gegen die Mittagszeit verlockend, sich in der Natur zu bewegen, sich von der Stellung fortzubewegen, um auf Beutegang zu gehen. Einige Wohnhäuser, die aus dem blendend weißen Schnee geradezu verheißungsvoll herausragten, wurden mit sehnsuchtsvollen Blicken angepeilt. „Da müssen wir mal hin, vielleicht finden wir dort etwas!" Aufbruch zu einem Beutezug. Die kühnsten Vorstellungen über das, was man vorfinden könnte. Morgenroth schirrte das Panjepferd in den Schlitten ein, einige Kameraden sprangen auf und so trabten sie dem Ziel entgegen. Skepsis über den Erfolg dieser Fahrt gab es nicht. Der Hunger beherrschte ihre Gedanken. In der Fantasie stellte ein jeder sich etwas Besonderes vor, das er entdecken könnte: Hühner, Eier, Milch, Butter, Sahne, Schweineschinken, Brot, Kartoffeln, Gemüse, Obst. Vielleicht sogar die Möglichkeit, es zu einem schmackhaften Mahl zubereiten zu können. Zumindest ein Fass Sauerkraut (Kisli Kapusta) konnte zu entdecken sein, oder auch ein Fass Salzgurken (Kisli Ogures): „Eisbein mit Sauerkraut, ich könnte es jetzt, ohne Messer und Gabel zu Hilfe zu nehmen, nur verschlingen, mit dem Seitengewehr ein großes Stück Eisbein aus dem Kochtopf herausstechen und aufgespießt abfressen, ha, so richtig wie ein heißhungriger Wolf gierig verschlingen und dann sollte mal einer kommen und sagen, gibst du mir auch etwas davon ab? Er müsste um sein Leben rennen, ich würde ihn niedermachen. Ich würde vor nichts zurückschrecken. Den Knochen könnte er vielleicht haben, zum Abnagen, aber sonst gar nichts!" Ein Kamerad von diesem eingebildeten „Eisbeinvertilger" erwiderte: „Aber mir könntest du ein Stück abgeben." „Du kriegst gar nichts, höchstens ein paar auf die Schnauze, damit dir die Lust vergeht. Da hat man mal etwas Anständiges erwischt und schon geht es los, jeder will mitessen. Da glotzen alle auf das Stück, schmatzen und schlucken, als hätten sie schon einen Fetzen zwischen den Zähnen, wie eine Meute heißhungriger Wölfe, kommt gar nicht infrage, erst will ich einmal satt werden." „Einen Topf mit Milch werde ich aber dann vor aller Augen austrinken. Zuerst obenauf die Rahmhaut abschürfen." „Wenn ihr mir nichts von euren Fressalien abgebt, so werdet ihr auch nichts von mir bekommen, wenn ich etwas in die Finger bekommen habe, vielleicht ein Schinken oder eine Speckseite." „Abwarten, was wir überhaupt finden, nicht schon vorher das Fell verteilen, bevor der Bär erlegt ist."

Das Ziel, einige Wohnhäuser, auf die man von der Stellung aus gegen Feindeinsicht geschützt zustrebte, kam näher und wurde bald erreicht. Bewohnt waren sie nicht mehr, die Einwohner waren längst vor einigen Tagen evakuiert worden, weit hinter dem Frontabschnitt eingewiesen. Anhalten, überstürztes Eindringen in die Blockhäuser, alle Winkel durchstöbern und nichts vorzufinden. Alles leergeräumt, geradezu kahlgefressen. Enttäuschte Mienen, grobe Flüche von dafür bekannten Kameraden. Alle Blicke richteten sich nun auf die hinter dem Hoftor liegenden Pferdekadaver, die durch russische Artillerie-Granaten getötet worden waren. Begehrliche Blicke richteten sich auf die Hinterhand dieser deutschen Artilleriepferde. „Das sind schöne Kaltblutpferde, wahrscheinlich von der Leichten Artillerie." „Die haben Ärsche wie Brauereipferde." „Männer, wir haben keine andere Wahl, wir müssen uns da bedienen, wir können nicht mit leeren Händen nach Hause kommen." „Also auf sie, mit Gebrüll!" Morgenroth holte ein Beil vom Schlitten und haute ein circa dreißig mal dreißig Zentimeter großes Stück aus dem Arschbacken des einen Pferdes. „Das Fleisch ist durch und durch gefroren, also genießbar.“ Ein anderer Landser fühlte sich angeregt durch die Inbesitznahme eines großen Stück Fleisches durch Morgenroth und betätigte sich ebenfalls mit dem Beil als „Fleischhauer“. Vor dem Hoftor, auf der Dorfstraße, tauchte unversehens ein Landser auf, der seine Schritte schnurstracks auf die Gruppe Soldaten lenkte, die sich an den Pferdeleibern zu schaffen machten. Er stellte sich vor und sagte, er sei der Divisionsgeneral, was als äußeres Zeichen unter seinem Wintermantel durch die herausleuchtende Uniform-Kragen-Patte erkennbar war. Er sagte: „In den nächsten Tagen bekommen wir einen Wagon Linsen, sodass ihr eine Aufbesserung der kärglichen Tagesration erwarten könnt. Es ist ein Flugfeld im Kessel eingerichtet worden, sodass täglich einige ‚Ju 52‘ (die gute alte Tante ‚Ju‘) landen können und uns mit dem Allernotwenigsten versorgen können.“ (Die gute alte Tante „Ju“, ein dreimotoriges Propeller-Transportflugzeug, das angeblich im Notfall auch mit nur noch einem Motor fliegen kann, besonders robust und strapazierfähig. „Ju“ ist die Abkürzung des Namen Junkers, der Konstrukteur des Flugzeuges, der durch seine Erfindung größte Anerkennung fand.) Die Ankündigung, die der Divisions-General machte, erweckte bei den Landsern keine hoffnungsvollen Erwartungen, denn so vieles wird versprochen und wenn sich die Umstände ändern, tritt die Erfüllung nicht ein. Die Beutetrupps blickten im gewissen Sinne befriedigt auf den Pferdeschlitten, der mit einigen großen Stücken Pferdefleisch bepackt war. „Nicht mehr lange aufhalten, machen wir, dass wir von hier fortkommen!“ „Aufgesessen und ab geht es!“ Die Besatzung ließ sich auf den Schlitten fallen, das Pferd zog an und im Zuckeltrab strebten sie ihrer Stellung zu. „Also ich habe noch kein Pferdefleisch gegessen, wie schmeckt das denn?“ „Es ist schieres Fleisch, also gewissermaßen fade, kein bekömmlicher Geschmack. Es ist besser genießbar, wenn es mit Schweinefleisch vermischt ist.“ „Aber das haben wir nun mal nicht.“ „Der Hunger treibt auch dieses Fleisch hinein.“ „Wenn uns der Gott des Hungers gnädig gesonnen ist, könnte uns jetzt auf unserer Rückfahrt ein Wildschwein über den Weg laufen, das wir erlegen könnten, dann könnten wir uns ein lukullisches Hackfleisch brutzeln.“ „Also, Holzauge sei wach, vielleicht erwischen wir eins!“ Weiter, immer weiter, immer weiter der Ausgangsstellung zu. „Was liegt denn da?“ Zugreifen, beschnüffeln, ein viereckiges Paket! „Das ist ein Würfel, in dem etwas versteckt sein könnte." Es stellte sich heraus, dass dieses Gebilde ein Paket aus Presshafer war. Hafer mitsamt Halmen fest zusammengepresst, offensichtlich ein komprimiertes Futter für Pferde, von deutschen Flugzeugen abgeworfen, scheinbar die einzige Möglichkeit, dem Futterversorgungs-Notstand in höchster Bedrängnis abzuhelfen. „Sind die Pferde wichtiger als wir? Wir können ja vor Hunger krepieren!", räsonierte ein Landser. „Hoffentlich lassen die auch bald etwas für uns aus der Luft fallen!" „Also aufladen und mitnehmen für unsere Zossen!" Die Stellung kam in Sicht und nun kam es geradezu zu einem Endspurt. Die Erwartung, das Pferdefleisch im Topf kochen zu sehen, beflügelte die Gemüter. Immer näher rückte die Ausgangstellung heran. Eine Gruppe der dagebliebenen Kameraden stand gestikulierend zum freudigen Einzugsempfang vor dem Tore. Begeisterte Inaugenscheinnahme der Beute mit erwartungsvollen Äußerungen über die Zubereitung des Fleisches. Es schwadronierten alle wild durcheinander, ein jeder für sich Zubereitungsvorschläge aufsagend, Menüs nennend, die dieser oder jener dereinst in besseren Tagen genossen hatte. Dass die Fleischstücke schieres Pferdefleisch waren, kam den meisten vorerst gar nicht zum Bewusstsein. Allmählich kam jedoch bei einigen Skepsis auf über die Genießbarkeit. Sie äußerten sich jedoch nicht lautstark, denn der Drang zur Stillung ihres Hungers ließ sie diese Bedenken unbedeutend erscheinen. Die Feuerstelle wurde mit Brennmaterial bestückt, ein Streichholz entzündet und schnell züngelte die erste Flamme empor. Ein bauchiger, gusseiserner Kochtopf wurde mit gewürfeltem Pferdefleisch gefüllt und spärlich vorhandene Gewürze, wie Salz und Zwiebeln, darangegeben. Eine Rauchsäule stieg gen Himmel, die schnellstens reduziert werden musste, denn für den Iwan konnte es ein Zielpunkt sein. „Dämmt das Feuer ein, der Iwan ballert uns sonst ein Paar hier rein, dass uns der Topf mitsamt dem Fleisch um die Ohren fliegt!" Hungrige Mäuler umstanden die Kochstelle, gierende Gestalten gafften auf den Kochtopf. Sprüche über die zu erwartende Mahlzeit flogen hin und her, baldiges Schnabulieren von imposanten Fleischstücken berauschte die Sinne. Der Koch am Fleischtopf bewegte mit gönnerhafter Miene seinen Kopf von einem zum anderen seiner Hungerleider. Den Deckel in kurzen Abständen immer wieder abhebend, um festzustellen, ob das Gericht bald gar sein könnte, und um auch immer wieder genussreich die entströmende Duftschwade zu schnuppern. Amüsante Feststellungen von einigen der Umstehenden zu diesem Schaustück, das einer Zelebration gleichkam. „Wie er doch mit verheißungsvollem Blick den Kochlöffel schwingt“, hob lachend ein Landser an. „Als könnte uns bald ein Hochgenuss bevorstehen“, warf ein anderer ein. „Herr Heinrich sitzt am Vogelherd, recht froh und wohlgemut, richt‘ seinen Blick zum Himmelszelt, du gabst mir einen guten Fang, Herrgott, wie's dir gefällt!“, sang ein korpulenter Landser, was ein schallendes Gelächter auslöste. Aufregendes Getrippel und gleichzeitiges Zurufen: „Jetzt müsste es doch eigentlich gar sein, das Fleisch!“ Sie bewegten den Koch nun, für ihn allerdings vorzeitig, den Deckel zu heben und das Gericht als gar zu erklären. „Jetzt mit Kochgeschirr antreten! Für jeden ist mehr als genug da!“ Wenn auch einige naserümpfend, so schlangen doch alle, die schon viele Tage darbten, das Pferdefleisch in sich hinein. „Ich bin bald voll bis zum Stehkragen!“ „Ein voller Bauch studiert nicht gerne!“ „Pferdefleisch en masse, da fehlt nur noch etwas Hafer!“ „Pferde-Äpfel-Haufen setzen mit unverdauten Haferkörnern, wäre eine willkommene Mahlzeit für die Spatzen!“ „Auch noch, den Pferden den Hafer wegfressen, sofern er nur vorhanden wäre!“ „Ich bin satt, ich bin satt, ich bin satt“, summte ein Landser vor sich hin, ungefähr nach der Melodie einer Berliner Operette.

Mit Zivilisten in einem Dorf bei Erntearbeiten und ein Granateneinschlag

„In diesem Dorf sollen wir in Ruhestellung gehen? Weitab von der Front, kein einziger Schuss zu hören? Das kann man sich eigentlich nicht vorstellen, dass es so etwas geben soll." Die Mannschaften wurden in ihre Standquartiere eingewiesen. Die Ortseinwohner wurden nicht evakuiert, sie durften in ihren Häusern bleiben. Deutlich erkennbare Schilder an den Ortseingängen mit der Aufschrift: „Wer plündert, wird erschossen." Fragende Blicke, skeptische Mienen, beim erstmaligen Anblick dieser auffallend großen, weißen Schilder, die offenbar auch nachts, in der Dunkelheit gut erkennbar waren. „Hier ist ein Ortskommandant, es soll ein Sechzehn-Ender (ein aktiv dienender Wachtmeister, der über die zwölfjährige Verpflichtung hinaus weitere vier Jahre bei der Einheit diente) sein, der mit den Ortseinwohnern die Felder bestellt, die Ernte einbringt und natürlich auch Viehzucht betreiben lässt." „Wenn nun ein oder mehrere Landser glauben würden, sie könnten nachts ins Dorf kommen, um ein Schwein oder eine Kuh herauszuholen, es wäre Plünderung, die ereilte das angedrohte Schicksal."

Frühmorgens war schon eine große Anzahl Ortseinwohner auf dem Dorfplatz in einer Gruppe angetreten und hörte die Anweisungen des Ortskommandanten an, die für die Feldbearbeitung eine Einteilung zu den einzelnen Arbeitsgebieten waren. Vorwiegend junge Frauen und Mädchen, offensichtlich wurde das Fehlen von jungen Burschen durch die Mitnahme beim Rückzug durch die Rote Armee erklärt, standen mit Feldbearbeitungsgeräten bereit und marschierten gestikulierend und in kleinen Gruppen singend in Richtung der ihnen angesagten Felder. Nach etwa einer Stunde waren einige Mädchen zu beobachten, die vereinzelt herumstreunten. Augenfällig wurden sie dafür erkannt, dass sie sich von der Feldarbeit gedrückt hatten. Dem Ortskommandanten wurde dieser Vorfall bald zugetragen. Er erschien ohne Zögern auf dem Dorfplatz und raunte alle an, aber nur diejenigen, die er durch sein plötzliches Aufkreuzen erwischen konnte, andere hatten sich schleunigst verkrümelt. Ob sie ein Strafgericht ereilen würde, wurde nicht bekannt, es schien vielleicht auch zwecklos, eben weil es täglich immer wieder geschehen konnte, dass sich niemals alle auf dem Dorfplatz versammelten Personen

restlos auf den Feldern einfanden. Die Ernteerträge wurden nicht restlos von der deutschen Wehrmacht beschlagnahmt, es wurde ein Pro-Kopf-Anteil für die Einwohner sichergestellt, um keine Hungersnot aufkommen zu lassen.
Hochsommerliches Wetter erfüllte die Luft, ein jeder Landser hantierte nach seinem eigenen Gusto. Einer spielte Fußball mit einer Blechbüchse, unverzüglich waren noch drei Landser hinzugekommen, die mit aufheiterndem Gejohle mitmischten. Schrilles Klicken der Büchse bei jedem Tritt reizte zur vollständigen Demolierung dieses Ersatzstückes von einem Fußball. Ausschau nach einer anderen hatte bald Erfolg. Die Klopperei mit einer neuen, größeren, entwickelte sich zu einem Spektakel, das an ein Spiel auf einem Fußballplatz erinnerte, die Steigerung der Erwartungshaltung zu einem Schrei: Tor! Aufbrausendes, vielstimmiges Siegesjubeln wie auf einem Fußballplatz durchdrang die Luft. Hier nur im Kleinformat. Für die Beteiligten eine Erinnerung an ehemals erlebte Fußballspiele.
Urplötzlich, ein berstender Knall zerreißt die Stille. Eine Granate hatte in ein Wohnhaus eingeschlagen. Ohne Zweifel konnte diese nur von Partisanen abgeschossen worden sein. Ein ungefähr fünfzigjähriger Ortseinwohner kam prustend in das Quartier der Landser, das in seiner Nachbarschaft lag. Hechelnd und röchelnd erzählte er mit nasalen Wortfetzen über den Schaden, den der Granateinschlag angerichtet hatte. Ängstlich und hilfesuchend blickend erklärte er seine Strapazen, die er bei der Roten Armee an der Front im Finnisch- russischen Krieg durchgestanden hatte. Durch eine Verwundung hatte er die Sprachbehinderung bekommen. Er wurde sehr wahrscheinlich deswegen aus der Roten Armee entlassen und war somit vom Kriegsdienst befreit. Ängstlich um sich blickend und mit zögernden Schritten bewegte er sich zurück in sein Wohnhaus. Dass er die deutschen Soldaten gewarnt hatte, weil er sie für kriegsunerfahren hielt, war Genugtuung für ihn, aber auch sie waren die Ursache überhaupt, weshalb die Partisanen die Granate abgefeuert hatten. Insgeheim hegte er vielleicht auch die Hoffnung, dass die Granate der Partisanen die deutschen Soldaten zum Aufbruch und Abmarsch aus dem Dorf bewegen könnte, denn es könnten wohl bald weitere Einschläge folgen. Eine glückliche Fügung des Schicksals, wenn sie abrückten.

Auf der Eisenbahn in die Hauptkampfzone

„Drei Gitarren am Meer, in der sternklaren Nacht, wenn die Lieder erklingen und die Sehnsucht erwacht." Stimmungsvolles Summen und Singen von Schlagern war aus den in Gruppen beieinander hockenden Landsern in der lauen Sommernacht zu vernehmen. „Drei Zigarren gibt's mehr", nach der gleichen Melodie, sang ein Landser laut und vernehmlich in die Runde, mit einem süffisanten Grinsen im Gesicht. Dieses Intermezzo wurde als eine Verballhornung auf die karge Ration der Tabakwaren, die es wöchentlich geben konnte, empfunden.

Aus der Ferne vernehmbares anschwellendes Brummen, das nur von Flugzeugen sein konnte, führte allmählich zur Verstummung der aufgeheiterten Stimmung. Bombenflugzeuge waren bald deutlich auszumachen, die im Anflug auf die Stadt Rshew an der Wolga waren. Sogenannte „Christbäume" (ein breit gestreutes Bündel hell strahlender Leuchtraketen), von Bombern der Roten Armee abgeworfen, erhellten die Dunkelheit über der Stadt. Die Anzahl der Flugzeuge vermehrte sich und die ersten Bombeneinschläge waren zu hören. Die Rote Armee war mit ihrer Nachtbomberflotte zum Angriff auf die Stellungen der deutschen Wehrmacht, schon ausgerüstet mit amerikanischen Spezialgeräten, in die Stadt Rshew angetreten. Wie ein Feuerwerk die erstrahlenden „Christbäume", dazu das ununterbrochene Wummern der Bombenexplosionen. Aus circa zwanzig Kilometern Entfernung deutliche Wahrnehmung des Geschehens und manch einen beschlich die dumpfe Ahnung, dass in den nächsten Stunden ein Großangriff des Iwan bevorstehen könnte. Das nächtliche Bombardement konnte ohne Zweifel eine Vorbereitung (Zermürbung der Kampfkraft des Gegners) zu einem Großangriff sein. Aber meisten Landser schienen unberührt von diesem ziemlich weit entfernten Schauspiel zu sein und wer wollte sich mit dem Gedanken plagen, dort mit hineingezogen zu werden? Man war auf Ruhe eingestellt und der Krieg war wohl für diese Zeit aus. „Das ist denen ihr Bier, sollen die doch machen, was sie wollen, uns geht das nichts an. Die eine Granate, die die Partisanen des Iwans ins Dorf geballert haben, das ist doch weiter nichts wie eine Pflichtübung, die müssen auch einmal wieder Erfolgsnachweis erbringen. Hier ist man weit ab vom Schuss, wenn wir's

hätten, würden wir noch einen hinter die Binde gießen, aber in dieser Hinsicht hält man uns kurz."
Die herrliche Sommernacht ging allzu schnell vorbei. Am Morgen kam der Befehl zur Vorbereitung der Verladung der Fahrzeuge einschließlich allen Materials auf die Eisenbahn. Die Waggons für den Zug waren von den Eisenbahn-Pionieren bereitgestellt worden. „Unbarmherzig gehen die mit dem Zugmaterial um, sie rangieren, dass man meinte, die Fetzen würden fliegen", stellte ein Landser fest, unter Zustimmung der Umstehenden, die mit staunenden Mienen die Fuhrwerkerei des Lokführers als Kraftprotzerei ansahen. Die Beladung der Waggons begann, mitunter unvorschriftsmäßig die Fahrzeuge aufgeschoben. Verkeilen, verzurren der Räder. „Alles aufgeladen, nichts liegen gelassen?" „Alle aufsteigen! Abfahrt!" Die Lok zog an. Wo mag die Reise hingehen? Keiner weiß etwas Genaues. Lässig umeinander stehen auf den offenen Waggons, abruptes Bremsen und Anrucken des Zuges, die Sonne gerbt die Gesichter. Der Zug rollt irgendwo hinein, immer die Strecke entlang, in ein Niemandsland? Was ist das da vorne? Ein Bahnhof. Der Zug rollt hinein, an die Laderampe rangiert! Kurze Befehle, die Abladung beginnt. Die ersten kleinen Kampfeinheiten werden in kurzen Zeitabständen in Marsch gesetzt. Weit auseinandergezogen bewegt sich das Gros auf die zugewiesene Verteidigungsstellung zu. Trügerische Stille auf dem gesamten Kriegsschauplatz.

An der Wolga russischer Panzerangriff durch deutsche Jagdbomber zurückgeschlagen

„Essen fassen!" „Bubi, wenn du zum Essenholen gehst, sagst du dem Küchenchef einen schönen Gruß von mir, er sollte dir mal wieder einen leeren Marmeladeneimer mitgeben, ich kann dann wieder vom Boden des Eimers das Festgesetzte, das Angebackene der Marmelade herauskratzen, ich esse das nun mal so gerne." Bubi, ein achtzehnjähriger Ersatzmann, der Einheit zugewiesen, somit unerfahren in allen Dingen, eigentlich ein „Kindskopf", notierte diesen Auftrag mit Unverständnis, aber auch ohne Widerspruch und er schickte sich an, dieses Ansinnen gewissenhaft zu befolgen. Die Namensgebung „Bubi" für den Neuling inmitten der alten Haudegen war in deren Beurteilung für die Tauglichkeit im Kampfgeschehen einzuordnen als Lamm, das noch von der Muttermilch abhängig ist. Die Muttermilch wurde ihm ständig gereicht, gezeigt, wie alles so abläuft. Er lernte durch Beobachtung. Aber in voller Kampfposition war er noch nicht gefordert, das war Sache der „Alten". Aufgrund seines Jugendalters galt er für zu schwach, zu unerfahren, um einer gefahrvollen Situation gerecht werden zu können. Hinten an hatte er zu stehen, zu liegen, um ihn wegen seiner Unerfahrenheit nicht einer erhöhten Gefährdung auszusetzen. Umeinander albern wie ein frisch geborenes Kalb hatte er sich abgewöhnt. Nachahmung der Verhaltensweise der „Alten" befolgte er wie verworren und ungelenk.
Brütende Hitze lag über dem Kampfgelände. Trügerische Ruhe vor dem Sturm. Eine unheimliche Stille, wie ein Vakuum zwischen Leben und Tod. Germar und Morgenroth bekamen den Befehl, mit dem Tornister-Funkgerät zum Hauptmann in die vorderste Hauptkampflinie zu marschieren und die Funkverbindung zum Stab der AA von dort aus aufzunehmen. Sie bewegten sich stracks auf einem Feldweg entlang, auf einen Buschwald zu. Schweißtreibende Plackerei mit dem Funkgerät. Plötzlich kommen einige Landser mit Kochgeschirren in den Händen aus dem Buschwald herausgerannt und schreien: „Panzer, Panzer!" Auf- und abschwellendes Motorengebrumm war zu hören, der Iwan war zum Panzerangriff auf die deutsche Stellung angefahren. Angstvolle Ungewissheit, wann tauchen die Panzer auf? Das Motorendröhnen kommt immer näher. Jetzt laufen, rennen, rennen, zurück zur Abwehrstellung,

einige Hundert Meter zurück in das Dorf. Die ersten Panzer brechen aus dem Wald hervor. Gezieltes Panzergeschützfeuer auf alles, was sich bewegt. Germar und Morgenroth haben die Abwehrstellung unverletzt erreicht. Immer mehr Panzer kommen aus dem Waldrand heraus, sie rücken zögerlich vorwärts, eventuell auch wegen des feuchten oder auch sumpfigen Wiesengeländes. Flugzeuglärm ist hörbar, rückt immer näher, eventuell Unterstützung des Panzerangriffes aus der Luft. Eine Bomberstaffel ist bald deutlich erkennbar, die im Tiefflug von rechts auf den Buschwald einschwebt und Bomben auf die vordersten Panzer abwirft. Deutsche Kampfbomber greifen an! Ein Inferno der Vernichtung setzt ein. Die Druckwellen der Bombenexplosionen sind in der Abwehrstellung stark spürbar, sie lassen den Boden erbeben. Erschütterung bis in die kleinste Faser der menschlichen Körper durch die Bombenexplosionen. Die vereinzelt durch die Luft schwirrenden und surrenden Bombensplitter, unwillkürliches Ducken des Kopfes, denn ein unterarmgroßes Stück könnte ihn wie mit einem Fallbeil abschlagen. Germar war sehr wahrscheinlich nach hinten verduftet, sodass Morgenroth allein den ihm vom Wachtmeister zugewiesenen Platz einnehmen musste. Er begann, sich ein Schützenloch zu graben, genau gesagt zu scharren, denn er hatte keinen Spaten bei sich und er behalf sich mit seinem Stahlhelm. Nach kurzer Zeit fiel er in einen Erschöpfungsschlaf. Als er wieder erwacht war, erkundete er in liegender Stellung seine nähere Umgebung. Ungefähr links von ihm, seitlich zehn Meter rückwärts, war eine Vierlingsflak (Fliegerabwehrgeschütz mit vier Gewehren, die simultan zwei Zentimeter dicke Geschosse abfeuern konnten) gut getarnt, an einem Busch in Stellung. „Könnt ihr mit eurer Vierlingsflak etwas gegen Panzer ausrichten?", fragte Morgenroth die Bedienung. „Nur aus allernächster Entfernung", gab der Unteroffizier an der Waffe zurück. Der Panzerangriff geriet ins Stocken. Kein Durchkommen über den Wiesengrund. Die Bomben der deutschen Jagdbomber hatten die beabsichtigte Wirkung getan. Ein Rückzug der Panzer war bald erkennbar. Mit aufheulenden Motoren kurvten die Panzer bald kreuz und quer, dann aber rückwärts, um allmählich im Wald zu verschwinden. Zum Bersten gespannte Erwartung, was könnte nun folgen, nachdem der Angriff abgewehrt wurde? Unglaublich, plötzlich brach vom linken Waldrand ein Panzer (eventuell Typ T34) im Alleingang hervor und fuhr geradezu unbekümmert auf die deutsche Abwehrlinie zu. Als er den Weg mit der hochgewachsenen Baumreihe erreicht hatte, schwenkte er nach rechts und kam in Fahrt, um langsam den Weg entlang zu fahren. Er geriet unmittelbar vor die Vierlingsflak, die nun mit voller Feuerkraft den Panzer beschoss. Das war sein Aus. Er konnte nicht mehr weiter fahren und war somit außer Gefecht gesetzt. Der Deckel oben klappte auf und der Panzerschütze sah hoch heraus. Erspähte nach allen Seiten, und da er nicht beschossen wurde, stieg er aus. Es stellte sich heraus, dass die drehbare Kuppel mit der Kanone durch den Beschuss durch die Vierlingsflak festklemmte und nicht mehr drehbar war. Die Besatzung gab auf, sie war nicht mehr einsatzfähig. Morgenroth war im Begriff sich zur Seite zu rollen, um vom Panzer nicht überrollt zu werden. Prickelnde Ungewissheit, unheimliche Stille. Etwa eine halbe Stunde später waren von der deutschen Abwehrstellung aus, in etwa zwei Kilometer links voraus, auf einem flachen Höhenrücken, etwa dreißig Panzer des Iwans in Reihe hintereinander auf dem Marsch auf die deutsche Frontlinie. Leuchtspurgeschosse waren, aus den Panzern abgefeuert, zu sehen.

Würgendes Schlucken, eine unheimliche Vision breitete sich unter den Landsern aus, dem Iwan könnte es gelingen, den deutschen Kampfabschnitt einzukesseln. Die Panzerkolonne schien aber bald anzuhalten und nicht mehr weiter zu rücken. Vorerst nur schwach vernehmbares „Hurräh"- Geschrei im Rücken des deutschen Frontabschnitts, das sich von Minute zu Minute verstärkte. Es schien anzuschwellen, wie aus einigen Tausend Kehlen. Grausame Vision in den Köpfen der Landser, Vorstellung von einer infernalen Vernichtung, die über sie hereinbrechen könnte. Ein Massaker ungeahnten Ausmaßen schien bevorzustehen. Nach ungefähr zehn Minuten verebbte die Geräuschkulisse und der Gefechtslärm hielt nicht lange an. Die Dämmerung kam hernieder und trügerische Stille stellte sich ein. Was war geschehen? Es blieb Ungewissheit. Der Panzerangriff war abgewehrt, hier konnte der Iwan nicht einbrechen, die deutsche Abwehrlinie aufreißen. Stupide Schicksalsergebenheit machte sich breit, Müdigkeit nach dem überstandenen Höllenspektakel, dumpfes Dahinbrüten in die Nacht. Ein Landser gab laut vernehmbar in geradezu jovialer Weise ein Resümee über das Tagesgeschehen: „Da waren heute wieder einmal die Puppen am Tanzen, da blieb mal wieder kein Auge trocken."

In den folgenden Tagen kam nun durch, was das „Hurräh"- Geschrei zu bedeuten hatte. Der Iwan sei mit der Infanterie bis zum Bahnhofsgelände durchgebrochen. Ein einige Stunden vorher eingetroffener Personenzug aus Deutschland mit circa eintausend Landsern, die nach Ausheilung ihrer Verwundung wieder an die Front beordert waren, wurden von dem zuständigen Kommandeur aufgefordert, sich mit „Hurra" den eingedrungenen Iwans entgegenzuwerfen, um sie wieder zurückzujagen. Ohne entsprechende Bewaffnung könnte es wohl kaum gelingen, denn die von ihrer Verwundung genesenen Landser waren zu einem geringen Prozentsatz nur mit Pistolen bewaffnet. Die Landser glotzten wie erstarrt auf den Kommandeur und rebellierten und riefen: „Mit bloßen Händen?" Er überzeugte sie, dass dieser Sturm das einzige Mittel zu ihrer Rettung sein könne. Die weggeworfenen Waffen der flüchtenden Iwans sollten sie aufgreifen und die in panischem Entsetzen kehrt machenden Iwans in die Flucht schlagen. Wie ein Dammbruch stürmten sie mit „Hurra"- Geschrei los und jagten die Eingedrungenen zurück. Unwahrscheinlich, wie ein Wunder, gelungen!

Einkesselung und Ausbruch, im Kugelregen durch die Hölle!

Schrilles Läuten des Feldtelefons im Erdbunker des Nachrichtenzugführers. Morgenroth wird am Apparat verlangt. Er ergreift den Hörer und hört die Stimme von Wachtmeister Martens, die geradezu in freudvoller Ankündigung erklärt, dass er ebenfalls zu ihm in die neunte Batterie der leichten Artillerie versetzt worden sei. Morgenroth erwiderte in nahezu aufgeheiterter Stimmung, dass dies eine erfreuliche Lösung sei, man ist in der neunten Einheit als Neuling nicht alleine und es wird leichter sein, sich anzupassen, weil man sich gegenseitig schon so lange kennt. Morgenroth schickte sich an, seine Klamotten, seine sieben Sachen zusammenzupacken und spekulierte auf den Essenfahrer, der irgendwann nachts mit einem Pferdegespann, das beladen mit Thermokanistern, die gefüllt mit Essen aus der Feldküche, nach vorne zur B-Stelle (Beobachtungsstelle der Artillerie) fahren sollte. Bald hätte er den Kutscher ausfindig gemacht und er schwang sich auf den Panjeschlitten, der im Zuckeltrab davonzog. Eine dünne Schneedecke lag auf dem Lande und war so recht für ein leichtes Dahingleiten des Panjeschlittens. Einem unbekannten Zielort ging es entgegen, für Morgenroth eine Erwartungsvorstellung, die in einer freudigen Begrüßung durch Wachtmeister Martens sich vollziehen könnte, bei der Ankunft. Ein dunkler Klotz kam in Sicht, beim Näherkommen als Feldscheune auszumachen. Links davon ein etwa ein Meter hohes und zwölf Zentimeter starkes Raketengeschoss, das mit seiner Spitze senkrecht in der Erde steckte und am oberen Ende ausspreizte wie eine Blütendolde. Offensichtlich ein Blindgänger von einer Stalinorgel, so nach dem Sowjet-Diktator Stalin benannt. (Stalinorgel, ein Raketenschießgestell, das gleichzeitig zweiundvierzig Raketengeschosse abfeuern konnte). Großflächig die im Schnee schwarzen Einschlagtrichter der anderen einundvierzig Raketen der Stalinorgel erkennbar. Etwa zehn Truppenstufen führten hinab in einen Erdbunker. Morgenroth stellte sich vor und überreichte Batteriechef Oberleutnant Olsen einen Brief, in dem sehr wahrscheinlich ein Führungszeugnis von seiner Einheit war, das er von der Schreibstube mitbekommen hatte. Da der Umschlag nicht besonders fest verschlossen war, hatte Morgenroth unterwegs doch einmal hinein gespickt. Er hatte aber nichts Despektierliches festgestellt. Den Empfang fand Morgenroth im Nachhinein eigentlich wie beim

Pferdehändler, die Einstellung eines neuen Ackergauls zu den anderen. Wachtmeister Martens war nicht anwesend. Auf Nachfrage gab es die Antwort: "Er habe einen Anruf erhalten und sei daraufhin zum Bataillonsgefechtsstand, um etwas abzuholen." Oberleutnant Olsen gab mit enttäuschter Miene, nachdem er den Telefonhörer aufgelegt hatte, die Anweisung, dass sofort nochmals zwei Mann losgehen müssten, um die zerschossene Telefonleitung zu flicken. Die Verbindung zur Geschützstellung sei schon wieder gestört. „Morgenroth, gehen Sie mit Adamzyk los, der kennt sich aus." Kaum angekommen und schon eingespannt!
Adamzyk und Morgenroth marschierten behände los, Adamzyk die Leitung, einen isolierten Mehrfachader-Draht, handbreit tief in einen fortlaufenden Graben eingelegt, kenntnisreich prüfend, ob dieser durch einen Granatsplitter zerschossen sein könnte. Weiter oben, auf der Höhe des Geländes, lag ein Granatwerfer-Störfeuer, in Zeitabständen von etwa fünf Minuten, der Einschlag einer Granate von zwölf Zentimeter Durchmesser, diese mit Aufschlagzünder, die bei Berührung des Bodens sofort explodierten und dadurch die Splitter flack über den Boden flogen. Bibbernd vor Kälte, zielstrebig auf die Höhe, denn nur dort konnte die Telefonleitung zerschossen worden sein. Ein Granateneinschlag, ziemlich entfernt. Leitung mit der Hand ziehen, in Ordnung, und nichts wie weg!
Heimwärts, auf einem Trampelpfad zurücktrotten. Durch niedriges Buschwerk ging es hindurch, das scheinbar einen erfrischenden Kontrast zu dem noch in der Nase hängenden Pulverdampf von geborstenen Granaten gab. Wieder ein Granateneinschlag. Jetzt weiter hasten, aus dem Einschlagbereich herauskommen! „Da liegt auch ein Toter." „Den hat es hier erwischt." Endlich den Bunker erreicht und hinein, um eine Mütze voll Schlaf zu nehmen. „Ich weiß nicht, Wachtmeister Martens müsste doch längst hier sein, ob ihm etwas passiert ist?" „Auf dem Rückweg haben wir einen Toten neben dem Pfad liegen sehen." „Da konnte man ja nichts erkennen, in der Nacht." Oberleutnant Olsen sagte: „Jetzt gehen mal zwei Mann los und sehen nach dem Totem, das könnte Wachtmeister Martens sein und gleich etwas mitnehmen, um ihn transportieren zu können." Zwei Landser brachen auf, um einer selbstverständlichen Pflicht zu genügen. Ungeduldiges Verharren auf die Rückkehr der beiden. Nach ungefähr einer Stunde trafen sie mit dem Toten ein und die

Vermutung von Oberleutnant Olsen bestätigte sich. Schweigsame Andacht bei der Inaugenscheinnahme des toten Kameraden. Ein Soldat murmelte kaum hörbar ein Gebet. Oberleutnant Olsen erwähnte noch seinen Einsatzbereich, den er ihm zugedacht hatte. Er fragte, wer ihm ein Grab bereiten wolle, und sagte auch noch, wer das Grabkreuz anfertigen könnte. Ohne zögerliches Umblicken gaben einige Kameraden ihre Bereitschaft für diese Aufgabe kund.
Die Natur schien den Atem anzuhalten, einige Grad minus über dem Schnee, der wie ein weißes Linnen über das Land gebreitet war.
Trügerische Stille, ein Hauch von Erstarrung allen Lebens über dem Land. Nur das Störfeuer zerriss in nahezu gleichbleibenden Zeitabständen die Stille. Schon wieder ein Störfall der Telefonverbindung. Unaufgefordert marschierten Morgenroth und Adamzyk los, um den Draht zu flicken. Auf dem Rückweg weit schweifender Blick über das Gelände, bis ins Hinterland der feindlichen Front. Zwischen den Bäumen eines kahlen Laubwäldchens eine große Anzahl Granatwerfer in schussbereiter Aufstellung, deutlich mit bloßem Auge erkennbar. Auf der weißen Schneedecke heben sie sich markant ab. Es wäre justament nicht mühevoll, sie zu zählen. „Könnten wir die nicht mit massierten Geschützfeuer außer Gefecht setzen?“, sagte Morgenroth zu Oberleutnant Olsen. „Das haben wir durch die Schere (Scherenfernrohr) auch schon längst gesehen, und die Nachbareinheiten sehen das ja auch. Aber wenn von höchster Stelle kein Befehl dafür gegeben wird? Und ich darf nicht aus eigenem Entschluss da hineindonnern. Also warten wir ab. Eigenartig ist es schon, dass man in solch einem Falle nichts unternimmt.“ „Also, ich kapiere das nicht, wie soll man das deuten?“, erwiderte Morgenroth. „Da sollte man aus allen Rohren hinein feuern, bis nichts übrig wäre“, sagte Adamzyk empörerisch.
Stupides Verharren, verhaltenes Atmen, trügerische Stille. Wieder war die Verbindung zur Geschützstellung gestört. Morgenroth und Adamzyk stolpern los. Hinauf auf die Höhe, wo das Streufeuer liegt! Hastend die Höhe erreicht, stockender Atem, aus dem Bunker des Bataillon-Gefechtsstandes heraus stürmen drei Landser mit „Hurra“ nach hinten in den Wald hinein. Adamzyk, wie magisch mitgerissen, rennt los und will den Stürmenden folgen. Morgenroth hält ihn mit einem Aufschrei zurück. „Bleib‘ hier, da können wir nicht mit, wir müssen doch wieder zu-

rück!“ Plötzlich ein unheimliches Donnergrollen, der Feuersturm bricht los. Die Granatwerfer-Batterien des Iwans feuern Tausende Granaten zentriert auf den deutschen Frontabschnitt. Ein Granatenhagel ungeahnten Ausmaßes. Morgenroth und Adamzyk versuchen, sich in schnellen Sprüngen in den Laufgraben zu retten. Auf allen vieren kriechen sie in diesem auf ihren Ausgangspunkt zu, einigermaßen Deckungsschutz durch die Tiefe von circa 1,20 Meter erwartend. Unverletzt gelangen sie im Bunker an. Sie berichten Oberleutnant Olsen von dem Ereignis am Bataillon-Gefechtsstand und sie sprechen von ihrer Überzeugung, dass man eingeschlossen sein könnte. Oberleutnant Olsen erwiderte: „Ja, wir wissen das schon.“ Ungewisses Warten auf einen Befehl, was wäre zunächst zu tun? Keine Granateneinschläge mehr zu hören. Einige Infanteristen aus vorderster Frontlinie tauchen auf, immer mehr folgen, die vorderste Front scheint aufgegeben. Die Masse schlängelt sich im Laufgraben nach oben auf die Höhe. Links auf der Höhe ein Trupp des Iwans, der wie versteinert auf die ankommenden deutschen Soldaten blickt. Einzelne Schusswechsel, sonst nichts. Der Pulk von einigen Hundert Landsern wälzt sich weiter nach hinten, durch den Hochwald hindurch, hinaus auf eine offene Ebene. Ein Sperrriegel vom Gegner ist erkennbar. Ohne Zögern Vorbereitung zum Durchbruch. Maschinengewehre eröffnen das Feuer. Aus allen Handfeuerwaffen ein mörderisches Feuer und „Sprung-Auf“ und mit „Hurra“ stürmen und durchbrechen. Der Iwan verzieht sich blitzschnell ohne Gegenwehr zur Seite, die Masse rennt hindurch. Weiter, weiter, laufen, rennen, rennen, kurzer Halt, von links marschieren abwägend Infanteristen, von rechts ein Jeep, mit einem Träubel sich anklammernder Iwans, dieser wird mit Handgranaten erledigt. Verworrene Gefechtslage, kurzes Verschnaufen. Voraus ein großes, offenes Schneefeld, das es zu überwinden gilt. Wirres Geschrei, undisziplinierte Verteidigungsordnung, nur zugleich gemeinsames Fluchtstreben. Wie in dem Feuerhagel über die freie Ebene gelangen? Eine kleine Anzahl stürmt blindlings los, der größere Pulk setzt nach, jeder will dem Inferno entfliehen. Links vom Waldrand ein Höllenfeuer, auch mit Panzerabwehrkanonen. Volltreffer, ein Landser ist nicht mehr! Verwundete und Tote durch Infanteriegeschosse, niemand nimmt sie wahr, niemand weiß wie viel. Wie von tollen Hunden gehetzt, stürzt ein jeder für sich dem rettenden Ziel entgegen. „Kannst du mich mitschleppen, ich hab

einen Durchschuss unterhalb meines rechten Knies." „Komm her und hänge dich ein, ich nehme meine Koppel ab, da kannst du dich mit dem linken Arm einhängen." Morgenroth hastete mit ihm weiter. Ein niedriges Kiefernwäldchen zweihundert Meter voraus kommt in Sicht. An dessen Waldrand eine Gruppe Soldaten in weißen Schnee-Tarnhemden erkennbar, die sich gegenseitig Maschinengewehre auf die Schulter legen, um stehend die heranströmenden Soldaten zu bekämpfen. Schnell stellt sich heraus, dass es deutsche Landser sind, die geglaubt hatten, es kämen Iwans auf sie zugestürmt. Die Flüchtenden glaubten ihrerseits, sie würden in die Gewehre des Iwans hineinrennen. Wie eine aufgescheuchte Hammelherde hetzen sie rechts am Wäldchen vorbei auf offene Fläche zu. Einige Hundert Meter voraus sind drei Kanonen auszumachen, die ihre Rohre auf die anrückenden Landser zum direkten Beschuss ausrichten. Deutsche Richtkommandos für die Kanoniere an den Kanonen sind deutlich hörbar, es fehlte nur noch das Kommando „Feuer". Aber der Geschützführer erkannte gerade noch rechtzeitig, dass er seine Kanonen auf eigene Soldaten gerichtet hatte. „Unglaublich, wat it nit all gibt."
Niedergeschlagenheit äußerte sich in den fragenden Gesichtern der zur Rast lagernden Landser. Ein Leutnant, anerkannt und berühmt wegen seiner Führungsstärke, wurde wohlwollend betrachtet und dafür angesehen, dass der Durchbruch gelungen war. Zu wissen, in seinem Befehlsbereich zu sein, gab allen eine Art von Sicherheitsgefühl. Eine gnädige Fügung des Schicksals, dass er noch unverletzt unter ihnen weilte und zugleich auch ein gutes Omen, dass er in weiteren Einsätzen mit Verve die Dinge dirigieren würde. In Gesprächen über den Verlauf des Geschehens wurde als Teilhabe an der Rettung für alle, die dem Massaker entkamen, hervorgehoben, dass Wachtmeister Becker sich mit einem Maschinengewehr den nachrückenden Iwans entgegengeworfen habe, um zu verhindern, dass diese ungehindert den deutschen Soldaten nachsetzen würden. „Er verlor dabei sein Leben, er hat sich für uns geopfert." „Der Iwan hatte sich vor uns eingegraben, einen Riegel aufgebaut, damit wir nicht mehr weiter kommen sollten. Wir mussten da durchbrechen. Die Männer, die mit ihren Maschinengewehren das Feuer zum Durchstoß eröffneten, hatten den Mut zum außergewöhnlichen Wagnis." „Das sind Friesen." „Hohes, hartes Friesengeschlecht." „So bezeichnet in dem Gedicht von Theodor Storm: Seht ihr die Brigg dort auf den Wellen

schlagen? Sie steuert falsch, sie treibt herein und muss am Vorgebirg zerschellen, lenkt sie nicht augenblicklich ein!" „Am Strand steht die besorgte Mutter und ruft nach ihrem Sohn Uwe." „Unverzüglich springen Männer in ein Rettungsboot und stürzen damit hinaus in die stürmische See, um Hilfe zu bringen. In dem Gedicht heißt es: hohes, hartes Friesengeschlecht!" „Männer von echtem Schrot und Korn!"

Ungewissheit über das weitere Geschehen. Doch schon bald kommt der Befehl, dass die Truppe eine neue Abwehrfront in der Nacht aufzubauen habe. Die Einheiten werden in die benannten Abschnitte hinein dirigiert. Der weiße, mit Schnee bedeckte Waldboden, hebt Bäume und Buschwerk verschwommen dunkel ab. Die Abwehrfront scheint aufgebrochen, der Iwan könnte hie und da eingesickert sein. „Jetzt heißt es höllisch aufpassen, Gestalten, die sich wie Verirrte im Gelände bewegen, bei Unklarheit anrufen, um herauszufinden, ob Freund oder Feind." Auf dem flachen Waldboden, ein Schneehügel kommt ins Blickfeld, ein viereckiges Loch ist erkennbar, ein Stufenabgang in einen tiefen Erdbunker. Morgenroth und drei Landser gehen stracks darauf zu, steigen hinab und schon schlagen neue Granaten in unmittelbarer Nähe des Erdbunkers ein. Ohne Zweifel dafür erkannt, dass es Granaten sind, die nur von der neunten Artillerie-Batterie abgeschossen sein konnten. Eine Lage heißt: je Haubitze drei Stück. Ergo, unter Beschuss vor der eigenen Truppe. Eventuell im Nachhinein auch noch hinterher beim Geschützführer süffisant vorzutragen, dass er das anvisierte Ziel nicht erreicht habe. Sehr wahrscheinlich wollte er die Erdbunker aufgrund einer Zielansprache direkt treffen, die offensichtlich für feindbesetzt angesehen wurden. (LFH 18- Leichte Feldhaubitze 1918, Kaliber 10,55 cm, quasi das Universalgeschütz, das sich in Handhabung und Nutzwirkung als das praktikabelste herauskristallisiert hatte. Fortbewegung: im Sechserzug, pro Geschütz sechs Pferde, Rasse: Kaltblut, schwere Belgier.)

Scharfschützen! Nitschewo, Woina! (Macht nichts, ‘s ist Krieg!)

Erstickende Hitze, die den Atem verschlägt, liegt auf dem Land. Bei unbeweglichem Verharren auf einem Punkt, die Gefahr von Hitzschlag. Keine Möglichkeit, einen Gegenstand zu finden, der einen Schatten spenden könnte. Nur ab und zu fächert eine leichte Brise. Wer unbeholfen dieser Hitze ausgeliefert ist, den trifft es hart, verfällt in eine Apathie. Lechzen nach etwas Trinkbarem. In dem allzu niedrigen Schützengraben, mehr als Laufgraben wahrzunehmen, warten darauf, dass eine Feldflasche mit Wasser durchgereicht wird. Erstauntes Aufblicken auf einen Landser, der einen Hitzschlag bekommen hat. Hinderliches hinaus balancieren, in Beachtung voller Sichtdeckung, aus dem Graben, in einen rückwärts gelegenen Erdbunker zur medizinischen Behandlung. Mehrere Sekunden lang hochgereckte Köpfe bieten sich als Zielscheibe für Scharfschützen an. Beharrliches Warten auf die Dunkelheit der Nacht, auf die Kühle der Nacht. Dahin dösen und wieder ein Granateinschlag, der alle aufschreckt. Trockene Kehle, Durst, jetzt einen Becher Tee trinken können! Der Samowar (russischer Teezubereiter) schwebt vor dem geistigen Auge, mit Holzkohle beheizt, wabernde Hitze über dem Heizrohr. Den Zapfhahn am Wasserkessel öffnen, heißes Wasser strahlt in die Tschainik (Teekanne), es ergibt den Sud, einen Extrakt vom Tee, der zur Aufbereitung des Teegetränks benötigt wird. Ja, damals in dem Blockhaus stand er auf dem Tisch des Hauses, ein Prunkstück, silbrig strahlend. In Gedanken nun nochmals die Trinkzeremonie nachvollziehen. In Russland ein geheiligter Brauch, von deutschen Soldaten bewundert und respektvoll beachtet. Andererseits aber auch von den Hausbewohnern widerwillig zur Benutzung überlassen, denn schließlich sind es Feinde, die in ihren Sowjetgarten eingetreten sind, um diesen zu verwüsten, so, wie Stalin es gesagt hatte. Aber sie hatten nicht die Wahl, es auch zu verweigern. Ungewissheit beherrschte sie, als sie bedachten, was geschehen wäre, wenn sie es getan hätten. Eine gewisse Entschädigung für die widerwillige Herausgabe empfanden sie, als sie sahen, wie genussvoll der Tee von den Deutschen getrunken wurde. Gieriges Schlürfen des noch allzu heißen Getränks von einigen Trinkern und unbotmäßiges Hineinkippen in den Rachen wurden andeutungsweise von diesem und jenem gerügt. Überwiegend waren auch anerkennende Mienen bei dem Verzehr zu beobachten, ein bedeutungsvoller Augenaufschlag, offenbar eines Teekenners, und von diesem eine knurrende Zurechtweisung an diejenigen, die sich wie Ignoranten benahmen. Im Unterbewusstsein der „Gastgeber" kam eine gewisse Genugtuung auf, über die erkennbare Belobigung ihres Getränks. „Es schmeckt ihnen heute mal wieder. Das macht nichts, 's ist Krieg! (Nitschewo, Woina!)"

FSC
www.fsc.org
MIX
Papier aus verantwortungsvollen Quellen
Paper from responsible sources
FSC® C105338